# Integriert Euch!

W0038982

*Annette Treibel* ist Professorin für Soziologie am Institut für Transdisziplinäre Sozialwissenschaft der Pädagogischen Hochschule Karlsruhe. Seit 2011 ist sie Mitglied im Rat für Migration unter Schirmherrschaft der deutschen UNESCO-Kommission.

Annette Treibel

# Integriert Euch!

Plädoyer für ein selbstbewusstes
Einwanderungsland

Campus Verlag
Frankfurt/New York

Bibliografische Information der Deutschen Nationalbibliothek:
Die Deutsche Nationalbibliothek verzeichnet diese Publikation in der Deutschen
Nationalbibliografie. Detaillierte bibliografische Daten sind im Internet unter http://
dnb.d-nb.de abrufbar.

ISBN 978-3-593-50461-2 Print
ISBN 978-3-593-43237-3 E-Book (PDF)
ISBN 978-3-593-43009-6 E-Book (EPUB)

Umschlaggestaltung: Guido Klütsch, Köln
Satz: Campus Verlag, Frankfurt am Main
Gesetzt aus: Garamond und Scala Sans
Druck und Bindung: Beltz Bad Langensalza
Printed in Germany

www.campus.de

# Inhalt

5

# Zwei Szenarien:
# Deutschland im Jahr 2035

Gegenwärtig wird intensiv über Überfremdung und Islamisierung einerseits und moderne Einwanderungspolitik und europäische Flüchtlingspolitik andererseits diskutiert. Der französische Schriftsteller Michel Houellebecq (2015) entwickelt in *Unterwerfung* ein Szenario für Frankreich und Europa. Dabei handelt es sich um einen Roman. Dass der Autor darin die Machtübernahme durch Islamisten ausmalt, macht ihn für manche zum Visionär.

Schauen wir auf Deutschland in zwanzig Jahren, wie *könnte* es aussehen?

## Szenario 1:
## Deutschland im Jahr 2035 – altdeutsch, abgeschottet, patriarchalisch und aufgerüstet

*In Folge der Regierungsübernahme durch eine muslimische Partei in Frankreich im Jahr 2031 erzielen zwei rechtspopulistische Parteien bei den Wahlen zum Deutschen Bundestag im Jahr 2033 einen erdrutschartigen Sieg. Sie setzen gemeinsam ihr Wahlversprechen um und bereiten eine Grundgesetzänderung vor, damit endlich, wie in der Schweiz, Plebiszite auf Bundesebene durchgeführt werden können. Und sie verdoppeln den Verteidigungsetat, um Frankreichs Streben nach Vorherrschaft in der EU Paroli bieten zu können.*

*Im Jahr 2035 steht der Rückbau des Einwanderungslandes auf der Tagesordnung. Ziel ist es, Einbürgerungen durch deutlich höhere Gebühren zu erschweren, die doppelte Staatsbürgerschaft wieder abzuschaffen – aus Sorge um zweifelhafte Loyalitäten im Kriegsfall – und keine weiteren Moscheebauten zuzulassen. Neue Einwanderung soll stark reglementiert, irreguläre Migration härter polizeilich und strafrechtlich verfolgt werden. Die Mittel hierfür sollen aus den Etats der Kommunen kommen, die bis dahin die Arbeit der Migrantenselbstorganisationen unterstützt haben.*

*Unter den deutschen Regierungsparteien tobt ein heftiger Streit, ob man sich in Sachen Rückbau der Gleichstellungspolitik nicht ein Beispiel an den Franzosen nehmen sollte: Während man dort Christen, die Führungspositionen erlangen wollen, zum Übertritt zum Islam nötigt, wird Frauen unabhängig von ihrer Religionszugehörigkeit der Zutritt zu Leitungs- und Führungspositionen versperrt. In Deutschland hat man jedoch Angst, dass durch solche Maßnahmen weitere Wählerinnen von rechts nach links abwandern könnten.*

*Außerdem erregt die Debatte über eine Jugendquote die Gemüter: Sie soll die von Pensionären und Rentnern dominierten Parteivorstände verjüngen. Dagegen spricht jedoch, so die Regierungsparteien, dass dann zu viele Nachkommen von Einwanderern zum Zuge kämen, die im Jahr 2035 bereits 60 Prozent der unter 40-Jährigen ausmachen. Dann wäre die Macht der älteren Männer mit altdeutschen Wurzeln, die sie sich so mühsam zurückerobert haben, wieder gefährdet. Ihr Ziel ist es schließlich, Integration rückgängig zu machen und für die Zukunft zu verhindern.*

Für mich wäre eine solche Entwicklung ein Horrorszenario. In diesem Fall hoffte ich, mit 77 Jahren gesund genug zu sein, um mir an einem anderen Ort der Welt ein neues Leben als Migrantin aufbauen zu können.

Wie sähe eine mögliche Alternative aus? Was wünschte ich mir für die Zukunft, und was halte ich zugleich für realistisch?

## Szenario 2:
## Deutschland im Jahr 2035 – alt- und neudeutsch,
## offen, konfliktfreudig und selbstbewusst

*Von 2035 aus gesehen versteht man die letzten 25 Jahre als eine Übergangsphase. In dieser Zeit hat Deutschland sich von einem widerwilligen zu einem selbstbewussten Einwanderungsland entwickelt. Seit der Wahl von 2033 ist eine schwarz-grüne Koalition an der Regierung, deren vorrangiges Ziel es ist, Integration weiter voranzubringen. Es wird in der Öffentlichkeit intensiv darüber debattiert, wie das neue Deutschland aussehen soll. Die politischen Eliten handeln mit den verschiedenen Akteuren in Schulen, Gerichten und anderen Institutionen Regularien und Finanzpakete aus, um die Integrationsarbeit vor Ort zu unterstützen. Sie demonstrieren ohne Umschweife, dass Migration dazugehört und man sich darauf einstellen muss. Es würde alles geben, nur eines nicht: eine Daseinsform als Nicht-Einwanderungsland.*

*Die neudeutsche Bundeskanzlerin (CDU), mehrsprachig in einer polnisch-italienischen Familie in Deutschland aufgewachsen, und der altdeutsche Minister für Arbeit und Soziales (Bündnis 90/Die Grünen), der in seinem Haus Einwanderung als Querschnittsaufgabe behandelt, sind häufig im Ausland unterwegs. Dort prüfen sie, welche Regelungen sich in anderen Ländern bewährt haben und inwiefern sie auf die deutsche Situation passen könnten. Das Ausland seinerseits schaut mit Interesse auf die vielen deutschen Rentner mit und ohne ausländische Wurzeln, die den Flüchtlingen und den neuen Einwanderern und ihren Kindern bei der Orientierung in Deutschland helfen. Die Kommunen unterstützen dieses ehrenamtliche Engagement in großem Stil mit Weiterbildungen, Räumen und Aufwandsentschädigung. Die Vorfahren der Helfer kommen aus Deutschland, Spanien, Kolumbien oder dem Irak. Viele von ihnen sind mehrsprachig – das bringt ihr Migrationshintergrund so mit sich.*

*Überhaupt das Wort »Migrationshintergrund«: Das ist in den 2020er Jahren irgendwie aus der Diskussion verschwunden. Es wurde durch ein Arsenal von neuen Bezeichnungen ersetzt. Von Italo-Deutschen, Deutsch-Polen, Deutsch-Türken oder Ukrainisch-Deutschen zu sprechen, ist*

*selbstverständlich. Der Streit darüber, ob man solche Einordnungen über-
haupt braucht, ist und bleibt ein Lieblingsthema der Nachkommen der
Einwanderer. Die Älteren können sich noch gut daran erinnern, dass sie
die merkwürdige Vokabel »Migrationshintergrund« nie mochten, weil sie
immer nach Problemen klang. Selbst entscheiden zu können, ob sich jemand als Deutsch-Brasilianer definiert oder nicht, sehen sie als wichtigen
Fortschritt an.*

*»Wie wichtig ist es denn für mich«, könnte sich beispielsweise die
zehnjährige Ayse Urbaniak fragen, »dass meine Großeltern Mitte der
1960er Jahre aus der Türkei nach Deutschland gekommen sind und meine anderen Großeltern Kinder von Vertriebenen waren? Und was ist mit
meinen Eltern? In der Türkei kennen sie sich kaum aus, aber offensichtlich wollten sie die türkischen Wurzeln meines Vaters durch meinen Vornamen am Leben erhalten. Das ist auch gar nichts Besonderes – in meiner Klasse gibt es Vornamen aus aller Welt, das ist ganz normal. Vielleicht
nehme ich in der Oberstufe dann Türkisch als dritte Fremdsprache, damit
habe ich mehr Möglichkeiten.«*

*Im Jahr 2035 können viele Großstadtkommunen auf Frühwarn-
systeme für die Radikalisierung von Jugendlichen zurückgreifen – Reaktion auf die Anschläge von Islamisten und Rechtsterroristen, die sich
zwischenzeitlich in Deutschland ereignet haben. Die Erfahrungen mit
Aussteigerprogrammen für Neonazis und für Dschihadisten werden vernetzt. Der Integrationsgipfel der Bundesregierung hat seit 2025 ein neues Konzept: Alte und Neue Deutsche diskutieren Wertefragen, Lebensformen, die Geschlechterbeziehungen, das Generationenverhältnis und neue
Arbeitszeitmodelle.*

Als Autorin dieses Buches sehe ich es als wünschenswert und mach-
bar an, dass sich die Situation im Jahr 2035 in Deutschland so oder
so ähnlich darstellt. Die Gesellschaft Deutschlands würde dann mit
ihren Konflikten konstruktiv umgehen und das Zusammenleben als
ein Integrationsprojekt begreifen, an dem alle beteiligt sind: Alte und
Neue Deutsche gleichermaßen. *Integration ist für mich eine Aufgabe
für alle, die in diesem Deutschland leben, das ein Einwanderungsland ge-*

*worden ist*. Sie ist auch ein Projekt für alteingesessene Deutsche, nicht nur für Einwanderer.

Die Bezeichnungen »Alte Deutsche« und »Neue Deutsche«, die in diesem Buch eine wichtige Rolle spielen, übernehme ich von Wissenschaflerinnen und Journalistinnen, die selbst Deutsche mit Migrationshintergrund sind (Foroutan 2010; Bota u.a. 2012). Bislang wird in der Öffentlichkeit meist von »den Deutschen« einerseits und den »Menschen mit Migrationshintergrund« andererseits gesprochen. Diese Begriflichkeit verbirgt, dass Menschen mit Migrationshintergrund zu einem großen Anteil heute auch Deutsche sein können. Diese Veränderung möchte ich betonen, in dem ich von Alten Deutschen und Neuen Deutschen spreche (vgl. Kapitel »Deutsch kann man doch nicht werden!«).

Während ich dieses Buch schreibe, kommen Hunderttausende von Flüchtlingen in Deutschland und anderen europäischen Ländern an. Tausende sind bereits bei dem Versuch, nach Europa zu gelangen, ertrunken. Die, die es schaffen, bemühen sich, in Italien, Griechenland, Bulgarien, aber vor allem in Deutschland und anderen mittel- oder nordeuropäischen Ländern Fuß zu fassen. Über eine Quotierung eine bessere Verteilung auf die Staaten der EU zu erreichen, ist bislang gescheitert. Rechtsradikale legen Feuer an die Unterkünfte, die gerade fertiggestellt sind, andere führen Rechtsstreits, um die Ansiedelung von Flüchtlingen in ihrer Nachbarschaft zu verhindern. Wiederum andere kümmern sich tagtäglich haupt- und ehrenamtlich um die Neuankömmlinge. Die Debatten über die Frage, wie die Kommunen bei der Unterbringung und Versorgung unterstützt werden sollen bis hin zu einer möglichen europäischen Vereinbarung werden noch lange andauern.

Mein Anliegen hier ist ein anderes: Es geht mir um das Verhältnis von schon länger in Deutschland lebenden Einwanderern zu anderen Einheimischen, also um die Beziehungen zwischen Alten und Neuen Deutschen. Unter welchen Bedingungen und in welchen Zeiträumen jetzige Flüchtlinge zu möglichen Einwanderern werden (können), kann ich hier nicht erörtern.

An dieser Stelle noch zwei Hinweise zu den Bezeichnungen: Bei den *Geschlechtern* verwende ich abwechselnd weibliche und männliche Formen und verstehe diese jeweils als Oberbegriffe: Zum Beispiel sind bei Einwanderinnen und Lehrern Einwanderer und Lehrerinnen mitgemeint. Dies gilt ebenso für Personen mit weiteren Geschlechtsidentitäten, die sich selbst möglicherweise als Einwander*in oder Lehrer_in bezeichnen würden. *Ausländische Namen* werde ich so schreiben, wie ihre Trägerinnen sie selbst benutzen.

# 1.
## *Wo kommen Sie denn her?*
## Wieso schlecht ankommt, was gut gemeint ist

Deutsche mit dunkler Haut- oder Haarfarbe oder einem ausländisch klingenden Namen können fast darauf wetten, dass ihnen eine bestimmte Frage gestellt wird. Bekannte, aber auch völlig Unbekannte, fragen: »Woher kommen Sie denn?« Sie antworten: »von hier« oder »aus Karlsruhe«, »aus Brandenburg« oder auch »aus Wien«. Häufig geben sich die Fragenden damit nicht zufrieden, sondern haken nach: »Nein, ich meine, *wirklich* herkommen?« Wenn die Antwort dann die gleiche bleibt, lautet die Anschlussfrage: »Ich meine natürlich, wo Sie geboren sind! Wo kommen Sie *ursprünglich* her?« Ist die Antwort immer noch unverändert, kommt die Fragenkette schließlich zu dem Punkt: »Dann halt Ihre Eltern, wo stammen die denn her?«

Wer das kennt, ahnt meist schon zu Beginn, worauf es hinausläuft, kürzt nach der ersten Frage ab und gibt Auskunft: »Ich bin hier geboren, meine Eltern auch, aber meine Großeltern stammen aus der Türkei bzw. Marokko.« Wer Pech hat, wird trotz seiner Beheimatung in Deutschland in ein Gespräch über die Einwanderung der Großeltern oder über die politische Situation in der Türkei oder in Marokko verwickelt. Das Gespräch endet dann häufig mit dem überraschten Statement: »Sie sprechen aber gut Deutsch!« Spätestens dann reißt vielen der so Gelobten der Geduldsfaden. Was sollen sie denn sonst auch tun, als (gut) Deutsch zu sprechen, wo sie doch in Deutschland aufgewachsen sind? Und so nicken sie nur gequält, weil sie diese Art von Kommunikation leid sind, ihrem Ärger aber nicht Luft machen wollen.

Warum hält sich diese Frage – »Woher kommen Sie?« – so hartnäckig? Fragt man die Fragenden selbst, so sagen sie, es sei schlichte

Neugierde: »Ich interessiere mich eben für andere Menschen.« – »Ich finde es einfach interessant, was andere Menschen so erlebt haben.« – »Das ist doch nicht böse gemeint, wie kann man das denn übelnehmen?!« – »Ich nehme eben Anteil am Schicksal anderer Menschen.«

Die Fragen sind also gut gemeint. Es wird angenommen, dass das ausländische Aussehen oder der ausländische Namensklang Anlass für spannende Geschichten und die Möglichkeit zur Anteilnahme bieten. Die Fragenden suchen einen Anker für ihren Kontakt. Sie sind vielleicht unsicher, möchten sich in Beziehung setzen, möchten die Beziehung *klären*. Sie haben ein unterschwelliges Bedürfnis nach Orientierung und Ordnung. Und die Gefragten spüren möglicherweise, dass die gut gemeinte Frage mehr mit dem Fragenden selbst als mit ihnen zu tun hat. Der Wunsch, sich auf diese Weise in Beziehung zu setzen, stößt auf Unbehagen, da er sich nicht mit den eigenen Beziehungswünschen deckt. Menschen, die in Deutschland aufgewachsen sind, möchten als Einheimische und nicht als Eingereiste, die überraschend gut Deutsch können, angesprochen werden.

Was also genau passt nicht mehr? Die Frage »Woher kommen Sie?« ist nicht angemessen für Einwanderer, für die Deutschland Heimat geworden ist. Und sie passt von Anfang an nicht für die in Deutschland geborenen Kinder von Einwanderern. Diese kommen nicht von irgendwo anders her, sondern sie stammen aus Deutschland, also aus Orten wie Pforzheim, Leipzig, Hamburg oder Krefeld. Die gut gemeinte Frage und vor allem das Nachhaken, wenn als Geburtsort eine deutsche Stadt genannt wird – »Nein, ich meine *ursprünglich!*« – verstimmt Menschen, die sich als Pforzheimer oder Hamburger verstehen und für die nicht der Herkunftsort ihrer Eltern oder Großeltern, sondern Deutschland die Heimat ist. Sie fühlen sich mit dieser Frage nicht wirklich gemeint (vgl. auch Ogette 2014; Beck-Gernsheim 2014: 117; Roll 2015).

Wie sich das anfühlt, immer auf die fremde Herkunft zurückverwiesen zu werden, zeigen zwei Beispiele, die für zahlreiche andere stehen können. Das erste findet sich in der Dissertation von Anett Schmitz *Bildungserfolgreiche (Spät-)Aussiedler zwischen Deutschland und Russland* (Schmitz 2013). Schmitz selbst ist russlanddeutsche Aussiedlerin und schildert im Vorwort ihres Buches, welche Erfahrungen sie zu ihrem Thema geführt haben: »Als mich auf einer großen Hochzeitsfeier, wo ich unter all den einheimischen Deutschen als ›Fremde‹ identifiziert wurde, ein älterer Mann plötzlich fragte, wo meine Heimat sei, kam diese Frage genauso überraschend und provokativ für mich, wie meine Antwort für diesen Mann: ›Meine Heimat ist in Deutschland.‹ Der Mann schaute mich entsetzt an und präzisierte seine Frage noch einmal: ›Nein, ich meine woher kommen Sie? Seit wann sind Sie in Deutschland? Sie haben doch eine Heimat?‹ Soll ein Mensch, der aus einem Land vor zwölf Jahren nach Deutschland migriert ist und in seinem Aufnahmeland bereits eine erfolgreiche Integration durchlaufen und seinen Platz gefunden hat, sich ausschließlich zu seinem Herkunftsland als Heimat bekennen? Kann er sich nicht Deutschland als eine neue Heimat aneignen, auch wenn er durch Äußerlichkeiten oder seinen Habitus als Fremde(r) identifiziert wird?« (Ebd.: 9f.)

An dieser Begegnung ist die heftige Reaktion des Mannes interessant. Offensichtlich würde er die Frage, die Schmitz stellt: »Kann man sich Deutschland nicht als eine neue Heimat aneignen?« vehement verneinen. Aus seiner Sicht bleibt die eingewanderte Russlanddeutsche immer Russin und soll darüber Auskunft geben. Aber warum? Er selbst würde sich vermutlich nicht für übergriffig halten, hat er doch nur freundlich gefragt. Es sei doch immer interessant, etwas über andere Länder zu erfahren. Mit der Identifikation der jungen Frau mit Deutschland hatte er offensichtlich überhaupt nicht gerechnet und ihr Verhalten wohl seinerseits als übergriffig empfunden, nach dem Motto: »So einfach sucht man sich nicht eine neue Heimat aus!«

Die proaktive Selbstzuordnung der Einwanderin zu Deutschland als ihrer neuen Heimat durchkreuzt die festgefügte Vorstellung des Mannes: ich bin Deutscher – sie ist Ausländerin. Seine Verblüffung rührt daher, dass sie ihm das Heft aus der Hand genommen hat. Die von ihm unterstellte Hierarchie ist durchbrochen. Die »Ausländerin« ihrerseits fühlte sich ausgegrenzt und herablassend behandelt.

Bei manchen eingewanderten Deutschen wächst sich die Irritation zu handfestem Zorn aus, wie aus einem Artikel der Berliner Anwältin und Publizistin Seyran Ateş (2007) hervorgeht – mein zweites Beispiel: »Ich kann nicht sagen, wie oft ich schon danach gefragt wurde, wie ich mich selbst bezeichnen würde. Als deutsche Türkin, als türkische Deutsche, türkisch-kurdische Deutsche, Deutsch-Türkin, Deutsche mit Migrationshintergrund, Deutsche, Türkin? Lange Zeit habe ich mich über diese Frage und vor allem über die Fragesteller geärgert. Inzwischen ist weniger Ärger als Wut darüber, dass diese Frage so aktuell ist wie 1983, als unser Buch ›Wo gehören wir hin?‹ erschien. 1986 war ich in den USA – und hatte dort das erste Mal das Gefühl, ich zu sein, nur ich, Seyran Ateş. Niemand fragte danach, wo ich herkomme. Und wenn die Frage dann doch kam, war es mehr die Frage danach, woher ich als Tourist, der ich dort nun mal war, komme.« (Ebd.)

Woher rührt diese Wut? Sie rührt daher, wie Ateş selbst schreibt, dass man so lange in Deutschland leben und so lange Deutsche sein kann, wie man will, und trotzdem auch nach 25 Jahren für viele noch nicht dazugehört. Ihre Schilderung zeigt, dass es offenkundig ein nach wie vor starkes Bedürfnis nach Einordnung gibt. Die Frage nach Herkunft und Identität wird jedoch als anmaßend empfunden, in ihr kommt eine Hierarchie zum Ausdruck. Sie überschreitet eine Grenze und setzt selbst eine Grenze, nämlich die zwischen einheimisch und ausländisch. Undenkbar, dass sie in umgekehrter Richtung gestellt wird. Sich diese Frage abzugewöhnen, könnte ein wichtiger Schritt in Richtung »Integration in ein Einwanderungsland« sein.

Noch einmal zurück zu Seyran Ateş. Nun handelt es sich bei ihr um eine streitbare Autorin, die selbst Freude an der Kontroverse hat und ihrerseits vor Provokationen nicht zurückschreckt. Überraschenderweise plädiert sie im Umgang mit dem Thema Einwanderung bei allen Problemlagen vor allem für Offenheit, Gelassenheit und wechselseitiges Zuhören: »Humor ist etwas, was uns wirklich helfen könnte.« (Ateş 2007)

Diese Position liegt voll und ganz auf meiner Linie. Humor und Witz sind unterschätzte Kommunikationshilfen. So könnten die zum wiederholten Mal Gefragten dem Gespräch eine andere Richtung geben. Sie könnten ihrerseits nach dem Geburtsort – oder besser noch – nach der Meinung oder Erfahrung mit einem Thema fragen, das nicht unmittelbar das persönliche Feld der Herkunft betrifft. Allerdings müssten sie derzeit wohl noch damit rechnen, dass ihnen diese Neudefinition der Situation als Unfreundlichkeit ausgelegt wird – aber wer weiß: Integration ist ein wechselseitiger Prozess, und da sollten die Einwanderer ruhig auch die Initiative ergreifen und sich den Einheimischen als ebenfalls Einheimische erklären.

# 2.
# Ausländer, Migration und Migrationshintergrund – Begriffsklärungen

Wo so viel davon gesprochen wird, könnte man meinen, alle wüssten, was unter »Ausländer«, »Migration« oder »Migrationshintergrund« zu verstehen ist, und alle verstünden dasselbe darunter. Dies ist aber nicht der Fall. Deshalb sortiere ich in diesem Kapitel die unterschiedlichen Verwendungen und markiere vor allem die Funktionen, die die Begriffe in ihrem jeweiligen Kontext haben. So lässt sich besser nachvollziehen, wieso Wissenschaft und Öffentlichkeit beim Thema Migration manchmal aneinander vorbeireden. Eigentlich muss man hin und her übersetzen – ein Verfahren, das ich an anderer Stelle erläutere (vgl. Kapitel: »Zum Schluss«).

## »Ausländer«

Da ist an erster Stelle der Begriff »Ausländer«. In der Alltagssprache sind damit fremdländisch aussehende, sich anders verhaltende oder eine andere Sprache sprechende Menschen gemeint. Aus Sicht vieler Menschen in Deutschland sind das Personen, die eine dunkle Hautfarbe oder schwarze Augenbrauen und Haare haben, die nicht deutsch, sondern zum Beispiel arabisch sprechen und sich in einer bestimmten Weise kleiden, etwa einen Kaftan oder ein Kopftuch tragen. Oder man nimmt den Namen als Anhaltspunkt: »Angerer« oder »Neuer« klingen deutsch, »Alushi« oder »Özil« jedoch nicht. An solchen Merkmalen, so heißt es, erkennt man Ausländer.

Was bedeutet »Ausländer« dagegen in der Rechtsprechung und der Amtssprache? Für Juristen und Behörden ist die Sache klar: Ausländer, das sind alle Nicht-Deutschen. Dabei geht es nicht um Aussehen, Sprache oder Kleidung, sondern nur um *eine* Frage: Welche *Staatsangehörigkeit* hat eine Person in Deutschland? Ist jemand deutscher Staatsbürger, dann ist er also kein Ausländer, sondern Deutscher. Für Juristen und (Einstellungs-)Behörden ist es dabei nicht von Interesse, ob jemand von Geburt an oder erst seit zwei Jahren Deutscher ist. Für die Einstellung als Beamtin beispielsweise ist die deutsche Staatsangehörigkeit Voraussetzung – nicht mehr und nicht weniger. Auch das Statistische Bundesamt, die wichtigste Datensammelstelle Deutschlands, sortiert bei vielen Erhebungen schlicht nach Deutschen und Ausländern, und das sind dann eben diejenigen *mit* und diejenigen *ohne* deutschen Pass.

Im Alltagssprachgebrauch wiederum gelten Österreicher oder US-Amerikaner – zumindest dann, wenn sie weiß sind – vielleicht als Österreicher oder Amerikaner, aber nicht als Ausländer. Ihr nichtdeutscher Pass gilt als irrelevant, da sie ja »keine wirklichen Ausländer« seien.

In Wissenschaft und Politik sieht es wieder anders aus. Hier interessiert man sich durchaus dafür, um welche Deutschen und um welche Ausländer es genau geht. So vermutet man in der Bildungspolitik, dass es eine Rolle spielt, ob die Eltern einer Schülerin aus China, Kasachstan oder Kolumbien nach Deutschland eingewandert sind. Man unterstellt bestimmte Schwierigkeiten in der Schule oder einen bestimmten Förderungsbedarf und erhebt deshalb den sogenannten Migrationshintergrund. Dieses wichtige Wort ist seit dem Mikrozensus 2005 in der Welt und benennt die Zuwanderungsgeschichte einer Familie – unabhängig davon, um welches Land es sich dabei handelt. Das kann Peru, Thailand oder Österreich sein.

Die gängigen Wahrnehmungen lassen sich so zusammenfassen: Nicht alle, die juristisch Ausländer sind, gelten aus der Alltagsperspektive als Ausländer – und nicht alle, die juristisch Deutsche sind, gelten als Deutsche. Offenkundig benennt der Ausländer-Begriff im Alltag eben nicht die Staatsangehörigkeit, sondern das Maß der Fremdheit. Kurz: Als Ausländer werden diejenigen bezeichnet, die man als Fremde wahrnimmt. Und Wahrnehmungen ändern sich, wie das Beispiel des früheren Fußballprofis Maurizio Gaudino zeigt, der als Sohn italienischer Eltern in Deutschland geboren wurde. In einem Interview äußert er sich auf die Frage nach der Multikulturalität, die die deutsche Nationalmannschaft im Jahr 2014 repräsentiert, folgendermaßen: »Ich war einer derjenigen, der diese Türen mit aufgestoßen hat mit meinem Namen. Ich musste noch tagtäglich mit diesem Ruf als ›Ausländer‹ kämpfen, auf der Straße und in den Stadien. Von vielen Fans auf den Rängen wurde ich von oben bis unten beleidigt, ›Scheiß-Ausländer‹ oder ›Was willst Du in der deutschen Nationalmannschaft?‹ Heute ist das völlig anders, die Integration im Fußball ist gelungen.« (Gaudino 2014: 13)

Ob Gaudino mit seiner Meinung zur gelungenen Integration im Fußball richtig liegt, sei an dieser Stelle nicht diskutiert. Mir geht es um die Frage, wer als Ausländer gilt: Waren es vor dreißig Jahren die Italiener, die damals damit rechnen mussten, als »Spaghettifresser«[1] beschimpft zu werden, gelten heute eher schwarzafrikanische und arabischstämmige Spieler als Ausländer.

Das Wort »Ausländer«, so meine These, hat im alltäglichen Sprachgebrauch die Funktion eines *Beziehungsbegriffes*. Nur so ist erklärlich, dass um ihn so gestritten wird. Es gibt ihn in zwei Ausprägungen. Erstens dient er als Fremdbezeichnung: Nicht-Ausländer sagen »Ausländer« zu denen, die sie als Fremde ansehen; die Staatsangehörigkeit interessiert sie dabei nicht. Zweitens dient der Begriff interessanterweise auch als Selbstbezeichnung. Dies sieht man daran, dass auch eingebürgerte Migranten oder Deutsche mit Migrationshintergrund, kurz: Deutsche, von sich als »Ausländern« sprechen. Sie tun dies häufig in einer Mischung aus Humor und Resignation, da sie die Erfahrung machen, dass ihnen der deutsche Pass auf der Alltagsebene nicht wirklich etwas nutzt. Oder sie nutzen den Begriff, um sich ihrerseits von dem, was sie als Deutsch wahrnehmen, abzugrenzen. Sie bezeichnen sich und andere Personen, die sie als sich ähnlich wahrnehmen, von denen sie im Einzelfall auch nicht unbedingt wissen, ob es sich um Deutsche oder um Ausländer handelt, als »Ausländer« und übernehmen damit im Grunde die Fremdbezeichnung.

In einer Studie der Soziologin Susanne Becker (2010) findet sich die folgende Äußerung eines 29-jährigen türkeistämmigen deutschen Familienvaters, Arda genannt: »Ham den Kleinen mit zum Babyschwimmen gebracht. Wir waren die einzigen *Ausländer* da. Kam ich mir auch' n bisschen komisch vor. […] Die ham mich auch ein bisschen komisch angeguckt ›so was machen denn die *Türken* hier‹. […] Nach ein zwei mal ham wir uns mit den anderen Leuten ein bisschen angefreundet. Die ham gesehen wir sind nicht so wie die also jetzt nicht die die sie halt aus'm Fernsehen kennen. Diese Assis. Bisschen über die Kinder geredet und so. Ja und seitdem sind … so läuft alles bombig.« (Ebd.: 126; Hervorh. A.T.)

Arda klassifiziert die anderen Eltern als Deutsche, wenn er sagt »wir waren die einzigen Ausländer da«. Er meint: die einzigen als solche erkennbaren Ausländer. Er selbst ist ebenfalls Deutscher, klassifiziert sich jedoch mit den Augen der Übrigen. Deren Irritation (»komisch angeguckt«) heißt für ihn, dass sie über die Anwesenheit von »Türken beim Babyschwimmen« überrascht sind, da diese gar nicht in das Bild von Türken als »Assis« passen. Das Interview zeigt das Arrangement, das Arda für solche Situationen gefunden hat.

Im anglo-amerikanischen Sprachraum verwendet man in diesem Zusammenhang den Ausdruck »Visible Minorities« (Kanada) oder »People of Color« (USA). Hier geht es nicht um Sprache oder Religion, sondern einzig und allein um die Hautfarbe – letzten Endes um Nicht-Weiße.[2] In Deutschland tritt das Wort Ausländer an die Stelle des »Farbigen«. Wendet man dieses Kriterium an, so wird nachvollziehbar, warum im deutschen Kontext Franzosen, Polen, Russen oder Schweizer mit heller Haut nicht als Ausländer gelten, während Menschen mit dunkler oder dunklerer Haut fast automatisch als solche eingeordnet werden. So dürfte es in Deutschland so Manche, deren Vorfahren in fünfter Generation aus dem Schwarzwald stammen, mit besagten Merkmalen der Dunkelheit (Augenbrauen, Teint,

Augen) schwer haben glaubhaft zu versichern, dass sie keine Türkin sondern Schwarzwälderin sei. Das glauben ihr dann manche Nicht-Türken und manche Türken nicht. In der Schweiz wiederum würde ihr mehrheitliches Weißsein deutschen Einwanderern nichts nutzen, denn sie sind dort gleichwohl Ausländer und »Ausländer«.[3] Deutsche sind mit ihrem Hochdeutsch und ihrem Auftreten in der Schweiz vielfach nicht willkommen, sie werden als arrogant und übermächtig wahrgenommen. Daran wird deutlich, wie relativ das sogenannte Überfremdungsempfinden ist.

Um die unterschiedlichen Funktionen des Ausländer-Begriffs zu unterscheiden, verwende ich in diesem Buch zwei Schreibweisen. Ich setze einmal Anführungszeichen und einmal keine: Die Schreibweise Ausländer ohne Anführungszeichen verwende ich im Sinne des *juristischen Begriffs* für Nicht-Deutsche, also für Menschen mit ausländischer Staatsangehörigkeit, die in Deutschland leben. Die Schreibweise »Ausländer« weist durch die Anführungszeichen darauf hin, dass es hier um einen *Beziehungsbegriff* geht. In Deutschland bezeichnen Menschen (gleichgültig, ob sie selbst ausländische Wurzeln haben oder nicht) andere Menschen als »Ausländer«, wenn sie diese als fremd und nicht-deutsch wahrnehmen und sie von ihren Verhaltensweisen her als kulturell anders empfinden. Wenn Deutsche mit Migrationshintergrund und Ausländer selbst von sich als »Ausländern« sprechen, so können sie dies tun, weil sie tatsächlich Ausländer sind oder weil sie die Fremdbezeichnung anderer Personen für sich selbst übernehmen.

### »Migration«

Was versteht man unter Migration? Migration bedeutet Wanderung, und zwar nicht im Sinne einer Freizeitbeschäftigung, sondern im räumlichen und sozialen Sinne. Die Bedeutung kann man sich erschließen, wenn man an die Begriffe Auswanderung oder Emigration und Einwanderung oder Immigration denkt, die im Alltagsgebrauch gängiger sind als Wanderung oder Migration. Kurz gesagt, spricht man dann von Migration, wenn Menschen ihren Lebensmittelpunkt verlagern.

Über zwei Fragen gibt es viele Diskussionen. Die erste Frage dreht sich darum, welche Distanz zwischen dem ursprünglichen und dem neuen Lebensmittelpunkt – Ort A und Ort B – liegen muss, damit man von Migration spricht. Die zweite Frage betrifft die Dauer, für die der neue Lebensmittelpunkt wirksam wird. In beiden Fällen ist das Kriterium die sogenannte Beträchtlichkeit. Es muss ein beträchtlicher Abstand zwischen Ort A und Ort B bestehen, und der neue Lebensmittelpunkt muss für eine beträchtliche Zeit eingenommen werden. Für die Vereinten Nationen sind Migranten diejenigen Personen, die für länger als ein Jahr den Lebensmittelpunkt wechseln.[4]

Wenn eine Person im Rahmen eines Praktikums ihren Lebensmittelpunkt für fünf Monate von Karlsruhe nach Speyer verlegt, würde man nicht von Migration, sondern von einem »befristeten Aufenthalt« und von »Mobilität« sprechen. Verlegt eine Familie aufgrund beruflicher Veränderungen der Erwachsenen ihren Lebensmittelpunkt auf unbestimmte Zeit von Köln nach Chemnitz, so würde man im Alltag von einem Umzug sprechen; wissenschaftlich betrachtet, ist das bereits Migration. Denn es handelt sich um eine durchaus beträchtliche Distanz und eine längerfristige Dauer. Da es sich jedoch um eine Verlagerung des Lebensmittelpunkts im Inland handelt, spricht man hier von »Binnenmigration«.

Solche Binnenmigrationen werden in der Migrationsforschung weniger untersucht als die Formen der internationalen oder gar der interkontinentalen Migration. Diese liegen dann vor, wenn die genannte Familie nicht nach Chemnitz, sondern von Köln nach Bordeaux in Frankreich (internationale Migration) oder von Köln nach Chicago in den USA (interkontinentale Migration) wandert.

Also: Auch deutsche Auswanderer sind Migranten. Ihre Beweggründe sind die Arbeitssuche, die Beziehung, ihre Abenteuerlust oder das Klima. Manche möchten einfach einmal etwas anderes machen, sich ausprobieren und haben hier »keinen Bock mehr«: Um dieses Motiv geht es häufig in den sogenannten Auswanderer-Dokus. In den dort gezeigten Biografien werden Menschen häufig mit ihren wenig reflektierten Entscheidungen und ihrem Scheitern vorgeführt, wie es dem Format dieser Sendungen entspricht.

Die Millionen Migranten weltweit und auch die meisten deutschen Auswanderer haben ein anderes Interesse und bereiten sich gut darauf vor – sie wandern der Arbeit wegen. Deshalb spricht man hier von »*Arbeits*migration«. Bei Arbeitsmigranten ist der Hauptanreiz für den längerfristigen Wohnortwechsel ein neuer Arbeitsplatz, die Aussicht auf eine bessere oder überhaupt eine Arbeitsstelle und grundsätzlich eine *bessere Lebensperspektive*. Hier lohnt es sich, noch genauer hinzusehen. Denn genau dieses Motiv ist der Antrieb für die Hunderttausenden und Millionen Menschen, die weltweit ihren Lebensmittelpunkt wechseln. Die Suche nach einem besseren Leben und einer Perspektive war und ist das Migrationsmotiv schlechthin. Es galt für die Skandinavierinnen, die Ende des 19. Jahrhunderts zu Tausenden in die USA auswanderten, ebenso wie für die Marokkaner, die heute nach Europa einreisen wollen. Erstere taten es legal, zweite illegal. In der Öffentlichkeit werden die Skandinavierinnen von damals als Auswanderinnen und die Marokkaner von heute als Flüchtlinge bezeichnet. Weltweit fliehen Menschen nicht zwingend vor konkreter politischer Verfolgung, sondern vor schlechten Lebensbedingungen. Die Perspektivlosigkeit in ihrer Heimat treibt sie in die Flucht.

Die Grenzen zwischen freiwilliger Migration, die man »Arbeitsmigration« nennt, und erzwungener Migration, die man »Fluchtmigration« nennt, sind fließend. Millionen Menschen sahen sich früher und sehen sich noch heute zur Migration gezwungen, selbst wenn niemand eine Waffe auf sie richtet oder ihr Land überschwemmt wird (vgl. ausführlicher Treibel 2011). Die Ursachen und Folgen von Flucht, Vertreibung, Verschleppung bis hin zu Menschenhandel kann ich hier nicht vertiefen. Es sei jedoch darauf hingewiesen, dass – global betrachtet – die meisten Flüchtlinge in die Nachbarländer von

Krisen- und Kriegsgebieten fliehen und insofern nur ein geringer Prozentsatz die Länder Europas oder Nordamerikas erreicht.[5]

Schilderungen solcher Lebenssituationen finden sich nicht nur in der Fachliteratur, sondern besonders eindrücklich auch in Filmen, Biografien und Romanen. Der preisgekrönte, biografisch unterlegte Roman *Americanah* der Nigerianerin Chimamanda Ngozi Adichi (2014) verarbeitet die Ursachen und Folgen von Migration.[6] Der folgende Auszug beschreibt die Gedanken des männlichen Helden Obinze aus Nigeria, der zu diesem Zeitpunkt Einwanderer in England ist. Seine britischen, nicht eingewanderten Gesprächspartner können seine Wanderungsgründe nicht nachvollziehen: »Alexa und die anderen Gäste […] verstanden, dass man vor einem Krieg flüchtete, vor der Art Armut, die menschliche Seelen zerdrückte, aber sie würden das Bedürfnis, der bedrückenden Lethargie der Chancenlosigkeit zu entkommen, nie begreifen. Sie verstanden nicht, warum Menschen wie er, die gutgenährt und ohne Durst, aber eingemauert in Unzufriedenheit aufgewachsen waren, die von Geburt an dazu koordiniert waren, auf andere Orte zu blicken, und felsenfest davon überzeugt waren, dass das wahre Leben an diesen anderen Orten stattfand, dass diese Menschen jetzt entschlossen waren, gefährliche Dinge zu tun, illegale Dinge, um zu entkommen. Keiner von ihnen war unterernährt oder ein Vergewaltigungsopfer oder stammte aus einem niedergebrannten Dorf, sie waren nur einfach ausgehungert nach Wahlmöglichkeiten und Sicherheit.« (Ebd.: 349)

Diese literarische Sprache macht besser als viele Fachtexte den Antrieb derjenigen Menschen anschaulich, die sich in heutiger Zeit in die Hände von Schlepperbanden begeben und bei der Fahrt über das Mittelmeer ihr Leben riskieren. Menschen flüchten aus autoritären und verkrusteten Strukturen und sind trotzdem keine Flüchtlinge im klassischen Sinne, bei denen wir automatisch an Krieg, Verfolgung und sogar Folter denken.[7] Typologisch gesprochen, treffen in den Booten auf dem Mittelmeer Arbeitsmigranten aus Ägypten auf Fluchtmigrantinnen aus Syrien und beide auf Menschen aus Nigeria, die Arbeitsmigrantinnen oder Fluchtmigranten sein können.

Noch einmal zurück zur Familie aus Köln, die nach Chicago migriert und die ich Schmidt nennen will. In meinem Beispiel handelt es sich um eine spezielle Form der Arbeitsmigration, die sogenannte Expertenmigration. Frau Schmidt hat in den USA eine Stelle als Managerin bekommen, und die Familie kommt mit. Auch hier geht es um eine neue Perspektive, aber nicht aus einer Situation der Perspektivlosigkeit heraus. Insofern wird die Migration von Expertinnen oder von Hochqualifizierten häufig nicht innerhalb der Arbeitsmigration, sondern gesondert behandelt.

Stellen wir uns vor, Frau Schmidt und Herr Schmidt haben sich ursprünglich beim Studium in Paris kennengelernt. Sie stammt aus einer Aussiedlerfamilie aus Deutschland, er aus einer französisch-algerischen Einwandererfamilie in Frankreich. Als Frau Schmidt eine lukrative Stelle in Köln erhält, beschließt der zukünftige Herr Schmidt, zu ihr nach Köln zu ziehen und sich dort ebenfalls eine Arbeit zu suchen. Sie mieten eine gemeinsame Wohnung und heiraten in Köln. In dieser Phase der Beziehung ist Herr Schmidt ein Beziehungs- bzw. ein Heiratsmigrant. Von »Heiratsmigration« spricht man also, wenn eine Person der Liebe wegen ihre Heimat verlässt und zu Partnerin oder Partner in ein anderes Land zieht.[8]

Stellen wir uns weiter vor, die Familie Schmidt stünde vor der Entscheidung, alternativ nicht in die USA, sondern nach Russland auszuwandern. Auch hier kann es sich um eine reguläre Expertenmigration handeln, wenn ein entsprechendes Stellenangebot vorläge. Denkbar wäre jedoch auch eine andere Konstellation: Frau Schmidts Eltern waren in den 1980er Jahren als Russlanddeutsche aus Kasachstan nach Deutschland gekommen und sehen Putin als Repräsentanten der früheren Sowjetunion einerseits kritisch. Andererseits ist Frau Schmidt über die öffentliche Meinung in Deutschland zu Putin und dem Krieg in der Ukraine empört und liebäugelt damit, bewusst nach Russland »zurückzukehren«. Wäre das tatsächlich eine Rückwanderung, also eine »Remigration«? Im direkten Sinne des Wortes wohl kaum, da Frau Schmidt in Deutschland geboren ist. Im

Grunde wäre es eine, wenn auch biografisch und politisch bedingte, Neu-Auswanderung.

Es sei nochmals festgehalten: Migranten sind Personen, die selbst gewandert sind, also ihren Lebensmittelpunkt verlagert haben. Wenn eine Person namens Ayse Öztürk im Alter von zwei Jahren mit ihren Eltern aus der Türkei nach Deutschland gekommen ist, so ist sie selbst Migrantin, wurde sie aber hier geboren, so trifft für sie die Kategorie des Migrationshintergrunds zu. Wer also nicht selbst gewandert (migriert) ist, wird mithilfe des Begriffs »Migrationshintergrund« mit der ursprünglichen Wanderung seiner Eltern oder eines Elternteils mit Migration in Verbindung gebracht – ob er es will oder nicht.

Ein eindrückliches Dokument für den Zwang, der für manche mit dieser Einordnung verbunden ist, ist der Artikel des Journalisten Matthias Heine (2006). Er betitelte auf unübertroffene Weise seinen Unmut mit dem Statement: »Ich wachte auf und hatte einen Migrationshintergrund«. Dieser wurde ihm aufgrund seines italienischen Vaters, den er nie kennengelernt hatte, zugesprochen bzw. angeheftet. Vielen Menschen ist gar nicht bewusst, dass auch sie einen Migrationshintergrund haben, wenn ihre Eltern aus Rumänien, Frankreich oder Japan stammen und nach Deutschland gekommen sind. Sie stehen diesem Begriff ablehnend gegenüber, da »Migrationshintergrund« für sie nur ein anderes Wort für »Ausländer« ist – und zu dieser Gruppe zählen sie sich nicht.

Der Begriff spielt in der Statistik, Politik und Öffentlichkeit aber nach wie vor eine große Rolle und ist auch in diesem Buch unverzichtbar. Folgende Übersicht soll helfen, die verschiedenen Gruppierungen zu erfassen, die unter den Begriff »Migrationshintergrund« fallen.

| Staats-angehörigkeit | Geburtsland | |
|---|---|---|
| | Ausland | Deutschland |
| Ausländer | I. Zugewanderte Ausländer | II. Ausländer der 2. oder 3. Generation |
| Deutsche | III. Spätaussiedler und eingebürgerte Zuwanderer | IV. In Deutschland geborene Kinder mit deutscher Staatsangehörigkeit, die mindestens ein Elternteil aus I., II. oder III. aufweisen |

*Quellen: Statistisches Bundesamt (2008) in Anlehnung an Bakshi-Hamm/Lind (2008)*

Man sieht also: Der »Migrationshintergrund« ist ein sperriges Wort und hat überdies einen schier uferlosen Geltungsbereich. Der Begriff ist aber dennoch hilfreich, um der spezifisch deutschen Situation gerecht zu werden. Man kann damit deutsche Einwanderer (Aussiedler) und nicht-deutsche Einwanderer (Ausländer) unter eine Kategorie fassen. Mit diesem Begriff erfasst man also die Migrationsgeschichte einer Familie. Die Betroffenen mögen das – wie gesagt – meistens nicht.

So kritisiert Omid Nouripour, Bundestagsabgeordneter von Bündnis 90/Die Grünen, den Begriff Migrationshintergrund und persifliert ihn mit der Abkürzung »MiMiMi«. Die Zeit für den Begriff Einwanderer, den ich in diesem Buch verwende, hält er wohl für noch nicht gekommen: »Die MiMiMis, also die Mitbürger mit Migrationshintergrund, sind eine typisch deutsche Sprachverrenkung. Viel korrekter wäre es ja, von Einwanderern der zweiten und dritten Generation zu sprechen. Aber das geht natürlich nicht. Wer so etwas sagt, der gäbe ja zu, dass Deutschland ein Einwanderungsland ist. […] Aber man könnte ja auch ›Ausländer‹ sagen. Das aber wiederum findet die andere Seite ganz doof, denn das klingt wie ›Außenseiter‹, ›Ausgeschlossener‹, ›Ausgestoßener‹. Zudem ist ›Ausländer‹ auch häufig nicht zutreffend, weil der betroffene MiMiMi ja vielleicht den deutschen Pass hat. Oder weil die Person zwar den Pass nicht hat, aber dennoch hier geboren ist. Denn er ist zwar ein echter Ausländer – auch wenn er vielleicht Bildungsinländer ist – *aber eigentlich haben wir die Einwanderer meinen wollen.* Also dann doch lieber MiMiMi.« (Nouripour 2014: 111f.; Hervorh. A.T.)

In der Wissenschaft spricht man auch häufig von »Transmigranten«. Das gemeinsame Merkmal dieser Personen ist es, dass sie ihren Lebensmittelpunkt für kürzere oder längere Zeit über eine beträchtliche Distanz verlegen oder zu einem Lebensmittelpunkt ein weiterer hinzukommt. Die klassische Definition stammt von den US-amerikanischen Anthropologinnen Nina Glick-Schiller, Linda Basch und Cristina Szanton Blanc (1997): »Transnationalismus definieren wir als den Prozess, in dem Immigranten soziale Felder schaffen, die das Land ihrer Herkunft und das Land ihrer Niederlassung miteinander verbinden. Immigranten, die solche sozialen Felder herstellen, bezeichnen wir also als ›Transmigranten‹. Sie entwickeln und unterhalten vielfältige, grenzüberschreitende Beziehungen auf informeller und auf formeller Ebene. Transmigranten handeln, entscheiden, sorgen und identifizieren sich in Netzwerken, die sie an zwei oder mehr Gesellschaften gleichzeitig binden.« (Ebd.: 81)

In Deutschland sind es vor allem Ludger Pries (2008), Thomas Faist (Faist/Özveren 2004) und Anja Weiß (Berger/Weiß 2008), die das Konzept bekannt gemacht und in eigenen Studien angewandt und weiterentwickelt haben.[9] Bekannte transnationale Räume sind Mexiko/USA, Türkei/Deutschland, Polen/Deutschland, Polen/England oder Moldawien/Italien. In Mexiko bestreiten viele Familien ihren Lebensunterhalt dadurch, dass etliche ihrer Mitglieder nach Kalifornien oder an die Ostküste der USA ausgewandert sind und von dort aus für die Daheimgebliebenen sorgen. Die Ausgewanderten sind dann nicht einfach weg, sondern bleiben durch Besuche, E-Mail oder Skype mit ihrer Herkunftsregion in mehr oder weniger engem Kontakt. Zur Transmigration gehören auch die Polinnen, die in Deutschland in Privathaushalten oder die Polen, die hier auf Spargelfeldern arbeiten und sowohl in Polen als auch in Deutschland zuhause sind. Weltweit betrachtet, sind die sogenannten »Rücküberweisungen« (international: *remittances*) ein erheblicher Wirtschaftsfaktor. Dabei handelt es sich um die Verdienste, die die Transmigranten zu erheblichen Anteilen in ihre Herkunftsländer bzw. in ihre erste Heimat transferieren. Die Summe der Rücküberweisungen wird für das Jahr 2014 weltweit auf 436 Billionen Dollar veranschlagt.[10] Länder wie Nigeria oder Ghana, die Philippinen, Mexiko oder Thailand sind existentiell auf diese Zahlungen aus dem Ausland angewiesen.

Transnationale Lebensformen gibt es in allen Schichten, Einkommensgruppen und Arbeitsfeldern. Sie finden sich bei armen Familien in Moldawien, bei denen weibliche Familienangehörige in Deutschland illegal als Prostituierte arbeiten und man in der Heimat nicht genau weiß, aber ahnt, was sie arbeiten. Transnational leben unzählige Familien der Mittelschicht in Polen, Rumänien oder Bulgarien, wo Eltern oder Geschwister befristet in Deutschland oder England das Einkommen für sich und die Angehörigen erwirtschaften und hoffen, irgendwann im Heimatland eine Perspektive zu haben.[11] Und transnational leben vor allem auch viele Akademikerinnen, die sich nicht als Entwurzelte, sondern als in zwei oder manchmal auch mehreren Ländern Verwurzelte begreifen.

Der Sozialwissenschaftler Yaşar Aydın erläutert in einem Interview zu seiner Studie »›Transnational‹ statt ›nicht integriert‹« (2013), was mit Transnationalität gemeint ist: »Ich spreche von transnationalen Orientierungen von Menschen. Damit meine ich Migrantinnen und Migranten, die in einem Land leben, sich in das Land eingliedern, eine Bildungskarriere durchlaufen, sich für die Politik dieses Landes interessieren und vor allem auch die soziale Grammatik, also die Verhaltensweisen dieses Landes verinnerlichen. Und dennoch ihre Beziehungen zum Heimatland oder zum Heimatland der Eltern aufrechterhalten. Also die Sprache weiter pflegen, sich nicht festlegen wollen auf die eine oder andere Gesellschaft und Kultur, sondern sich zu beiden Kulturen und Nationen zugehörig fühlen und auch eine Bilingualität bewusst pflegen. Das ist mit transnationalen Migrantinnen und Migranten gemeint.« (Aydın 2014)

Man sieht: Manche Menschen mit Migrationshintergrund, deren Eltern Migranten waren, werden als Erwachsene ihrerseits Migranten, aber auf eine andere Weise. Sie sind weder Arbeitsmigranten noch Fluchtmigranten, sondern wandern mal hierhin, mal dorthin. Sie sind in mehreren Gesellschaften zuhause und trotzdem gut vernetzt und integriert. Einige Forscher fassen diesen transmigrantischen Lebensstil gar nicht mehr unter »Migration«, sondern unter »Mobilität« oder »Postmigration« (vgl. Foroutan 2014; Terkessidis 2010; Tully/ Baier 2006; Urry 2002). Diese Debatten werden bislang noch eher wissenschaftsintern und weniger öffentlich geführt.

## Begriffsvorschlag: Einwanderer und ihre Nachkommen

In einer breiteren Öffentlichkeit wäre schon viel gewonnen, wenn zunächst einmal der Grundbegriff »Migration« bekannter und das Wissen über die Normalität der damit umfassten Wanderungsbewegungen Allgemeingut würden. Dazu möchte ich beitragen und behalte den Begriff bei. Für mich ist er ein Oberbegriff. Infolgedessen kann es sein, dass es sich systematisch gesehen um »Transmigrantinnen« handelt, wenn in einem der folgenden Kapitel von Migrantinnen die Rede ist. Möglicherweise würden sich die so titulierten Frauen selbst sogar als »Postmigrantinnen« sehen – also als Personen, die sich den gängigen Kategorien der Migrationsforschung entziehen wollen.

In diesem Buch geht es um Deutschland als Einwanderungsland. Infolgedessen stelle ich, was die zu benennende Personengruppe angeht, den Begriff »Einwanderer« in den Mittelpunkt. Häufig wird zwischen der ersten, zweiten und dritten Einwanderergeneration unterschieden. Die erste Generation ist im Ausland geboren und im Erwachsenenalter eingewandert; die zweite und dritte Generation ist bereits im Einwanderungsland geboren. Für die Zwischengeneration derjenigen, die als Jugendliche mit eingewandert sind, wird in Anlehnung an die nordamerikanische Bezeichnung von der »Generation 1,5« gesprochen. Bei dieser geht man davon aus, dass die Sozialisation noch im Herkunftsland erfolgte und die Entscheidung zur Auswanderung – anders als bei der ersten Generation – nicht selbst getroffen wurde. Werden die Einwanderer jedoch nicht nach Generationen differenziert, so verwende ich den Oberbegriff »Einwanderer und ihre Nachkommen«.[12]

# 3.
# Zwei Seiten einer Medaille: Integration *in* die Gesellschaft und Integration *als* Gesellschaft

»Der geheime Sinn von Moscheekonflikten könnte […] darin bestehen, dass ihre erfolgreiche Bearbeitung unterm Strich mehr zur gesellschaftlichen Integration beiträgt als die Konsensfiktion interreligiöser Dialoge und 1.000 Tage der Offenen Tür. ›Integration durch Konflikt‹, das ist die zugegeben schwierige Botschaft der modernen, an urbaner Unübersichtlichkeit erprobten Soziologie, für die interkulturelle Konflikte Normalität sind und interkulturelle Verhältnisse nicht erst mit der Einwanderung fremder Religionen beginnen. Jeder friedlich ausgetragene und glücklich ausgestandene Konflikt bringt die Gesellschaft insgesamt weiter.« (Leggewie 2011: 17)

### »*Die* sollen so werden wie *wir*«

Integration ist in aller Munde. Was aber versteht man darunter? Im Alltagsverständnis ist damit die Eingliederung einer kleineren, neueren, in spezifischer Hinsicht »anderen« Gruppe in eine größere, ältere, etablierte Gruppe gemeint: Ausländer integrieren sich in das Aufnahmeland, die Neuen Bundesländer in die Alten Bundesländer, Frauen in Männerberufe, und so weiter. Bei diesem Verständnis kommt es entscheidend darauf an, dass die neue, »andere Gruppe« als untergeordnet gilt und sich an das Reglement der älteren Gruppe anpassen soll.

Wer fordert »Die sollen sich integrieren!«, geht davon aus, dass er selbst zu der größeren oder älteren Gruppe gehört, einer kollektiven Einheit. Man sieht sich selbst als Teil eines »Wir« und »die Anderen« sollen sich integrieren. Wenn es um »die Ausländer« geht, lautet eine klassische Erwartung: »Sie sollen möglichst nicht auffallen und uns möglichst ähnlich sein.« Ein mögliches Anforderungsprofil könnte so aussehen: »Die sollen sprechen wie wir, sich kleiden wie wir, essen und sich einrichten wie wir, laut oder leise sein wie wir, sich an Regeln halten, sich ordentlich benehmen.« Aber wer ist dieses »Wir«? Wer ist die Bezugsgruppe? Die Deutschen, die Schwaben, die Berliner, die Rostocker? Gruppenbildungen haben viel mit Stereotypen und Selbstbezüglichkeiten zu tun. Sie halten der Realität nicht zwingend stand, helfen aber, den eigenen Status zu stabilisieren. Wenn sich beispielsweise »der Berliner« für weniger ordentlich und für eher lässig hält, so kann ihm »der ordentlichere und formellere Schwabe« schon als Fremdkörper erscheinen, der in Berlin die feindliche Übernahme plant (vgl. Strohmaier 2014).

In ihrem Artikel über »Philister, Spießer, Schwaben« nimmt die Publizistin Hannelore Schlaffer (2015) vor allem die selbsternannten Berliner Intellektuellen aufs Korn, die sich von den zugezogenen Schwaben gestört fühlen: »Der Schwabe ist der wiederauferstandene Spießer, provinziell, engstirnig, sauber, zungenschwer, treu und fest, der es dahin bringt, von ›unserem Hauptstädtle‹ zu sprechen. Nicht zufällig kommt der Affront gegen dieses harmlose Gemüt aus Prenzlauer Berg, jenem Viertel, wo die zu wohnen bestrebt sind, die sich zur intellektuellen Avantgarde zählen und mittlerweile die Flucht vor den Bürgern aus Westdeutschland nach Kreuzberg oder Friedrichshain angetreten haben. Was als Gentrifizierung tatsächlich stattfindet, deuten sie als Angriff auf ihren Lebensstil, der seit dem 19. Jahrhundert für aufgeklärt, zynisch, urban, metropolitan, keinesfalls aber für ›global‹ und geschäftstüchtig gelten darf.« (Ebd.: 87f.)

Beim öffentlichen Integrationsverständnis geht es um Zugehörigkeiten und Anpassung: Die Neuen sollen so sein, aber mindestens so werden wie die Alten. Insbesondere dann, wenn es um »Ausländer« geht, ist das Alltagskonzept relativ einseitig. Es lässt ein weiteres Verständnis von Integration ungenutzt: Integration mit Blick auf das Gesamte, auf die ganze Gesellschaft (Heckmann 2013). Im Zusammenhang mit der »europäischen Integration« ist dieses doppelte Begriffsverständnis selbstverständlich. Spricht man von europäischer Integration, so geht es sogar *primär* um das Zusammenwachsen und den Zusammenhalt in dem sozialen Gefüge EU, das sich permanent verändert – und weniger um die »Integration« eines (Beitritts-)Landes in die EU.

In sozialwissenschaftlicher Perspektive sieht man im Gegensatz zum Alltagsverständnis beide Integrationsprozesse als relevant und miteinander verbunden an: Die Integration *in* eine Gesellschaft und die Integration *als* Gesellschaft gehören zusammen – sie sind zwei Seiten einer Medaille.

## Integration wissenschaftlich betrachtet

Vor allem in der Soziologie zählt »Integration« seit der Entstehung des Faches im 19. Jahrhundert zu den zentralen Begriffen. Unter den Vordenkern haben Herbert Spencer, Émile Durkheim, Georg Simmel, Talcott Parsons und Jürgen Habermas den Begriff mitbegründet (vgl. Meulemann 2013: Kap. 6), worauf ich hier nicht näher eingehen kann. Kurz gesagt, geht es der Soziologie dabei um zwei Aspekte: Erstens um die Frage, ob und inwieweit Einzelne oder Gruppen Zugang zu den Teilbereichen und Ressourcen einer Gesellschaft haben, also um die *Teilhabe* von Einzelnen oder Gruppen an der Gesellschaft. Zweitens um die Frage, in welcher Verfassung sich eine Gesellschaft insgesamt befindet und ob man vom *Zusammenhalt* einer Gesellschaft ausgehen kann. Diese beiden Perspektiven stelle ich kurz vor.

Versteht man Integration als Teilhabe, dann gilt diejenige Person als integriert, die in einer Gesellschaft in unterschiedlicher Hinsicht angekommen und beteiligt ist. Die Frage nach Integration ist folglich eine Frage, die grundsätzlich alle Menschen betrifft. Unter den vielen Erläuterungen zu diesem Sachverhalt wähle ich die prägnante Formulierung des Migrationssoziologen Michael Bommes (2007): »Der Grad der gesellschaftlichen Integration von Migranten gibt – soziologisch gesehen – im Kern Antwort auf die Frage, in welchem Ausmaß es diesen gelingt, an den für die Lebensführung bedeutsamen gesellschaftlichen Bereichen teilzunehmen, also Zugang zu Arbeit, Erziehung und Ausbildung, Wohnung, Gesundheit, Recht, Politik, Massenmedien und Religion zu finden. Die moderne Gesellschaft mutet *allen* Individuen – nicht nur Migranten – zu, dies eigenständig und in Ausrichtung an den in den verschiedenen Bereichen jeweils gültigen Anforderungen zu realisieren. Integration bezeichnet daher eine Problemstellung, mit der unterschiedslos alle Menschen konfrontiert sind. Dabei ist kein Individuum auf Dauer in ›die Gesellschaft‹ als solche integriert.« (Ebd.: 3; Hervorh. im Original)

Ein solches Integrationskonzept ist nützlich, weil man mit ihm die soziale Lage von Menschen generell untersuchen kann. Man wird dann feststellen, dass der Grad der Integration von vielen Faktoren abhängt. Fragt man beispielsweise Studierende, ob sie sich nach diesem Verständnis in die deutsche Gesellschaft integriert fühlen, so sagen sie häufig: »Das kann ich doch noch gar nicht sagen, weil ich nicht weiß, ob ich einmal einen Arbeitsplatz finden werde und wie der dann aussehen wird.« Hier richtet sich der Blick auf die Lebensphase, in der man seinen Platz vielleicht in einem Teil der Gesellschaft (beispielsweise an der Hochschule), aber noch nicht in der Gesamtgesellschaft gefunden hat. Menschen, die in einem Land kein Wahlrecht haben, werden sagen, dass sie politisch nicht integriert sind. Langzeitarbeitslose oder irreguläre Migranten werden sich aus so vielen Bereichen ausgeschlossen fühlen, dass sie das Wort »Integration« gar nicht auf sich beziehen können.[13]

Versteht man Integration als Zusammenhalt, so ist die Gesamtgesellschaft im Blick. Man fragt: Was hält die Gesellschaft zusammen? Ist eine Gesellschaft *als solche* integriert? Gibt es einen Zusammenhalt ihrer Mitglieder? Ältere Ansätze in der Soziologie gingen davon aus, dass es Normen und Werte sind, die eine Gesellschaft zusammenhalten. Ein Abbild davon in der Gegenwart ist die in der politischen Öffentlichkeit immer wieder aufkeimende Debatte um so etwas wie »Leitkultur« (vgl. Oberndörfer 2002). In einer Gesellschaft wie der Bundesrepublik Deutschland, die durch so zahlreiche »Landsmannschaften« (vgl. Kapitel »Deutsch kann man doch nicht werden!«),

Dialekte, soziale Milieus und polarisierte Lebenslagen zwischen sehr Reichen und sehr Armen gekennzeichnet ist, erscheint es vielen jedoch fraglich, ob es so etwas wie einen Zusammenhalt über gemeinsame Normen und Werte überhaupt geben *kann* – und geben *muss*.

Einen wichtigen Beitrag zur Weiterentwicklung der Integrationstheorie lieferte bereits David Lockwood (1979 [1964]) mit seinem Aufsatz, in dem er Sozialintegration und Systemintegration definierte: »Während beim Problem der sozialen Integration die geordneten oder konfliktgeladenen Beziehungen der Handelnden eines Systems zur Debatte stehen, dreht es sich beim Problem der Systemintegration um die geordneten oder konfliktgeladenen Beziehungen zwischen den Teilen eines sozialen Systems.« (Ebd.: 125). Das ist der springende Punkt: Integration ist nicht gleichzusetzen mit Harmonie oder überhaupt mit ausschließlich positiv besetzten Gefühlen. Gesellschaftliche Systeme integrieren sich nicht zuletzt durch Konflikte, die in ihnen ausgetragen werden, worauf unter den Klassikern der Soziologie vor allem Lewis A. Coser (2009 [1956]) und Ralf Dahrendorf (1992) hingewiesen haben.

Der Soziologe Hartmut Esser (2001) konkretisiert die Begriffsunterscheidung von Lockwood folgendermaßen: »Die Systemintegration ist […] jene Form des Zusammenhalts der Teile eines sozialen Systems, die sich unabhängig von den speziellen Motiven und Beziehungen der individuellen Akteure und oft genug sogar auch gegen ihre Absichten und Interessen, sozusagen anonym und hinter ihrem Rücken, ergibt und durchsetzt, während die soziale Integration unmittelbar mit den Motiven, Orientierungen, Absichten und – insbesondere – den Beziehungen der Akteure zu tun hat. Die Systemintegration ist die Integration eines sozialen Systems ›über die Köpfe‹ der Akteure hinweg, die etwa durch den Weltmarkt, durch den Nationalstaat, durch die großen korporativen Akteure, etwa die internationalen Konzerne, oder auch durch supranationale Einheiten, wie die Europäische Union, besorgt wird. Die Sozialintegration ist dagegen der Einbezug, die ›Inklusion‹ der Akteure in die jeweiligen sozialen Systeme. Und so kann es durchaus möglich sein, dass eine Gesellschaft stark integriert ist, etwa über das Marktgeschehen oder die politische Ordnung, dass es aber Gruppen oder Personen gibt, die mehr oder weniger ›in‹ diese Gesellschaft hinein ›integriert‹ sind. Kurz: Es kann grundsätzlich eine Systemintegration auch ohne Sozialintegration geben.« (Ebd.: 3f.)

Was die Systemintegration Deutschlands also ausmacht, sind seine wirtschaftlichen und politischen Verflechtungen, seine Macht- und Abhängigkeitsbeziehungen in Europa und in der Welt. Der Zusammenhalt, um den es hier geht, ist etwas anderes als das schon erwähnte einigende Band einer möglichen Leitkultur. Normen und Werte spielen eine geringere Rolle als Organisationsprinzipien und Kommunikationsstrukturen.

Aus meiner Sicht sind folgende Prinzipien, die sie mit anderen Gesellschaften teilt, die sie aber auch von anderen Gesellschaften unterscheidet, integrativ für die Gesellschaft Deutschlands: Demokratie, Föderalismus, Individualismus, Gleichberechtigung und Bürgerbeteiligung. Die föderale Struktur ist für Deutschland konstitutiv und wirkt einerseits gerade aufgrund der Heterogenität und Pluralität integrativ; andererseits kann sie durch die Trennungen zwischen Ost und West und zwischen reicheren und ärmeren (»strukturschwachen«) Regionen desintegrativ sein. Entgegen der Alltagsmeinung, für die Konflikte beunruhigend wirken, sind aus Sicht der Integrationstheorie Konflikte erforderlich – für die Sozial- und für die Systemintegration (vgl. für einen Überblick Bonacker 2014). In der Wissenschaft versteht man unter Integration also nicht die Anpassung einer Gruppe an die andere, sondern den Zugang von Individuen zu einem größeren Ganzen und die Beschaffenheit dieses größeren Ganzen.

Welche Teilhabemöglichkeiten haben also Einwanderer und ihre Nachkommen, wie misst man und wie benennt man sie? Seit es Forschung zu Einwanderung gibt, nämlich seit den 1920er Jahren, wurden zahlreiche Ansätze entwickelt, die ich hier nicht referieren kann. Auch für Experten sind die möglichen Begriffe und Theorien kaum noch zu überblicken. International sind die prominentesten Verwandten des Integrationsbegriffs die »Assimilation« (Esser 1980; Aumüller 2009; Treibel 2011) oder auch die »Neo-Assimilation« (Alba/ Nee 2007). In Deutschland spricht man dagegen kaum noch von Assimilation.[14] Seit den 1990er Jahren ist stattdessen der Akkulturationsbegriff des Sozialpsychologen Berry sehr verbreitet (Berry 1990).

## Dimensionen der Sozialintegration

Integration kann ganz unterschiedlich verlaufen, Menschen integrieren sich meist ungleichzeitig in die verschiedenen gesellschaftlichen Bereiche. Man unterscheidet zwischen kognitiven bzw. kulturellen Aspekten wie der Sprache, strukturellen Aspekten wie der rechtlichen und der beruflichen Position, sozialen Aspekten wie den Kontakten und Beziehungen und schließlich identifikativen Aspekten wie der gefühlsmäßigen Bindung an das Einwanderungsland oder der Einbürgerungsabsicht.

Nach diesem Integrationsmodell kann man untersuchen, ob jemand in Teilbereichen integriert oder als mehrfach integriert gelten kann. Während Esser (2001: 21) der Meinung ist, dass »Mehrfachintegration« etwas für privilegierte Diplomatenkinder und insofern wenig relevant sei, vertrete ich in diesem Buch die Auffassung, dass dieser Begriff für eine beträchtliche Anzahl von Einwanderern und ihren Nachkommen passt. Ich möchte sogar noch weiter gehen: Eben die Mehrfachintegration mancher Einwanderer verändert die gesellschaftlichen Hierarchien in einem Einwanderungsland wie Deutschland, was unter den Alten Deutschen für Irritationen sorgen kann.

*Abb. 2: Dimensionen der Sozialintegration*

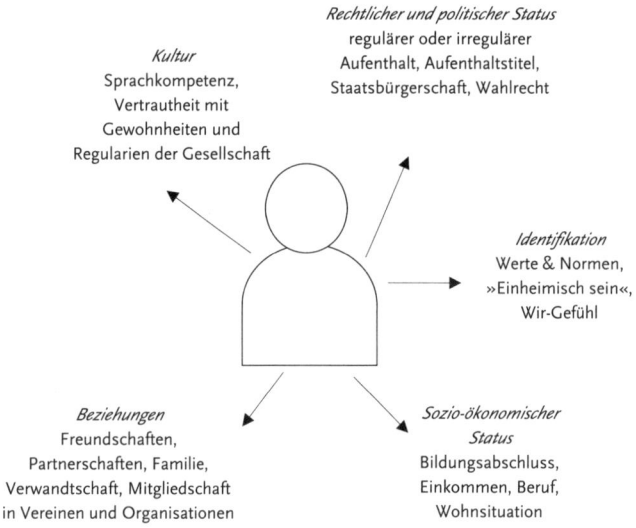

*Rechtlicher und politischer Status*
regulärer oder irregulärer
Aufenthalt, Aufenthaltstitel,
Staatsbürgerschaft, Wahlrecht

*Kultur*
Sprachkompetenz,
Vertrautheit mit
Gewohnheiten und
Regularien der Gesellschaft

*Identifikation*
Werte & Normen,
»Einheimisch sein«,
Wir-Gefühl

*Beziehungen*
Freundschaften,
Partnerschaften, Familie,
Verwandtschaft, Mitgliedschaft
in Vereinen und Organisationen

*Sozio-ökonomischer Status*
Bildungsabschluss,
Einkommen, Beruf,
Wohnsituation

*Quelle: Eigene Darstellung*

Was sieht man nun, wenn man mit der Brille der Integrationsdimensionen auf Einwanderer blickt? Stellen wir uns einen Russlanddeutschen namens Johann Meier mit Hochschulabschluss vor. Als Spätaussiedler ist er deutscher Staatsbürger. Er hat eine vergleichbare berufliche Position erreicht wie ein männlicher Akademiker ohne Migrationshintergrund. Was seinen rechtlichen, politischen und sozio-ökonomischen Status angeht, würde er als integriert gelten. Stellen wir uns weiter vor, Meier hätte vor allem Kontakte mit anderen Russlanddeutschen und wäre in Vereinen aktiv, deren Mitglieder vor allem Spätaussiedler seien. Dann würde man davon ausgehen, dass er nicht integriert ist, da er keine oder nur wenige Kontakte außerhalb seiner eigenen Gruppe hat.

Für Johann Meier selbst kann diese Diskrepanz der verschiedenen Integrationsdimensionen in Ordnung sein. Ihm genügt es, mit Nicht-Russlanddeutschen auf der Arbeit gut zusammenzuarbeiten; für seine persönlichen Beziehungen bevorzugt er andere Russlanddeutsche. Ihnen fühlt er sich verbunden, bei ihnen muss er sich und seine Interessen nicht so ausführlich erklären. Man versteht sich auch ohne Worte, gerade weil man neben Deutsch eine (weitere) gemeinsame Sprache, nämlich Russisch, hat. Von außen betrachtet mag Meier wegen seiner privaten »Abschottung« als nicht integriert gelten. Für ihn selbst ist genau die Möglichkeit, seine Beziehungen nach seinen Bedürfnissen zu gestalten, ein Beleg für die Attraktivität Deutschlands, in das er sich gut integriert sieht.[15]

Weiter oben hatte ich von einem möglichen »Anforderungsprofil«, wie Integration im Alltag aussehen sollte, gesprochen: »Die sollen sprechen wie wir, sich kleiden wie wir, essen und sich einrichten wie wir, laut oder leise sein wie wir, sich an Regeln halten, sich ordentlich benehmen.« Wer in einem solchen, gängigen Sinne von Integration spricht, möchte vor allem, dass alles so bleibt, wie es war oder ist – oder wie man *wahrnimmt*, dass es war oder ist.

Wenn Anpassung und Unauffälligkeit die zentralen Kriterien sind, wird auch klar, warum manchen Gruppen zugeschrieben wird, »integrationsunwillig« zu sein. Zugespitzt gesagt: Wer eine *dunkle* Hautfarbe hat, als *Muslimin* bedeckt oder im Auftreten eher *mackerhaft* ist, hat es in den Augen einer weißen, sich als a-religiös verstehenden Mittelschichtsangehörigen, die den dezenten Auftritt bevorzugt, schwer, als integriert zu gelten. Jemand mit diesen Merkmalen wird einen Menschen mit jenen »anderen« Merkmalen möglicherweise als so verschieden zu sich selbst wahrnehmen, dass sie hier keine Integration sehen kann.

Allerdings: Würde man auf diese Personen, die sich äußerlich so »eindeutig« unterscheiden, die Dimensionen der Integration anwenden, so könnte es gut sein, dass sie bessere »Integrationswerte« haben als Johann Meier: Sie haben nicht nur einen Beruf, der ihren Qualifikationen entspricht, sondern sie wohnen auch in einem »gemischten«

Viertel und haben Freunde und Partner, die einen anderen Migrationshintergrund haben als sie selbst – oder keinen. Sie identifizieren sich mit Deutschland und verstehen nicht, weshalb man sie als nicht integriert einstuft.

## Kritik am Integrationsbegriff

In den öffentlichen Debatten ist Integration ein Kampfbegriff. Dies gilt insbesondere für das rechte politische Spektrum. Als Beispiel verweise ich auf das Positionspapier zu »Einwanderung und Identität« von Götz Kubitschek (2015), einem Vertreter der Neuen Rechten. Dieses Papier hat Kubitschek bei einer Kundgebung der »Legida«, dem Leipziger Ableger von »Pegida«, im Januar 2015 vorgetragen. Dort heißt es unter Punkt 8: »Wir fordern eine Klärung dessen, was ›Integration‹ bedeutet und wer als integriert gelten darf. Diese Bestimmung muss krisenfest sein und darf sich nicht an Wunschbildern orientieren.« (Ebd.) Mit »krisenfest« ist der »Ernstfall« gemeint, also das Kriterium: Auf welcher Seite steht jemand, wenn es Krieg gibt? Bemerkenswert ist außerdem die Betonung der Machtverhältnisse. Denn Kubitschek fordert für seine Gruppe (»wir«) das Recht ein, zu bestimmen, »wer als integriert gelten *darf*« (ebd.; Hervorh. A.T). Es sind aus dieser Perspektive auf keinen Fall die Einwanderer selbst, die darüber entscheiden dürfen, sondern die Alten Deutschen.[16]

Angesichts einer solchen Instrumentalisierung des Begriffes haben Wissenschaftlerinnen wie Sabine Hess (Hess u.a. 2009) oder María do Mar Castro Varela (2013) gute Argumente, wenn sie den Integrationsbegriff wegen der politischen und emotionalen Aufladung, die er in der Öffentlichkeit erfährt, in der Forschung ganz fallen lassen wollen (vgl. auch Pries 2014: 21–25). Da es andere Ansätze wie Mobilität, Postmigration, Interkultur, Transmigration oder soziale Ungleichheit gäbe, so die Argumentation, brauche man »Integration« nicht mehr. Für viele Kritiker ist das Konzept nicht mehr zeitgemäß: »Die Vorstellung von Integration bedeutet Angleichung an eine Norm, die den unterschiedlichen, vielfältigen Lebensweisen nicht gerecht wird. Um eine Gruppe zu integrieren, also einzugliedern, muss sie zunächst einmal isoliert und separiert werden. Dies schafft selbst die Ausgliederung, der entgegengewirkt werden soll. Und schließlich: Integration bedeutet nicht nur Angleichung an eine neue Gruppe. Sie kann diese Gruppe ebenfalls verändern.« (Zwengel 2014: 202f.; vgl. auch Terkessidis 2010)

Die Frage bleibt jedoch, ob man sich aufgrund der Vereinnahmung durch bestimmte Lager von einem zentralen gesellschaftstheoretischen Begriff verabschieden soll. Ich persönlich halte dies nicht für die richtige Entscheidung, da man sich dann auch von anderen, breiteren gesellschaftlichen Debatten und Institutionalisierungen von »Integration« abwendet (Treibel 2014a). Integration scheint, ob man es mag oder nicht, eine Art Zauberwort für alle Fragen des neuen Einwanderungslandes Deutschland zu sein. Wer es aufgibt, nimmt an wichtigen Debatten nicht teil.

Um was geht es also bei Integration? Die Schwierigkeit besteht in den verschiedenen Bedeutungen und Verwendungen des Begriffs. In der Öffentlichkeit geht es um einen politischen Kampfbegriff, der im Alltag inflationär und meist ohne nähere Erklärung verwendet wird. Wenn man genauer hinsieht, geht es bei Nicht-Integration (und diese scheint für die Öffentlichkeit das Interessantere zu sein) meist um »Anderssein«, das sichtbar ist. In der Wissenschaft ist der Integrationsbegriff ein Arbeitsinstrument, das man weiterentwickeln kann.


## Mein Plädoyer für die Weiterentwicklung des Integrationsbegriffs

Die breite Verwendung und die ideologische Instrumentalisierung des Integrationsbegriffs sind für mich ein Indiz für die enge Verknüpfung mit den Machtverhältnissen in einer Gesellschaft: Wer sagt über wen, dass sie oder er integriert ist? Aufgrund welcher Kriterien wird darüber befunden? Dürfen (bisherige) Unterprivilegierte oder Neue Deutsche mitbestimmen, was für sie Integration ist? In ihrer Untersuchung zu lateinamerikanischen Einwanderern in Deutschland bringt es Nuria López Olivares (2012) auf den Punkt: »In Deutschland ist das Thema der Migration kein leichtes, da es für manche Einwohner schwierig ist, Deutschland als Einwanderungsland zu verstehen. Daher verweigern sich manche dem Prozess der Integration, obwohl dieser eine Aufgabe sowohl der ZuwanderInnen als auch der Einheimischen ist.« (Ebd.: 89)

Ich spreche mich dafür aus, den Integrationsbegriff beizubehalten, auch in der Öffentlichkeit, ihn aber weiter zu fassen als bisher: Integration ist für mich eine Aufgabe für alle, die in diesem Deutschland leben, das ein Einwanderungsland geworden ist. Zunehmende Verschiedenheit und Komplexität zu verarbeiten, kann anstrengend sein. Im Alltag entlastet es deshalb, von »den Deutschen«, »den Ausländern«, »den Vietnamesen« oder »den Italienern« zu sprechen. Zu diesem Schubladendenken greifen Längeransässige und Einwanderer – manchmal spielerisch, manchmal bitterernst. Sie übersehen dabei, dass es innerhalb der Gruppen mehr Unterschiede gibt als zwischen den Gruppen. Ein Einwanderungsland geworden zu sein, erfordert Integrationsleistungen von allen Seiten. Integration im Sinne eines gesellschaftlichen Zusammenhalts basiert auf Kooperation, aber auch auf Konflikt. Reibungen und Auseinandersetzungen gehören genauso dazu wie Annäherung und Sympathie, damit etwas Neues entstehen kann.

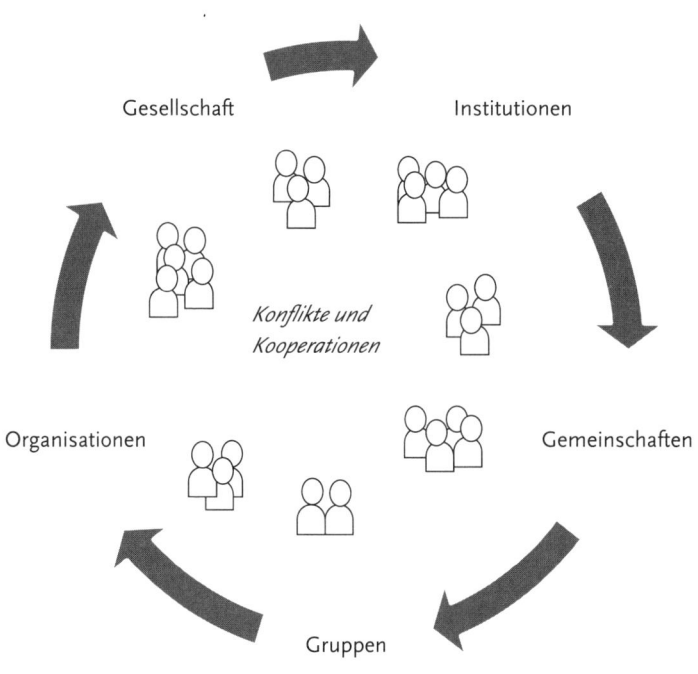

Abb. 3: Systemintegration

Gesellschaft

Institutionen

Konflikte und
Kooperationen

Organisationen

Gemeinschaften

Gruppen

*Quelle: Eigene Darstellung*

An der Hochschule, im Kundengespräch am Telefon, im Verein, an der Straßenkreuzung und in der U-Bahn, im Ehrenamt bei der Flüchtlingsinitiative, bei der Polizei, als Sprechstundenhilfe, in der Justiz: An der »Integrationsarbeit« sind alle und überall beteiligt – Alte und Neue Deutsche. Der Blick im Alltag geht auf das Aussehen und das Verhalten und achtet wenig auf strukturelle Prozesse. »Wer wegen der sozialen Integration besorgt ist, sollte sich um die soziale Struktur kümmern«, konstatiert der Soziologe Heiner Meulemann (2013: 274).

Auf gesamtgesellschaftlicher Ebene hören die Veränderungen nicht auf: was den einen als Fortschritt erscheint, ist für die anderen schwer zu verdauen, wie der Jurist und Bundesverfassungsrichter Dieter Grimm feststellt: »Auch Gesellschaften integrieren und desintegrieren sich ständig. Dabei entstehen Chancen und Kosten, Gewinner und Verlierer. Ein und dasselbe Phänomen kann sowohl integrative wie desintegrative Wirkungen entfalten. Die Zulassung gleichgeschlechtlicher Ehen, die derzeit vielerorts vor sich geht, integriert Personen, die sich bisher ausgegrenzt fühlten, und entfremdet andere, für die die traditionelle Ehe zum Grundkonsens der Gesellschaft gehört. Selten wird die Entwicklung nur eine Richtung einschlagen. Vielmehr wechseln die Felder, Ebenen und Geschwindigkeiten von Integration und Desintegration.« (Grimm 2013: 869)

Mit dem aufsehenerregenden Referendum der Iren vom 26. Mai 2015, die »Homo-Ehe« vollständig gleichzustellen, werden sich voraussichtlich die von Grimm von zwei Jahren beschriebenen Integrations- und Desintegrationsprozesse intensivieren. Auch außerhalb Irlands wird der Entscheid den Betroffenen und Befürwortern vermutlich Auftrieb geben und manche Gegnerinnen irritieren, andere erzürnen. Gut möglich, dass sich hier ganz neue Polaritäten entwickeln, so dass die Frage Einwanderer oder Nicht-Einwanderer relativiert werden könnte. Was Deutschland angeht, so ist durchaus denkbar dass neue Koalitionen aus konservativen Altdeutschen mit konservativen Neudeutschen entstehen, die sich in ihrer Ablehnung der Homo-Ehe einig sind.

# 4.
## *Deutsch kann man doch nicht werden!*
## Über Alte und Neue Deutsche

»Die ›Deutschen‹ gibt's doch gar nicht. Wir sind nur die Fußkranken der Völkerwanderungen. Eine Mischung aus allen, die hier jemals durchkamen. Und ALLE sitzen wir auf dem Raumschiff Erde und rasen durch's All. Entweder machen wir es zusammen oder gar nicht.«

(Bepperling 2014)

### Vom Deutschwerden und Deutschsein

Wie viele Deutsche leben in Deutschland? Das Statistische Bundesamt veröffentlichte im November 2014 die aktuellen Daten des Mikrozensus 2013. Dieser gibt Auskunft über die Bevölkerung in Deutschland. Danach leben 73,8 Millionen Deutsche mit und ohne Migrationshintergrund und 6,8 Millionen Ausländer in Deutschland (Statistisches Bundesamt 2014). Von den 80,6 Millionen Menschen in Deutschland haben 20,5 Prozent einen Migrationshintergrund, das sind 16,5 Millionen. Mehr als die Hälfte von ihnen, nämlich 9,7 Millionen, sind Deutsche.

Diese knapp 10 Millionen Deutschen mit Migrationshintergrund haben unterschiedliche Biografien. Sie sind beispielsweise als Russlanddeutsche eingewandert, haben im Ausland geborene Eltern und sind selbst in Deutschland geboren, oder sie sind selbst migriert und haben sich einbürgern lassen: »Deutsch ist auch das Kind iranischer Flüchtlinge, der Aussiedler, der immer noch Russisch spricht, der Deutsch-Türke, der zwei Pässe hat.« (Preuss 2014; vgl. Foroutan u.a. 2014)

Die Zahlen sprechen eine eindeutige Sprache: Deutsche oder Deutscher kann man sein – und *werden*. Manchen bereitet das Unbehagen, denn für sie ist »deutsch« mit einer bestimmten Identität verknüpft. Deutsche oder Deutscher *ist* man – oder man ist es nicht:

»Deutsch kann man doch nicht werden!« Aus dieser Perspektive kann man sich Deutschsein nicht aneignen, also nicht einfach Deutsch *werden* (Bade 2007: 3; Olfert 2014).

Gänzlich anders stellt sich die Situation für die Einwanderin dar, die einen Einbürgerungsantrag stellt, oder für den Sohn von Einwanderern, der in Deutschland geboren und aufgewachsen ist. Für Letzteren ist Deutschland sowieso seine Heimat, für Erstere ist Deutschland zur Heimat geworden. Für beide entspricht der deutsche Pass ihrem Wunsch nach rechtlicher Gleichstellung, ihrer Lebenssituation als in Deutschland Geborene, oder er ist Ausdruck ihrer Identifikation mit der neuen Heimat (vgl. Weinmann u.a. 2012). Sie können die Vorbehalte gegen ihr Deutschgewordensein nicht verstehen. Denn sie haben es ja in vielen Fällen aktiv betrieben, den deutschen Pass zu bekommen. Und sie haben sich um das Deutschsein bemüht, sich damit auseinandergesetzt. Als Ergebnis dieses Prozesses betrachten sie sich als ganz normale Deutsche.[17]

Deutschsein bzw. Deutschwerden ist ein Thema für beide Seiten. Wie soll man diese beiden Seiten nennen? Ich spreche hier von »Alten Deutschen« und von »Neuen Deutschen«, ohne diese Begriffe selbst erfunden zu haben. Sie wurden von Wissenschaftlerinnen und Journalisten ins Spiel gebracht, die selbst Deutsche mit Migrationshintergrund sind. Denn sie hatten festgestellt, dass man als Deutschgewordene nicht einfach zur Tagesordnung übergehen kann: Offenbar besteht ein Bedarf nach einer eigenen Begrifflichkeit (Foroutan 2010; Bota u.a. 2012). Am 22. Mai 2014 verwandte Bundespräsident Joachim Gauck diese Unterscheidung auf höchster politischer Ebene in seiner Rede bei der Einbürgerungsfeier anlässlich 65 Jahre Grundgesetz in Schloss Bellevue: »Ich will von den Veränderungen sprechen, die Einwanderung für unser Land bringt. Von den Zumutungen, die diese Veränderungen manchmal bedeuten. Von dem, was wir, Alt-Deutsche wie Neu-Deutsche, gewinnen und was wir längst gewonnen haben.«[18] (Gauck 2014: 2)

In der Wissenschaft, insbesondere in den sogenannten Cultural bzw. Postcolonial Studies, spricht man von »hybriden Identitäten«.

Hybridität betont das Neue, das sich nicht einfach aus der Mischung von Kubanisch-Amerikanisch, Pakistanisch-Britisch oder Russisch-Deutsch ergibt, sondern etwas Zusätzliches und Eigenes ist. Hybridität hat mit den Einwanderungsbiografien der Personen, der ethnischen oder nationalen Herkunft ihrer Eltern zu tun, aber diese Identitätsbestandteile werden auf besondere, kreative Weise angeeignet und transformiert. Es entstehen kulturelle Neubildungen, die weder auf die Herkunfts-, noch auf die Aufnahmeländer zurückgeführt werden können. Für Außenstehende ist die ordnungsstiftende Sortierung dann kaum noch möglich, wie das Erlebnis einer deutsch-türkischen Architektin beim Verwandtenbesuch in der Heimat der Eltern zeigt: »Als sie neulich auf einer Beerdigung in Antakya war, setzte man die Deutschtürkin kurzerhand ins Männerzelt. Nicht richtig deutsch, nicht richtig türkisch, nicht richtig Frau.«[19] (Ott 2013: 14) Neue Deutsche werden nicht – selbst wenn sie dies wollten – als ganz normale Deutsche angesehen; aber sie bewegen sich vom Ausländersein zum Deutschsein.

Von Alten und Neuen Deutschen zu sprechen, hat einiges für sich. Vordergründig sind zwar Missverständnisse mit dem Lebensalter möglich – als ginge es um ältere oder jüngere Menschen. Mögliche Alternativen wie die Bezeichnung »einheimische Deutsche« trifft es aber nicht besser, da die neuen oder neueren Deutschen ja ebenfalls einheimisch sind. Auch »eingeborene Deutsche« ist schief, da die neuen Deutschen vielfach bereits in Deutschland geboren sind. Um die Deutschen mit ausländischen Wurzeln von Deutschen ohne ausländische Wurzeln zu unterscheiden, könnte man von »deutsch-italienischen« Menschen einerseits und »deutsch-deutschen« Menschen andererseits sprechen.[20] Weitere Bezeichnungen für die älteren Deutschen lauten – halb ernst, halb ironisch – »Herkunftsdeutsche« oder »Biodeutsche« (Nouripour 2014). Das wären also diejenigen, die keine Einwanderungsgeschichte neueren Datums haben. Ein kurzer Blick in die Geschichte der Deutschen zeigt jedoch, dass es mit den Bio- oder Herkunftsdeutschen auch nicht so einfach ist.

## Stämme und Landsmannschaften –
## Zur Geschichte der Deutschen

Wer sind sie denn, die Deutschen? Sie sind ein *Konglomerat aus Stämmen*, die über hunderte von Jahren durch Mitteleuropa gezogen und mehr oder weniger sesshaft geworden sind: Germanen, Franken, Alemannen, Sachsen, Schwaben, Bayern, unter anderem. Als den Grundstock Deutschlands kann man die fränkisch-germanische Bevölkerung des Mittelalters verstehen. Es gibt jedoch keine eindeutige deutsche Identität, sondern allenfalls fragmentarische Identitäten mit unterschiedlichen Narrativen und zentralen Figuren wie Otto I., Friedrich dem Großen oder Otto von Bismarck. Die nationale Einigung durch die Reichsgründung 1871 war ein politischer Willensakt, ein Konstrukt, das bis heute nachwirkt.[21] Für eine mögliche Etablierung einer deutschen Nation reichte die Zeitspanne von 1871 bis 1933 kaum aus. Die NS-Diktatur unter Hitler und die SED-Herrschaft in der DDR hatten in den östlichen Bundesländern Jahrzehnte des Totalitarismus zur Folge. Im Westen konnten schließlich seit 1949 demokratische Strukturen auf Grundlage des Föderalismus aufgebaut werden.

Von außen gesehen, ist die Labilität und Künstlichkeit der Deutschen besser sichtbar als von innen. Auf humorvolle Weise schildert die neue Deutsche Mely Kiyak ihre Irritation beim Besuch der großen Ausstellung zu den Deutschen 2008 im Germanischen Nationalmuseum: »Frohgemut und hoffnungsvoll reise ich nach Nürnberg. Ich bin auf der Suche nach ›dem Deutschen‹. Ich möchte wissen, was es ist und wo es beginnt. Was mich auszeichnet, ist mein Ehrgeiz, der schon an Strebertum grenzt. Man sagt Migranten nach, dass sie, nachdem sie begriffen hätten, was Deutschsein sei, deutscher seien als die Deutschen. Ich möchte eine gute, eine bessere Deutsche sein, denn ich nehme Begriffe wie Anpassung und Integration ernst. Im Germanischen Nationalmuseum angekommen, gehe ich zuerst in die Kantine. Ich möchte etwas typisch Deutsches essen, man empfiehlt mir das Tagesgericht: asiatische Nudeln mit Rindfleisch, scharf. Was man in Deutschland eben unter scharf versteht.« (Kiyak 2008)

Nach ihrem Rundgang durch die Ausstellung, bei dem sie den Eindruck gewinnt, dass das Deutsche viel mit den Germanen und schließlich mit dem deutschen Sprachraum zu tun habe, aber nicht wirklich zu fassen sei, konstatiert sie: »Ich habe das Deutsche nicht gefunden. Das macht aber nichts. Denn das Germanische National-museum ist offensichtlich auch nicht fündig geworden. Man könnte das so stehen lassen, wenn aus der Politik nicht ständig der Vorschlag käme, dass man Zuwanderer und Migranten in Sachen ›deutsch‹ zu prüfen habe. Verbunden mit der Forderung nach kultureller Integration. Ja, wie denn, in welche? Besteck benutzen oder Faustkeile schnitzen?« (Ebd.)

Ungeachtet der ironischen Wendungen ist die Fehlanzeige in Sachen Homogenität des oder der Deutschen kein Zufall. Der 30-jährige Krieg von 1618 bis 1648 und die konfessionelle Spaltung gehören zum nationalen Habitus der Deutschen. Die Stammesgeschichte und die Landsmannschaften bleiben bis heute wirksam, wenn Badener sich von Schwaben, Bayern von Preußen, Berliner von Schwaben (wobei dann Badener vermutlich mitgemeint sind), Thüringer von Sachsen oder Rheinländer von Westfalen abgrenzen. So ist die fortgeschrittene Integration von Einwanderern in Deutschland passenderweise daran ablesbar, wie sich Comedians mit ausländischen Wurzeln als Deutsche platzieren: »Bülent Ceylan, Murat Topal, Müslüm, Django Asül, Kaya Yanar und viele andere lassen ihre Komik zu einem gewichtigen Teil daraus resultieren, wie sie ihre regionale Zuordnung inhaltlich und sprachlich fokussieren. Bei Ceylan und Asül sind die Zugehörigkeit zu Mannheim vs. Bayern feste Programmthemen […] Statt der Proklamation eines Deutsch-Seins (was bei allen problematisiert wird) steht auf jeden Fall das Niederbayer-Sein (bei Asül) oder eine sonstige lokale Zugehörigkeit auf der Agenda […] Als ›Ausland‹ erscheinen vor allem andere deutsche Bundesländer, durchaus auch mal die Landeshauptstadt. Asüls Figuren verhandeln unterschiedliche Innen und Außen; primär gibt Bayern das Innen ab.« (Kotthoff u.a. 2013: 73f.)

Im Übrigen ist dies nicht nur eine Frage der Innen-, sondern auch der Außenwahrnehmung, zumindest was die Stimme betrifft. Die Bedeutung des *Dialekts* kann man dabei gar nicht hoch genug einschätzen. Das geht so weit, dass als Deutsche gerade diejenigen besonders glaubwürdig sind, die Dialekt sprechen. Diesen Effekt kann man in der Wirtschaft auch strategisch nutzen, wie die Studie von Julia Splitt (2014) über die Deutsch-Türken zeigt, die in Callcentern deutscher Firmen in Istanbul arbeiten: »Im Rahmen ihrer deutschsprachigen Telefonate gebrauchen die Agents auch regionale Dialekte aus ihrem Herkunftsort in Deutschland, was ihrer dargestellten ›deutschen‹ Identität zugutekommt.« (Ebd.: 323)

Zur deutschen Geschichte gehören die deutschen Ostsiedlungen vom 17. bis 19. Jahrhundert: Banater Schwaben, Donauschwaben, die Siebenbürger Sachsen, die Wolgadeutschen, die Rumäniendeutschen oder die Deutschbalten ebenso wie fast 6 Millionen Deutsche, die zwischen 1820 und 1930 aus dem Südwesten, aber auch aus Mecklenburg und anderen Regionen nach Nordamerika auswanderten (Bade 1992). Nach dem Zweiten Weltkrieg waren es dann die Deutschen in den Ostgebieten, die ihrer Existenz beraubt und zur Migration gezwungen wurden: »Alles in allem kamen vom Ende des Zweiten Weltkriegs bis zur deutschen Vereinigung im Herbst 1990 rd. 15 Mio. Vertriebene, Flüchtlinge, Übersiedler und Aussiedler nach Westdeutschland. Das entsprach rd. einem Viertel der deutschen Wohnbevölkerung in den ›alten‹ Bundesländern. Nimmt man die zu dieser Zeit ca. 4,8 Mio. Menschen zählende ausländische Minderheit hinzu, dann machte diese Zuwanderung seit 1945 rund ein Drittel der Gesamtbevölkerung Westdeutschlands aus. Das sind in der Geschichte der entwickelten Industriestaaten in der zweiten Hälfte des 20. Jahrhunderts einzigartige Dimensionen.« (Bade 1992: 16; vgl. auch Douglas 2012)

Die kurze Skizze zeigt, dass Deutschsein historisch nichts Eindeutiges, sondern etwas Offenes ist. So ist auch der deutsche Sprachraum weder mit einem Land noch einer Nation deckungsgleich. Ältere und neuere Deutsche sind keine Erfindung der Gegenwart, sondern gehören zur Geschichte der Deutschen von Anfang an mit dazu. Kurz gesagt: Deutschsein mit allen seinen Konnotationen ist letztendlich eine Konstruktion von Identitäten und Zugehörigkeiten.[22]

An dieser Stelle ist interessant, dass es die Unterscheidung von alten und neuen Bürgern auch und gerade in klassischen Einwanderungsländern gibt. So ist in den USA von den »alten« und den »neuen« Amerikanern die Rede. Die neu Eingewanderten werden also keineswegs sofort Amerikaner. Der von Mary Waters und Reed Ueda (2007) herausgegebene Band zeigt, dass Geschichte und Gegenwart der Vereinigten Staaten von Nordamerika durch die Diskussion um Einwanderung und die multiplen Identitäten der Einwanderer bestimmt war und ist. Die neuen Amerikaner geben, zusammen mit den alten Amerikanern, den USA ein immer neues Gesicht: »Das Bild von Amerika ist sehr stark von der steigenden Diversität geprägt, die Einwanderung mit sich bringt. Die dominikanischen Baseball-stars David Oritz, Manny Ramirez und Pedro Martinez repräsentierten im Finale der US-amerikanischen Baseball-Liga das Team aus Boston. Senegalesische Einwanderer in Atlanta feiern Erntedank, indem sie kulinarische Spezialitäten aus Westafrika wie z.B. Fufu und Palava-Sauce mit Truthahn und Preiselbeeren kombinieren. Karneval aus Trinidad findet in Miami, West Hartford und Baltimore statt. Es gibt ein großes Fest zum Anlass des ›Samoan-Flag-Day‹ in San Francisco und Chicago. Das polnisch-sprachige Telefonbuch Chicagos war im Jahr 2001 mehr als 1,500 Seiten lang. Manche der ›snowbirds‹ [Pensionäre, die während der kältesten Monate dem Norden der USA und Kanada entfliehen; A.T.], die in Florida und Arizona leben, sind kanadische Pensionäre. Durch die Amerikaner mit mexikanischen Wurzeln verändern sich kleine Städte im Süden zunehmend. Die Lebensmittelläden haben dort nicht mehr nur Mais und Bohnen, sondern auch Tortillas und Salsa im Sortiment.« (Ebd.: 13; Übersetzung A.T.)

Bezogen auf die deutsche Geschichte war der Entzug des Deutschseins bekanntlich das zentrale Instrument der völkischen Politik und des Völkermords der Nationalsozialisten: Der Ausschluss der Juden aus der »deutschen Volksgemeinschaft« machte die deutschen Juden, also Deutsche, durch die Nürnberger Gesetze von 1935 per Dekret zu Nichtbürgern, verstieß sie aus Gemeinschaft und Gesellschaft, raubte ihnen die Existenz und vernichtete das Leben von Hunderttausenden.

Aus heutiger Sicht gibt es auf die Frage: »Wer oder was ist überhaupt deutsch?« im Grunde nur diese Antwort: Deutsche sind diejenigen, die die deutsche Staatsangehörigkeit besitzen und diejenigen, die sich – ob als Inlands- oder als Auslandsdeutsche – als Deutsche begreifen. Das heißt: Selbst heute gibt es über »Deutsche« keine Eindeutigkeit.

Zu den Deutschen gehören beispielsweise die Personen, deren Vorfahren hugenottische Familien aus Frankreich waren, die durch das Edikt von Potsdam 1685 von Friedrich Wilhelm, dem Großen Kurfürsten, nach Brandenburg-Preußen »eingeladen« wurden. Oder diejenigen, deren Großeltern oder Urgroßeltern seit den 1870er Jahren als deutsche und polnische Arbeiter aus dem Osten, insbesondere als Bergleute für das Ruhrgebiet, angeworben wurden.[23] Es sind auch diejenigen, deren Familienangehörige im Holocaust umgebracht wurden, die heute aber gleichwohl nach Deutschland einwandern und sich als Deutsche jüdischen Glaubens verstehen; ebenso wie die Kinder von Sudetendeutschen, die ihren Ruhestand zwischen Deutschland und Mallorca pendelnd verbringen.

Juristisch gesehen sind folgende Personengruppen Deutsche: Erstens Personen mit deutscher *Staats*angehörigkeit und zweitens Personen nicht-deutscher Staatsangehörigkeit, aber deutscher *Volks*zugehörigkeit (lt. Bundesvertriebenengesetz) in den Grenzen des Deutschen Reiches vom 31.12.1937, sogenannte »Statusdeutsche«. Anspruch auf die deutsche Staatsangehörigkeit haben außerdem die Nachkommen von Menschen in Polen und Israel, die zwischen 1933 und 1945 als Deutsche ausgebürgert worden waren. *Insofern sind aufgrund der deutschen Geschichte mehr Menschen »Deutsche«, als es Menschen mit* *deutscher Staatsangehörigkeit gibt.* Für die Nachkommen von Menschen, die sich in der Zeit von Katharina der Großen in Russland angesiedelt haben und in der sowjetischen Zeit vertrieben und umgesiedelt wurden, ist deutsch etwas, das auf ihre Vorfahren verweist.

Von außen ist die Frage des Deutschseins jenseits der Staatsangehörigkeit im Grunde nicht zu beantworten: Sie hat mit Deutschgewesensein, Deutschsein und Deutschgewordensein zu tun. Möglicherweise ist gerade diese Verunsicherung der Anlass für ein Beharren auf so etwas wie »ethnischem Deutschtum«. Dieses wird sehr stark an Namen und Aussehen festgemacht. Aufgrund der vielen landsmannschaftlichen Zugehörigkeiten und Migrationen in der deutschen Geschichte und in der Geschichte der Deutschen bleibt jedoch zweifelhaft, warum jemand mit dem Namen Müller »deutscher« sein soll als jemand mit dem Namen Schimanski.

## Ungleichzeitigkeiten nach der Wiedervereinigung: Neues und altes Deutschland

Die aktuelle Debatte um alte und neue Deutsche hat eine Vorgeschichte, die noch nicht lange zurückliegt und trotzdem schon in Vergessenheit geraten ist. Die Rede von »alten« und »neuen Deutschen« war ursprünglich auf »Wessis« und »Ossis« gemünzt und fand ihren Niederschlag in der offiziellen Bezeichnung von »alten« und »neuen Bundesländern« (Treibel 1993). Sind ehemalige DDR-Bürger also auch keine echten Deutschen, sondern neue Deutsche, die sich erst in die (alte) Bundesrepublik, in den Westen einfinden müssen? In den Zeiten von Mauerfall und Wiedervereinigung, 1989 und 1990, kursierten zahlreiche Witze zu dieser Konstellation, der Konfrontation von zwei verschiedenen Gruppen neuer Deutscher. Einer davon lautete: »In der Warteschlange von Arbeitslosen auf dem Korridor eines Arbeitsamtes stehen hintereinander ein Übersiedler aus der DDR, ein Aussiedler aus Rußland und ein seit langem in Deutschland lebender Türke. Die beiden ›Neubürger‹ aus dem Osten sind enttäuscht über die Arbeitslosigkeit im Westen: Der Übersiedler: ›Schlange stehen kennen wir von Zuhause …‹ Der Aussiedler: ›… aber wenigstens nicht für Arbeit!‹ Der Türke: ›Wir Euch nix gerufen!‹«[24] (Bade 1992: 16)

Möglicherweise sind die »Pegida«-Demonstrationen 2014/2015 in Dresden ein Anzeichen dafür, dass das Thema *Altdeutsch und Neudeutsch* für viele Ostdeutsche mit Blick auf Migration doppelt sensibel ist. Für sie hat sich die Erwartung, dass sie als »wirkliche Deutsche« einen Vorteil gegenüber Ausländern und eingewanderten neuen Deutschen hätten, nicht zwingend erfüllt. Und zwar auch dann nicht, wenn sie selbst in den Westen (binnen-)migriert sind, wie eine Studie zur Lebenszufriedenheit von Migranten zeigt. Diesbezüglich sind die »OSTWEST-Migranten«, wie sie dort genannt werden, überraschenderweise besonders unzufrieden. Sie bewerten »auch unter Kontrolle ihrer Persönlichkeitseigenschaften, Werte und Lebensziele ihre objektiven Lebensbedingungen negativer als die anderen Einwanderungsgruppen und Westdeutschen. […] Möglicherweise unterscheiden sich OSTWEST-Migranten als Binnenmigranten maßgeblich in ihren Erwartungen und Legitimitätsvorstellungen von internationalen Einwanderungsgruppen und gewichten daher ihre objektive Benachteiligung stärker.« (Kämpfer 2014: 288; vgl. auch Helbig 2015)

Überspitzt gesprochen, kommen die Ostdeutschen mit der doppelten Einwanderungssituation und der doppelten Fremdheitserfahrung nicht so gut zurecht, wie man 25 Jahre nach dem Mauerfall vielleicht erwarten hätte. Wenn in Dresden mit einer eingewanderten Bevölkerung von acht Prozent bei gut 500.000 Einwohnern gegen Ausländer demonstriert wird, so ist dies wohl in erster Linie als ein Protest gegen die Entwicklung im Westen zu sehen, die man für den Osten verhindern will.[25]

In der Terminologie des Soziologen Norbert Elias (1997 [1939]; 2005) gesprochen, ist die Sozio- und Psychogenese der Deutschen in den Jahrzehnten der deutschen Teilung sehr unterschiedlich verlaufen. Die politische Führung und viele Bürgerinnen der DDR sahen ihre Gesellschaft und nicht die der BRD als »neues Deutschland«[26] an, das sozialistisch und modern sei. Mit »Ausländern« sah man sich aufgrund der Mobilitätsbeschränkungen und trotz der Vertragsarbeiter aus Kuba, Mozambik oder Vietnam[27] erst nach der Wiedervereinigung konfrontiert. Die – überaus aufschlussreiche, da nicht neutrale – Bezeichnung der ostdeutschen Länder als »neue Bundesländer« zeigte keineswegs, dass man diese als modern und fortschrittlich verstand. Vielmehr wurde hier durch »alt« und »neu« demonstriert, wer sich an welche Gegebenheiten anpassen sollte. Stephan Lessenich (2013) weist in einer kritischen Reflexion zum sogenannten *Braunen Osten?* darauf hin, dass die Wiedervereinigung den Alltag in den alten Ländern kaum verändert habe, während sie in Ostdeutschland »zu einer gigantischen Kulturschockveranstaltung und Biographievernichtungsmaschine geworden ist« (ebd.: 141).

Wenn Ostdeutsche also vergleichsweise weniger Erfahrungen mit Einwanderung und Multikulturalität haben, so fällt dies umso mehr ins Gewicht, als sie selbst Neue Deutsche sind und sich in Konkurrenz mit den anderen Neuen Deutschen sehen, an die sich die Alten Westdeutschen, zumindest die in den Metropolen und Zuwanderungsregionen, schon länger gewöhnen konnten. Eine Begebenheit aus dem Amateurfußball, bei einem Spiel von Türkiyemspor Berlin in Halle, illustriert diesen historischen Kontrast: »Vor ein paar Jahren, als der heutige Chefcoach Taskin Aksoy noch Trainer der A-Jugend war, musste er sich von einem Schiedsrichter aus Halle fragen lassen, ob seine Jungs denn überhaupt spielberechtigt seien, die meisten hätten ja türkische Namen. Dass es auch deutsche Jugendliche mit türkischen Namen geben könnte, schien außerhalb der Vorstellungskraft des Mannes zu liegen. ›Da gibt es immer noch Informationsrückstände, denen man begegnen muss‹, glaubt Aksoy.« (Jonas 2010: 16)

Türkiyemspor seinerseits hat »heute ein anderes Selbstverständnis als Ende der 80er Jahre: ›Wir sind ein deutscher, ein Berliner Verein, der nur noch Türkiyemspor heißt, weil der Name inzwischen eine Marke ist‹, sagt Fikret Ceylan, bis Juni 2010 lange Jahre ehrenamtlicher Manager des Vereins. Deswegen wurde bislang auch davon abgesehen, sich einen deutschen Namen zu geben, obwohl das immer wieder im Gespräch war." (Ebd.: 17)

Aus meiner Sicht zeigt diese Begebenheit, dass man nicht von heute auf morgen ein Einwanderungsland wird, und die Arrangements, die die Westdeutschen seit den 1960er Jahren damit getroffen haben, ihnen hier einen Vorsprung verschaffen. Die Deklassierungs- und Ohnmachtserfahrungen, die Ostdeutsche in der »Ossi-Wessi-Interaktion« erlebt haben, wird durch das Gefühl verstärkt, den multikulturellen Entwicklungen nicht hinterher zu kommen (vgl. auch Pates/Schochow 2013). Was von Westdeutschland aus ausschließlich als Rassismus empfunden wird, ist vielerorts Unsicherheit und Desorientierung – verbunden mit dem Eindruck, dass diese anderen neuen Deutschen ungeachtet ihres fremden Aussehens und ihrer ausländischen Namen sich sicherer in Deutschland bewegen als sie selbst. Angesichts anti- oder a-religiöser Sozialisation zu DDR-Zeiten stellen die stärkere Religiosität altdeutscher Christen und vor allem neudeutscher Muslime eine zusätzliche Irritation dar.

Ihre Zuspitzung findet dieses Überfremdungsempfinden bei den Neonazis in den alten und dann in den neuen Bundesländern, die Wilhelm Heitmeyer in seinen Untersuchungen seit den 1980er Jahren als »Modernisierungs-Verlierer« bezeichnet hat (Heitmeyer 1995; Spier 2010).[28] In diesem Zusammenhang fungieren Rassismus und fremdenfeindliche Gewalt als Strategie eines Deutschseins aus älteren Rechten, womit vor allem junge Männer versuchen, »ausländerfreie« Territorien zu besetzen.

### Zum Verhältnis von Alten und Neuen Deutschen

Deutschsein ist historisch-kulturell diffus, aber gleichwohl und gerade deshalb emotional aufgeladen. Das Pro und Contra zur Identifikation mit Deutschland teilt – wie sonst kaum in gegenwärtigen Gesellschaften – die politischen Lager. Im derzeitigen Mainstream ist

Patriotismus tendenziell akzeptiert, Nationalismus verpönt. Welche Chancen haben in dieser Konstellation eingebürgerte ehemalige Einwanderer, als ganz normale Deutsche behandelt zu werden?

Dies gelingt ihnen kaum, wenn sie das »falsche« Aussehen und den »falschen« Namen haben. Perfekte deutsche Sprachkenntnisse, die im öffentlichen Diskurs sehr hoch gehängt werden, sind im Alltag keineswegs förderlich, sondern irritieren viele »biodeutsche« Gegenüber, wie der Schauspieler und Kabarettist Fatih Çevikkollu zu berichten weiß. Er ist der Sohn türkischer Gastarbeiter und in Köln-Nippes aufgewachsen, also ein »kölsche Jung«: »Zugegeben, wenn man den Namen Fatih Çevikkollu hört, denkt man nicht als Erstes an kölsche Jungen, aber es ist die reine Wahrheit. Obwohl, wenn ich überlege, dass die kölschen Jungen, die ich so kenne, Mikele, Marek oder Medhani heißen, dann passt mein Name eigentlich ganz gut dazu.« (Çevikkollu/Mysorekar 2010: 21)

Obwohl selbst nicht Migrant, wird Çevikkollu als Ausländer wahrgenommen, was er immer wieder gespiegelt bekommt: »Ich sehe aus wie Ali und spreche wie Hans.« (Ebd.: 23) Sein Name und sein selbstverständliches Deutschsein befremden, wie er die Reaktion eines Sachbearbeiters im Einbürgerungsverfahren karikiert: »Herr Tschekitschokolu, für einen Türken sind Sie ein richtig guter Deutscher.« (Ebd.: 37)

Selbstverständliches und gar noch geschliffenes Deutschsprechen wird durch Name und Aussehen relativiert. Menschen, die als »Ausländer« oder »Gesichts-Ausländer« klassifiziert werden, wie es der Comedian Dave Davis nennt,[29] nützt auch der deutsche Pass nichts. Umgekehrt schadet es (kulturell) passend eingestuften Franzosen oder Dänen nicht, keinen oder noch nicht so lange einen deutschen Pass zu haben. Viele länger ansässige, nicht eingewanderte und nicht von Einwanderern abstammende Deutsche sind offenbar der Meinung, dass man Deutsch entweder *ist* – oder eben *nicht ist*: Werden kann man es nicht! Deutsch ist mehr als eine Staatsangehörigkeit, sondern ein Identitätsmerkmal; das Deutsche kann man sich nicht einfach aneignen, auch nicht durch noch so gute Sprachkenntnisse oder noch so lange Aufenthaltszeiten.

Diese Erfahrung machten auch die Journalistinnen Alice Bota, Khuê Pham und Özlem Topçu und gingen 2012 mit ihrem Buch *Wir neuen Deutschen* in die Offensive. Mit Blick auf ihre Namen kann man über die unterschiedlichen Herkünfte der Autorinnen spekulieren. Bota, Pham und Topçu kennen diese Perspektiven und wollen dem Rätselraten ein Ende machen, indem sie ihren Status und die Bedeutung ihrer Namen offenlegen: »Unsere Biographien sind sperrige Hybriden, die für Eindeutigkeiten nicht taugen. Khuê Pham mag ein vietnamesischer Name sein und Özlem Topçu ein türkischer, aber weder ist die eine Vietnamesin noch die andere Türkin. Beide wurden in Deutschland geboren; die eine wuchs hier auf, die andere lebte lediglich als Kind für drei Jahre in der Türkei. Der Name Alice Bota klingt deutsch, aber er hat diesen Klang erst angenommen, als aus einer Alicija eine Alice gemacht wurde. Sie kam als Achtjährige nach Deutschland, als Einzige von uns besitzt sie zwei Pässe. Khuê Pham stammt aus einer aufgestiegenen Bildungsbürgerfamilie, Özlem Topçu ist ein Arbeiterkind und hat als Erste in der Familie studiert; Alice Bota hat erlebt, wie ihre Akademikereltern in Deutschland wieder von vorn anfangen mussten. Unsere größte festzustellende Gemeinsamkeit: Wir haben Migrationshintergrund.« (Bota u.a. 2012: 11)

Alle drei sind also keine Ausländerinnen, sondern Deutsche, was ihnen aber nicht kommentarlos zugestanden wird. Vielmehr sehen sie sich immer wieder zu Erklärungen zu ihrer Person genötigt, anstatt einfach ihre Arbeit machen zu können.

Ähnliche Ziele verfolgen die Journalistinnen mit Migrationshintergrund, die sich zu den »Neuen Deutschen Medien-Machern« zusammengeschlossen haben. Auf einem ihrer Flyer ist zu lesen: »Wir sind keine Experten für Islam, Integration und Gemüsehandel – sondern für Deichbau, Deutsche Sprache und Mietrecht.« Sie werben für eine andere Wahrnehmung: »Wir sind nicht die besseren JournalistInnen. Aber auch nicht die schlechteren.«[30] Von den alten Deutschen wollen sie als ganz normale Deutsche behandelt werden, die eben nicht mehr »zurück« gehen werden und Fachleute für ganz verschiedene Bereiche sind. Sie wissen Bescheid über Deutschland und andere Regionen der Welt, mit denen sie sich beschäftigt haben, wollen aber nicht automatisch mit den Herkunftsländern ihrer Eltern oder Großeltern in Verbindung gebracht und für diese zu Experten erklärt werden.

Die hier beschriebenen Prozesse sind umso erstaunlicher, als diese Einwanderer bzw. Nachfahren von Einwanderern alle Kriterien von Integration erfüllen und sogar diejenigen zufriedenstellen müssten, die die Übernahme einer »deutschen Leitkultur« reklamieren. Für das Erstaunen bei den Alten Deutschen gibt es verschiedene Erklärungsmöglichkeiten. Einmal ist es vielleicht die schlichte Überraschung, dass es angesichts der vielfach beschriebenen und empfundenen Integrationsprobleme »Ausländer« gibt, die keine Probleme haben und keine Probleme machen. Zum Zweiten mag das Erstaunen mit einer unbewussten Nichtakzeptanz von wirklicher Integration zu tun haben.

Für mich liegt hier der Kern des Problems auf Seiten der Alten Deutschen: Das selbstverständliche Deutsch-(Geworden-)Sein der Neuen Deutschen löst keine Begeisterung, sondern Irritation, wenn nicht sogar Abwehr aus. Sie werden häufig nicht als wirkliche Deutsche akzeptiert, sondern man versucht, sie auf ihre *alten Ausländerplätze* zu verweisen. Ein vergleichbarer Prozess lässt sich auch in anderen Ländern beobachten, etwa in der Schweiz. So werden Neuschweizer nicht primär als Schweizer, sondern als »kürzlich eingebürgert« bezeichnet (vgl. Richter 2012). Wenn auf der politisch rechten Seite abfällig von »Pass-Deutschen« die Rede ist, so ist die Absicht unmissverständlich. Man verfolgt das Ziel, das Deutschsein der Neuen Deutschen als bloß äußerlich zu diskreditieren, was niemals an das »wahre, innere Deutsche« heranreichen könne.[31]

Zu ähnlichen Schlussfolgerungen kommt die 2014 veröffentlichte Studie »Deutschland postmigrantisch« des Berliner Instituts für empirische Integrations- und Migrationsforschung (BIM). Sie enthält viele interessante Befunde und Analysen zum Deutsch-(Geworden-)

Sein aus der Perspektive von Alten und Neuen Deutschen. Besonders fällt auf, dass sich die Neuen Deutschen wie auch die Alten Deutschen mit Deutschland identifizieren, die Alten Deutschen durch diese Parallelität jedoch stark irritiert sind: »Was wir aber aus den Daten erkennen können ist, dass trotz dieser ›Modernisierung‹ in der Wahrnehmung deutscher Identität die Narrationen des Deutschseins sich an zentralen Punkten immer noch exklusiv zeigen. So denken 37 Prozent der Deutschen weiterhin, dass deutsche Vorfahren wichtig sind, damit jemand deutsch ist. Das bedeutet, dass beispielsweise junge Menschen, die in Deutschland geboren wurden, die deutsche Staatsangehörigkeit besitzen, deutsch sprechen, sich deutsch fühlen und angeben, das Land zu lieben, trotzdem nicht als deutsch und somit nicht als Teil des nationalen Narratives gesehen werden – weil ihre Eltern oder Großeltern als MigrantInnen nach Deutschland zogen. Die Exklusionsprozesse, die diese Wahrnehmung mit sich führt, wurden in qualitativen Vorstudien geprüft. […] Auf ein weiterhin enges Verständnis von Deutschsein weist auch hin, dass über 40 Prozent der Bevölkerung der Meinung sind, man müsse dafür akzentfrei deutsch sprechen […] Stellen das Erlernen der Sprache oder die Annahme der deutschen Staatsbürgerschaft aus Sicht der Befragten auch notwendige Bedingungen dar, um deutsch sein zu können, so sind sie noch nicht hinreichend: Hinreichend ist für einen bedeutenden Teil der Befragten erst die Assimilation, das Unsichtbarwerden des scheinbar Anderen.« (Foroutan u.a. 2014: 26f)

Diese Interpretation, wonach Assimilation – also völlige Angleichung – gefordert ist, teile ich nicht. Ich halte es angesichts der obigen Befunde eher für wahrscheinlich, dass in den Augen mancher Altdeutscher gerade Assimilation, also Ununterscheidbarkeit, oder verminderte Unterschiede verdächtig machen. Die Studie bestätigt jedoch nochmals, dass viele Altdeutsche skeptisch gegenüber den Neudeutschen sind und ein ausländisches Aussehen und ausländische Namen für sie nicht zum Deutschsein passen. Insofern werden die (Spät-)Aussiedler häufig als Zwischengruppe verortet, da sie zwar einen Migrationshintergrund haben, durch die deutschen Wurzeln aber als kulturell näher empfunden werden. Dementsprechend trägt ein Überblicksartikel aus jüngerer Zeit den Titel: »(Spät-)Aussiedler – ›neue, alte Deutsche‹« (Tröster 2013).

Manchen geht das Deutschwerden der »Ausländer« zu schnell. Aber es hat sich auch etwas getan, denn immerhin hält eine deutliche Mehrheit, nämlich 62,4 Prozent der Deutschen, laut der Studie »Deutschland postmigrantisch« deutsche Vorfahren für unwichtig. Deutsche Muslime in das deutsche Wir zu integrieren, ist für 40 Prozent jedoch schwer vorstellbar: »Muslimisch und deutsch werden dabei überwiegend als Gegenkategorien wahrgenommen [...] Dies stützt unsere Beobachtung, dass Musliminnen und Muslime aus dem nationalen Narrativ ausgeschlossen werden.« (Foroutan u.a. 2014: 32)

Als eine Variante von Alltagsrassismus kann man die starken Emotionen klassifizieren, die das »Deutsch-Werden der ›Ausländer‹« bei denjenigen hervorruft, denen alles »Deutsche« suspekt ist. So greift der Journalist Miguel Szymanski (2015) zu der Vokabel »überdeutsch«, um die Identifikation mancher Neuer Deutscher mit Deutschland zu diskreditieren und sie seinerseits an ihre ausländischen Wurzeln zu erinnern: »›Ich sehe es nicht gerne, dass du Deutsche als langweilig und humorlos bezeichnest. Ich finde, ich bin ein unterhaltsamer Mensch‹, sagte mir ein langjähriger Freund: ›Das bist du auch‹, bestätigte ich ihm. ›Aber ich schrieb über Deutsche und du bist Halbzypriot.‹« (Ebd.)

## Einbürgerung

Für eingeborene Deutsche ist Deutschwerden kein Thema. In der Regel setzen sie sich nicht aktiv damit auseinander, denn ihnen ist Deutschsein zugeschrieben. Was es bedeutet, »Deutscher« zu sein, erfahren sie im Geschichtsunterricht, durch die Medien oder bei internationalen Wettkämpfen im Sport – und es wird ihnen bewusst, wenn sie selbst im Ausland sind. Auch für viele Deutsche mit ausländischen Wurzeln, die zum Beispiel als EU-Bürger nach Deutschland einreisen, ist der deutsche Pass etwas, auf das sie Anspruch haben und um das sie sich nicht gesondert bemühen müssen.

Wenn Sie zu diesen passiv Deutsch-Gewordenen gehören, kann ich Ihnen im Sinne eines Perspektivenwechsels sehr empfehlen, sich dem Komplex Deutschwerden einmal aktiv zuzuwenden. Was heißt es, sich einbürgern zu lassen? Was ist dafür erforderlich? Was hat es mit der 2008 verabschiedeten »Einbürgerungstestverordnung« auf sich? Auskunft gibt beispielsweise die Webseite des Bundesamts für Migration und Flüchtlinge (BAMF), das mit der Koordination der Sprach- und Integrationskurse für Einwanderer und der Einbürgerungstests betraut ist. Organisation und Durchführung sind jeweils Ländersache. Auf der Webseite des BAMF findet sich auch ein Vorbereitungstraining für den Test, das man in deutscher, englischer, russischer oder türkischer Sprache absolvieren kann.[32] Darüber hinaus gibt es im Netz Portale wie »deutsch-werden«, wo man ebenfalls Einbürgerungstests bearbeiten und sich über Fragen zur deutschen Gesellschaft, Rechtsprechung oder Sozialstruktur austauschen kann.[33]

Die Einbürgerungstests, deren Fragen vom »Institut für Qualität im Bildungswesen« formuliert werden, sind ein aufschlussreiches Dokument über das Selbstverständnis Deutschlands. Zentrale Themenbereiche sind Demokratie, Geschichte, Föderalismus, Geografie und Lebensformen. Die Testfragen verraten viel über Deutschland und das Bild, das man sich von »kulturell unterschiedlichen« Einwanderern macht. Eine Frage und das zugehörige Antworten-Setting aus dem baden-württembergischen Einbürgerungstest seien hier dokumentiert:

*»Welche Lebensform ist in Deutschland nicht erlaubt?*
- Mann und Frau sind geschieden und leben mit neuen Partnern zusammen
- Zwei Frauen leben zusammen
- Ein allein erziehender Vater lebt mit seinen zwei Kindern zusammen
- Ein Mann ist mit zwei Frauen zur selben Zeit verheiratet.«[34]

Die Zahl der Einbürgerungen in Deutschland ist schwankend und im Vergleich der Bundesländer unterschiedlich. Im Jahr 2000 haben sich 1,2 Millionen, im Jahr 2010 lediglich 101.600 Personen einbürgern lassen. Insgesamt wurden seit der Einführung des neuen Staatsangehörigkeitsrechts im Jahr 2000 bis Ende 2013 rund 1,8 Millionen Menschen in Deutschland eingebürgert. Der Rekord im Jahr 2000 ist mit der dort erfolgten Reform des Staatsangehörigkeitsrechts zu erklären. Bezogen auf die Größe der ausländischen Bevölkerung gab es 2013 in Hamburg und Schleswig-Holstein die meisten Einbürgerungen, die niedrigsten Quoten finden sich in Brandenburg und Bayern (vgl. Statistisches Bundesamt 2014c). Das Einbürgerungspotenzial gilt als nicht ausgeschöpft, insbesondere bei den Türkeistämmigen. Bei diesen und anderen Einwanderern wird sich das politische Signal des Jahres 2014, doppelte Staatsbürgerschaften stärker zu akzeptieren, vermutlich begünstigend auswirken.

Neben der politischen und bürokratischen Seite ist Einbürgerung auch als wissenschaftliches Thema hochinteressant. In den vergangenen Jahren wurden mehrere Studien veröffentlicht, in denen die Motive, Schwierigkeiten und Bewertungen der Einbürgerung untersucht wurden (vgl. Wunderlich 2005; Maehler 2012; Lämmermann 2013).[35] Bei den Motiven reicht die Spannbreite von Pragmatismus bis Identifikation inklusive »Liebe zu Deutschland«, wie Joachim Gauck es in seiner Rede berichtete: »Ich habe gehört, dass einer von Ihnen seinen Antrag auf Einbürgerung am Valentinstag gestellt hat: aus Liebe zu Deutschland. Wissen Sie, die eingeborenen Deutschen sprechen selten solche Worte.« (Gauck 2014: 2)

Wie ein roter Faden zieht sich jedoch durch die Studien, dass vielen Einwanderern der zweiten und dritten Generation und vielen neuen Deutschen nicht »geglaubt« wird, dass sie Deutsche (geworden) sind: »Dieses Thema der ›Fremdheit‹ in Deutschland trotz Einbürgerung war auch ein zentraler Inhalt der im Vorfeld geführten Gruppendiskussion. Dort hatten Teilnehmerinnen zum Beispiel geäußert, man müsse sich wohl ›den Pass um den Hals hängen‹ oder sogar ›noch das Blut in den Adern austauschen‹, um anerkannt zu werden.« (Wunderlich 2005: 171) Sie machen die Erfahrung, dass nicht der Pass und die Sprachkompetenz, sondern der Name und vor allem das Aussehen die (Ein-)Ordnungskriterien sind. Die Frage ist, ob man hier Änderungen vornimmt: Beides ist, beim Aussehen schwieriger als beim Namen, änderbar. Greift man hier ein, ist von außen schwer zu entscheiden, ob der unbedingte Wunsch, nicht immer (nur) auf den Migrationshintergrund angesprochen zu werden oder unmittelbarer Anpassungsdruck den Ausschlag geben.

Ein Beispiel ist die Karriere der 1984 geborenen Sängerin Jelena Petrowna Fisher. 1988 kam sie im Alter von drei Jahren mit ihren russlanddeutschen Eltern und ihrer Schwester als Aussiedlerin aus Sibirien (wohin ihre Großeltern vertrieben worden waren) nach Deutschland, seit 2005 heißt sie Helene Fischer. Aussehen, Sprache und nun auch der Name »irritieren« in keiner Weise. Der Name Helene Fischer ist wohl weniger unter die Rubrik Künstlername als unter die Rubrik »Eindeutschung« zu fassen. Fischers Erfolg und ihre Person sind ein überzeugendes Identifikationsangebot, wie der *Stern* in seiner Jahresrückblick-Ausgabe im Dezember 2014 erläutert – und überdies ihr Porträt in dem Personenensemble auf dem Titel als größtes platziert: »Sie ist die Generation Özil, Klose, Podolski, sie ist wie ein Prototyp der Aktion ›Du bist Deutschland‹. Sie ist Migrantin, aber nicht zu exotisch, sie ist sexy, aber nicht versaut, sie ist fröhlich, aber nicht ausgeflippt, sie wirkt sympathisch, locker, bodenständig und ohne Abgründe. Helene Fischer ist anscheinend alles, was Deutschland gerade sein will.« (Hunfeld 2014: 130)

Man darf gespannt sein, wie sich bei wachsenden Zahlen unter den Neuen Deutschen und neuen Einwanderern das Thema Deutschwerden entwickeln wird: In welchem Verhältnis steht die deutsche Staatsangehörigkeit zu der weiteren Staatsangehörigkeit bei Doppelstaatlern? Welche Entscheidungen treffen bi- oder trikulturelle Familien (Le Yondre 2014) bezüglich ihres Familiennamens und der Namen ihrer Kinder? Wird es darum gehen, möglichst wenig aufzufallen – oder gewinnen Strategien der symbolischen Ethnizität, wie sie für Einwanderungsländer charakteristisch sind, an Einfluss?

## Fazit

Das Thema Deutschwerden und Deutschsein ist hochkomplex. Je genauer man hinschaut, desto enger werden die Verflechtungen aufgrund der deutschen Geschichte, des kaum auflösbaren Streits um Patriotismus, der vielen Deutschlands, der deutschen Teilung und Wiedervereinigung, den früheren Fürstentümern und dem heutigen Föderalismus, den Teilungen nach Ost und West, Nord und Süd, den Sprach- und Mentalitätsgrenzen und der Identifikation mit dem Lokalen in der globalisierten Gegenwart (Robertson 1998).

Wirklich weltläufig ist Deutschland nicht, wie der Umgang mit Binnenmigranten zeigt: »Sie sind aber nicht von hier?« Mit dieser Frage muss jeder rechnen, bei dem auch nur ein deutscher Mittelgebirgszug zwischen seiner alten und seiner neuen Heimat liegt. Die in den Sonntagsreden beschworene Bereicherung durch »Fremde« wird von vielen als solche nicht empfunden, aber man kommt insgesamt klar. Man ist an Heterogenität gewöhnt – im Westen Deutschlands mehr als im Osten.

Angesichts der vielen Unwägbarkeiten, Zufälle, der bei aller Vergangenheitsbewältigung unfassbar bleibenden Verbrechen einerseits und der glücklichen Umstände der deutschen Geschichte andererseits ist eigentlich offensichtlich, dass das Deutschsein *selbst* etwas Gewordenes ist. Die deutsche Geschichte und Gegenwart war und ist durch Heterogenität definiert – da vermag nicht so recht zu überzeugen, weshalb Deutschsein heute nicht etwas sein kann, das man sich zulegt. Ganz im Gegenteil, die Altdeutschen könnten es doch als Bestätigung für ihr Land, ihre Werte und Lebensweisen verstehen, dass es die Neudeutschen gibt – die irgendwann zu den Altdeutschen gehören werden. Wenn diese sich wiederum stärker mit ihrem Stadtteil oder Kiez, ihrer Stadt oder ihrem Bundesland als mit Deutschland identifizieren, so ist vielleicht gerade dies ein Beleg dafür, dass sie »typisch deutsch« geworden sind.

# 5.
## *Warum singen die denn*
## *die Nationalhymne nicht mit?*
## Über Mehrfachidentitäten und Loyalität

Vor dem Anpfiff gibt es für manche Fans der deutschen Fußball-Männer-Nationalmannschaft eine wichtige Filmeinstellung: »Wer singt die Nationalhymne mit – und wer nicht?« Regelmäßig kommen hitzige Diskussionen auf, wenn Spieler wie Mesut Özil oder Lukas Podolski nicht mitsingen. Medienkritisch betrachtet, könnte man dieses Thema als bloß aufgebauscht einstufen und ignorieren. Angesichts der immer wieder öffentlich ausgetragenen Diskussion des Themas Nationalhymne lohnt es jedoch, hier näher hinzuschauen.

Mit Blick auf die Kritiker stellt sich erstens die Frage: Wieso die Aufregung? Wieso ist die Nationalhymne ein solches Thema? Mit Blick auf die Sänger und Nicht-Sänger stellt sich zweitens die Frage: Was steckt dahinter? Wie ist das Singen bzw. Nicht-Singen der deutschen Nationalhymne zu verstehen?

Zur ersten Frage: Die Aufregung resultiert daraus, dass das Nicht-Singen als feindselige Verweigerung interpretiert wird. Manche sehen darin einen Affront: »Nun dürfen die schon für Deutschland spielen, und dann singen sie nicht mit.« Das gilt als illoyal, als wollten die Fußballstars nur die Privilegien eines deutschen Nationalspielers nutzen, nicht aber den damit verbundenen Pflichten nachkommen. Der Tenor dieser Debatten ist: »Das ist doch nicht zu viel verlangt!« Gleichgültig, wie man die Kommentare bewertet – sie machen auf jeden Fall deutlich, dass die Nationalspieler mit ausländischen Wurzeln unter besonderer Beobachtung stehen.[36] Das Vorgehen der Mediengesellschaft, den Akteuren per allgegenwärtiger Kamera und Mikrofone auf die Pelle zu rücken, begünstigt diese Haltung.

Es scheint noch nicht selbstverständlich zu sein, dass die deutsche Nationalmannschaft inzwischen ein multikulturelles Gesicht hat und auf globaler Ebene Deutschland repräsentiert. Bei der WM 2014 hatten sechs von 23 Spielern des deutschen Kaders ausländische Wurzeln. Viele Fans haben sich an dieses neue Deutschland noch nicht gewöhnt. Der Gewinn des Weltmeistertitels 2014 mag auf dem Weg zur Veralltäglichung eine wichtige Etappe sein, aber die Vorbehalte werden nicht so schnell verschwinden.

Vorbehalte werden nicht direkt geäußert, denn man will vielleicht nicht sagen, dass man etwas gegen Özil oder Khedira hat. So nutzt man das Nicht-Singen als Aufhänger, um das Problem auf die andere Seite zu verlagern. Man sucht nach Beweisen für die nicht rückhaltlose Identifikation mit Deutschland. Dies ist umso auffälliger, als auch die leidenschaftlichsten Fußballfans um die globale Kommerzmaschine Fußball wissen. Möglicherweise werden gerade deshalb die gefühlsbetonten und national(istisch)en Seiten des Fanseins umso mehr überhöht. Global betrachtet ist nachvollziehbar, dass man das Angebot, für die deutsche Nationalelf zu spielen, kaum ablehnen kann. Aber dann wäre doch die Weigerung, die Nationalhymne mitzusingen, schlichte Undankbarkeit, oder?

Damit schaue ich auf die andere Seite, komme zur zweiten Frage: Offenkundig empfinden es die Nicht-Sänger als zu viel verlangt, denn sonst würden sie ja mitsingen: Was ist schon dabei? Mit dem Nationaltrikot treten sie unmissverständlich als multikulturelle Ikonen des neuen Deutschland auf, ob sie dies wollen oder nicht. Sind sie also wirklich undankbar?

Möglicherweise spüren die Spieler die oben beschriebene Erwartungshaltung einer rückhaltlosen Identifikation. Es geht eben nicht nur darum, die Lippen zu bewegen, sondern inbrünstig die Hymne zu singen. Die Spieler nehmen die besondere Beobachtung wahr und wenden sie auch auf sich selbst an. Auch für sie, wie für das Publikum, ist die Hymne mehr als nur ein Lied. Der lässige Umgang mit der Nationalhymne, den die Spieler vieler Nationen selbstverständlich pflegen, der es zum Beispiel erlaubt, mehr oder weniger die Lippen zu bewegen, ist für sie (noch) nicht vorgesehen.

Gül Keskinler, die seit 2006 Integrationsbeauftragte des Deutschen Fußball-Bundes (DFB) ist, wird in einer Reportage so zitiert: »In eine Nationalhymne muss man hineinwachsen. Das ist ein Prozess, bei dem wir erst am Anfang stehen. Die Spieler sollen ja nicht nur den Mund auf und zu machen, sondern mit Begeisterung die Hymne singen.« Sie verweist »auf den für die Spieler nicht leichten Umgang mit dem Zwiespalt der Familien und bittet um Verständnis.« (Schall 2011)

Schauen wir uns das näher an. Manche Nationalspieler haben zwei Staatsangehörigkeiten. Der in Berlin geborene Antonio Rüdiger hat neben dem deutschen Pass noch den Sierra Leones, dem Herkunftsland seiner Mutter. Ein weiterer Berliner, Karim Bellarabi, besitzt die deutsche und die marokkanische Staatsangehörigkeit. Nun könnte man denken, dass es eben die Spieler mit einem Doppelpass sind, die zu den Nicht-Sängern gehören. Dem ist aber nicht so. Für Bellarabi beispielsweise ist es völlig klar, die Hymne mitzusingen,[37] während Jérôme Boateng, der in Berlin geborene Sohn einer Deutschen und eines Ghanaers, nicht mitsingt, obwohl er ausschließlich die deutsche Staatsangehörigkeit besitzt. Nach eigenem Bekunden will er die Familie seines Stiefbruders Kevin-Prince, der für Ghana spielt, nicht kränken.[38]

Worin besteht der von Keskinler angesprochene »Zwiespalt der Familie«? Aus meiner Sicht wird mit dem Nicht-Singen die Loyalität zum Herkunftsland der Eltern bekundet: Özil möchte seine türkischen Familienangehörigen, Freunde und Fans – die Türkei – nicht kränken. Ähnliches gilt für Podolski oder Klose mit Blick auf Polen. Offenkundig gehen diese Spieler davon aus, sie würden mit dem Singen der Nationalhymne ihnen nahestehende Menschen oder die Heimat ihrer Eltern vor den Kopf stoßen.

Das eigentliche Thema lautet also Loyalität. Dies ist es, was beide Seiten bewegt – die Kritiker der Nicht-Sänger und diese selbst. Mangelnde Loyalität gegenüber Deutschland: Das ist, auf eine Formel gebracht, der Vorwurf gegenüber den Nicht-Sängern.

Für mich ist die Debatte um die Nationalhymne Teil des Gesamtkomplexes Staatsangehörigkeit und vor allem *doppelte* Staatsbürgerschaft, im Volksmund ohne Fußballbezug ebenfalls »Doppelpass« genannt. Um dieses Thema wird leidenschaftlich gestritten und politisch gerungen, wie die Entscheidung des Deutschen Bundestages vom 19. September 2014, die doppelte Staatsbürgerschaft auch im Fall von (Deutsch-)Türken stärker zu akzeptieren, zeigt.

Wie alltäglich der Doppelpass längst ist, ist wenig bekannt. Es sind 1,4 Millionen Deutsche, die laut Mikrozensus 2011 neben der deutschen eine weitere Staatsangehörigkeit haben (Bundesamt für Migration und Flüchtlinge 2014: 156). Es gibt also 1,4 Millionen Doppelstaatler in Deutschland. Diese Zahl verrät erst einmal noch nichts über die Hintergründe, die durchaus unterschiedlich sind. Der wichtigste Unterschied ist der zwischen erwünschter und erzwungener doppelter Staatsbürgerschaft. In der Regel erwünscht und üblich ist der Doppelpass etwa bei Personen, die als Kind von in Deutschland lebenden US-Amerikanern automatisch den deutschen und den US-amerikanischen Pass bekommen und in der Regel auch beide Pässe behalten. Ähnliches gilt für die 2.202 Personen italienischer Herkunft, die sich 2012 einbürgern ließen und von denen 2.200 Personen die italienische Staatsangehörigkeit beibehielten. Erzwungen ist die doppelte Staatsangehörigkeit dort, wo das Herkunftsland seine Bürger nicht aus der Staatsangehörigkeit entlässt. Gegenwärtig sind dies folgende Staaten: Iran, Marokko, Afghanistan, Libanon, Tunesien, Algerien und Syrien (ebd.: 155f.). Eingebürgerte aus diesen Staaten sind also zu nahezu 100 Prozent Deutsche und beispielsweise Marokkanerinnen gleichzeitig.

So wird das Prinzip der Vermeidung von Mehrstaatlichkeit, das eigentlich gelten sollte, zusehends hinfällig. Innerhalb der Mitgliedstaaten der EU und der Schweiz ist die doppelte Staatsangehörigkeit gängige Praxis, gilt als angemessen und wird kaum diskutiert, etwa bei deutsch-österreichischen Familien. Diskussionsstoff ist sie insbesondere bei den Einwanderern aus der Türkei, wo das sogenannte Einbürgerungspotenzial als nicht ausgeschöpft gilt. Damit ist gemeint, dass wesentlich mehr in Deutschland lebende Türkinnen sich einbürgern lassen könnten (»Anspruchseinbürgerungen« aufgrund eines mindestens achtjährigen Aufenthalts und weiterer Kriterien), als dies tatsächlich der Fall ist. Von den 33.246 Personen türkischer Herkunft, die 2012 Deutsche geworden sind, haben 22,6 Prozent die türkische Staatsangehörigkeit beibehalten (können). Türkeistämmige würden zu größeren Anteilen Deutsche werden, so die Prognose, wenn sie zugleich türkische Staatsbürger bleiben könnten. Dann wäre ihre Situation als Doppelstaatler ähnlich wie die der bereits erwähnten Italiener oder der von Polen, Bulgaren, Rumänen, Syrern oder Marokkanern, bei denen im Jahr 2012 annähernd 100 Prozent den deutschen Pass erhielten und ihren bisherigen Pass behalten haben (ebd.: 156).

Aus Sicht des Migrationshistorikers Klaus J. Bade würde die Option auf die deutsche *und* türkische Staatsbürgerschaft die »bei vielen seit Generationen im Land ansässigen türkischen Ausländerfamilien auch intergenerative Spannungen zwischen der Großeltern- und der Elterngeneration aufheben: An denen ist aber das widerwillige Einwanderungsland nicht unschuldig, das einst den Großvater mit Rückkehrprämien aus dem Land locken wollte, weshalb der Enkel heute sagt: ›So lange mein Großvater lebt, der von den Deutschen viel einstecken musste, so lange werde ich die türkische Staatsangehörigkeit nicht zugunsten der deutschen aufgeben; denn dann bin ich der Deutsche, und er fühlt sich auch mir gegenüber als Ausländer‹.« (Bade 2011: 171)

Allerdings zeigt die geringe Beteiligung an den türkischen Präsidentschaftswahlen im Frühjahr 2014, für die die türkische Regierung mit großem Aufwand Möglichkeiten zur Stimmabgabe in Deutschland geschaffen hatte, die wachsende Distanz der Deutsch-Türken zur Politik der Türkei bzw. ihrer Protagonisten: Von den 1,4 Millionen Wahlberechtigen haben lediglich 8,1 Prozent an der Wahl teilgenommen.[39]

Es sind also vor allem familiale und pragmatische Erwägungen, die den Doppelpass für manche Einwanderer zur attraktiven Option machen. Er passt zum Leben im Übergang und ist Symbol einer spezifischen Identifikation mit dem Einwanderungsland oder dem neuen Geburtsland, das sich von dem der Eltern oder Großeltern unterscheidet. Man bleibt mit den Wurzeln verbunden und unterscheidet sich von den »Nur-Deutschen«.

Insofern wäre, soziologisch gesprochen, »deutsch-türkisch« dann ein Distinktionsgewinn zu »ausschließlich deutsch«. Damit ist gemeint, dass sich die doppelte Staatsangehörigkeit dazu eignet, dass Menschen sich als etwas Besonderes präsentieren und sich von anderen, die dieses Merkmal nicht haben, unterscheiden können. Mit dem Doppelpass kann man also durchaus den Ansprüchen heutiger moderner Gesellschaften an die Individuen, ihr eigenes Leben zu gestalten und zu verantworten, gerecht werden. Der Begriff »Patchwork« ist ein passendes Bild für viele Familien in heutiger Zeit und ebenso für die Frage der Identitäten, die sich häufig plural und mehrdeutig zusammensetzen. Die Attraktivität doppelter oder gar mehrfacher Staatsangehörigkeiten ist das juristische Pendant zu den Mehrfachidentitäten, auch »Multiple Identitäten« genannt (Sen 2007; Le Yondre 2014).

Ein Beispiel für solche Multiple Identitäten gibt die Politikwissenschaftlerin Cinur Ghaderi (2014) mit Blick auf die eigene Person. In der Vorbemerkung zur ihrer Dissertation über politisch aktive kurdische Migrantinnen und Migranten in Deutschland beschreibt sie ihre eigenen Zugehörigkeiten als »Tochter politischer Flüchtlinge mit kurdischer und weiblicher Herkunft, als Psychotherapeutin, die mit MigrantInnen gearbeitet hat oder als berufstätige Mutter.« (Ebd.: 11) In manchen Kontexten wird für Ghaderi das Merkmal »kurdisch«, in anderen das Merkmal »Mutter« dominieren; sie selbst praktiziert einen selbstbewussten Umgang mit ihrer multiplen Identität.

Allerdings kann es gut sein, dass Ghaderis Gegenüber ihr keine multiple, sondern eine singuläre Identität zuschreiben, die der »Kurdin«. Dieses Merkmal wird als ihre zentrale Eigenschaft definiert, was es für die Betrachter einfacher macht. In den Augen der Beobachter ist – ohne dass sie sich dies bewusst machen – das sichtbare Merkmal die ausschlaggebende Eigenschaft. Dies hat jedoch mehr mit dem Wunsch, einen Menschen zuordnen zu können, als mit diesem Menschen selbst zu tun. Ähnlich konstatiert die Sozialwissenschaftlerin und Publizistin Necla Kelek (2005) den Wandel der Zuschreibungen für die türkeistämmigen Einwanderer: »Langsam, aber unaufhaltsam wurden aus den Gastarbeitern Türken und aus den Türken Muslime.« (Ebd.: 131)

In Einwanderungsländern werden die Ordnungsmöglichkeiten beträchtlich irritiert. Deutsche sind nicht zwangsläufig hellhäutig und Nicht-Deutsche tragen nicht zwangsläufig als ausländisch erkennbare Namen. Die Option Doppelpass ist in den Augen mancher Menschen ein Privileg, das »den Ausländern« eigentlich nicht zusteht. Sie haben dadurch mehr Optionen als andere, was möglicherweise Neidgefühle hervorrufen kann.

Abschließend sei nochmals der Bogen zu den deutschen Nationalspielern geschlagen: Was die Kontinuität der Leistung während der Fußball-WM 2014 und die Unverzichtbarkeit beim Finale angeht, wird *ein* Spieler gerne übersehen, nämlich Jérome Boateng, ohne dessen Abwehrleistung der Sieg gegen Argentinien nicht gelungen wäre. Dass genau dieser Spieler seltener gewürdigt wird, mag auch daran liegen, dass er als »Gesicht des Titelgewinns« medial weniger in Frage zu kommen scheint als beispielsweise Bastian Schweinsteiger mit seinen Blessuren oder Mario Götze mit seinem grandios platzierten Schuss. So ist Fußball eben beides – eine große Integrationsmaschine und gleichzeitig der Ort subtiler Ausgrenzungen und rassistischer Ausschreitungen.[40] Was Boateng angeht, hat die mangelnde ikonografische Würdigung vielleicht auch nur einen Grund, und der liegt »auf dem Platz«: Als Abwehrspieler kann man eben nicht so berühmt werden. Die im Fußball angelegte strukturelle Diskriminierung von Abwehrspielern in Relation zu Torschützen oder Mittelfeldstrategen scheint umso mehr zu greifen, wenn diese Spieler eine dunkle Hautfarbe haben und, wie im hier vorliegenden Fall, einen Namen tragen, der wegen des schlechten Images des Stiefbruders Kevin-Prince Boateng in Sippenhaft genommen wird. Aber immerhin wurde Boateng im Januar 2015 vom Männermagazin GQ als der bestangezogene Deutsche prämiert.[41]

Das Singen oder Nicht-Singen der Nationalhymne kann man als einen von vielen Faktoren der Selbst- und Fremdverortung begreifen, für deren Ausgang es keine allgemeingültige Prognose, sondern viele individuelle Lösungen gibt.

Das in der Öffentlichkeit beliebte Bild der »Zerrissenheit zwischen zwei Kulturen« trifft die Situation der prominenten und weniger prominenten Deutschen mit ausländischen Wurzeln nicht. Meist leben sie in Welten, auf die weder die Bezeichnung Herkunftsland, noch die Bezeichnung Einwanderungsland wirklich passen (vgl. für aktuelle Forschung Elliott/Harris 2015). Um mit einem schönen Bild zu sprechen, das ein Betroffener für sich gefunden hat: »Wir sitzen nicht zwischen zwei Stühlen, sondern haben uns einen dritten Stuhl gezimmert« (Badawia 2002). Das Nicht-Singen der Nationalhymne kann dann bedeuten: Ich spiele für Deutschland, aber ich bin noch wer anderer. Und am Ende kommt es ja wohl mehr darauf an, dass die Nationalspieler mit Inbrunst Fußball spielen als mit Inbrunst singen.

# 6.
# Macht ist allgegenwärtig –
# auch bei Einwanderern

»Wir sind […] engagierte Journalisten, Ärzte, Moderatoren, Künstler, Anwälte, Unternehmer geworden und mischen aktiv in Politik, Vereinen, Elternbeiräten mit. Auch als Comedians versuchen wir mit Witz, Charme und Ironie Vorurteile abzubauen. Wir erziehen unsere Kinder zu verantwortungsvollen Bürgerinnen und Bürgern dieses Landes. Wir öffnen unsere Türen, Fenster und Herzen. Kurz: Wir zeigen, wie viel uns an dieser Gesellschaft liegt. Frustrierenderweise müssen wir nach wie vor um Anerkennung ringen. Alltäglich sehen wir uns weiterhin mit Vorurteilen konfrontiert. Und jetzt gehen Menschen auf die Straße, erklären sich zum ›Volk‹ und meinen, dass außer ihnen sonst niemand dazugehört.« (Deligöz 2015)

Laut Mikrozensus 2013 machen Menschen mit Migrationshintergrund 20,5 Prozent der Bevölkerung in Deutschland aus. Sie sind keine einheitliche Gruppe, sondern Menschen mit sehr unterschiedlichen Bildungs- und Berufslaufbahnen. Diese Spannbreite wird bislang zu wenig beachtet. In der Öffentlichkeit sind Misserfolge oder »gescheiterte« Biografien von Einwanderern die vorherrschenden Themen – das ist aber keineswegs die vorherrschende soziale Lage der 16,5 Millionen Menschen mit Migrationshintergrund.

Sind die Neuen Deutschen möglicherweise nicht auch schon recht etabliert? Wenn man davon ausgeht, dass die Mehrheit nicht scheitert, sondern Erfolg hat oder zumindest gut zurechtkommt, ändert sich das soziale Setting. In dem Moment, wo Migranten über mehr Ressourcen verfügen und in unterschiedlichen Zusammenhängen mitbestimmen oder gar das Heft in die Hand nehmen, ändern sich die Machtverhältnisse für alle Beteiligten. Die gewohnten Machtstrukturen halten die Ordnungssicherheit aufrecht, an die sich vor allem die länger Ansässigen gewöhnt haben und die sie mit einem Machtgefälle zwischen einheimisch und ausländisch verbinden. Soziale Aufstiegsprozesse und stärkere politische und mediale Präsenz von

Einwanderern können die Alten Deutschen verunsichern. Denn ihre Gewissheit, dass sie selbst zu den Etablierten oder relativ Etablierten und die Neuen Deutschen oder Neueinwanderer zu den Außenseitern gehören, gerät mit den neuen Machtverhältnissen ins Wanken.

Was bedeutet überhaupt Macht? Mit den Machttheorien, die ich hier nur kurz wiedergebe, erhält man ein breiteres Verständnis der Machtverhältnisse in einer Gesellschaft. Während im Alltagsverständnis Macht kaum neutral verwendet wird, sondern meist in Verbindung mit als problematisch eingestuften Phänomenen wie Machtfülle oder Machtmissbrauch gesehen wird, kommt es für die Machttheorie stärker auf die Funktion von Hierarchien und Abhängigkeiten für alle Gesellschaftsmitglieder an. In diesem Sinne sind Machtstrukturen normal und sozial sogar in gewisser Weise nützlich, denn sie stiften Ordnung. Diese »Ordnungssicherheit« bedeutet kurz gesagt nichts anderes, als zu »wissen, woran man ist« (Popitz 1992: 223; Anter 2012: 78).

Im Alltagsverständnis wird Macht wie ein Ding betrachtet, das manche Menschen haben und andere Menschen nicht. Danach hätte Angela Merkel, die als eine der mächtigsten Frauen der Welt gilt, sehr viel Macht, da sie innerhalb ihrer Partei, innerhalb der Regierung und als Regierungschefin eines ökonomisch und politisch starken Landes an zahlreichen Schlüsselpositionen sitzt. Gemessen an einer solchen Machthaberin empfinden sich viele Menschen in der Bevölkerung – bei allen demokratischen Strukturen – als vergleichsweise machtlos. Dementsprechend denkt man bei Macht üblicherweise an die wirtschaftlichen und politischen Eliten, die gesellschaftliche Schlüsselpositionen besetzen. Wissenschaftlich betrachtet, ist dieses Einnehmen von Machtpositionen *Macht im engeren Sinne*.

In meiner Argumentation möchte ich jedoch den weiter gefassten Machtbegriff nutzen. Bei dieser *Macht im weiteren Sinne* geht es um die Möglichkeit und die Spielräume, die eine Einzelperson oder Gruppen haben, ihre Interessen durchzusetzen. Hier liegt die berühmte Formulierung des Soziologen Max Weber zugrunde, der 1921 definiert hatte: »Macht bedeutet jede Chance, innerhalb einer sozialen Beziehung den eigenen Willen auch gegen Widerstreben durchzusetzen, gleichviel worauf diese Chance beruht.« (Weber 1972b [1921]: 28) Macht nach diesem weiten Verständnis ist nicht nur in Institutionen und formellen Beziehungen, sondern auch im Privatbereich wirksam. Infolgedessen existieren Machtbeziehungen auch zwischen Menschen, die keine gesellschaftlichen Schlüsselpositionen besetzen. Macht ist dann allgegenwärtig – selbst im Leben von Menschen, die sich sonst als machtlos begreifen oder die als machtlos begriffen werden.[42]

Viele Machttheoretiker haben darauf hingewiesen, dass Macht zur Grundausstattung menschlicher Beziehungen gehöre und Macht erst einmal weder gut noch schlecht sei: »Wir hängen von anderen ab, andere hängen von uns ab. Insofern als wir mehr von anderen abhängen als sie von uns, haben sie Macht über uns, ob wir nun durch nackte Gewalt von ihnen abhängig geworden sind oder durch unsere Liebe oder durch unser Bedürfnis, geliebt zu werden, durch unser Bedürfnis nach Geld, Gesundung, Status, Karriere und Abwechslung.«[43] (Elias 2006 [1970]: 119)

Machtstrukturen kann man folglich überall dort feststellen, wo Menschen ihre Beziehungen und die Hierarchien in ihnen aushandeln: Bei der Arbeit, in der Schulklasse und in den Lehrerkollegien, in den Vorständen von Unternehmen und Parteien, aber auch in der Partnerschaft, in der Familie und bei Freundschaften. Untersucht man beispielsweise die Beziehungen zwischen Eltern und Kindern oder Schülerinnen und Lehrern, dann stellt man fest, dass die Macht von Eltern und Lehrerinnen relativ ist und Kinder und Schüler keineswegs ohnmächtig sind (vgl. Waterstradt 2015). Die (formell betrachtet) Mächtigeren könnten bei konkreten Entscheidungen gegenüber den (formell betrachtet) weniger Mächtigen den Kürzeren ziehen.

Die Konflikte um die Deutung von Ereignissen werden keineswegs nur von den Herrschenden ausgetragen. Hier greift der Machtbegriff der Philosophin Hannah Arendt (1970), für die Macht »die menschliche Fähigkeit« ist, »nicht nur zu handeln oder etwas zu tun,

sondern sich mit anderen zusammenzuschließen und im Einverneh-
men mit ihnen zu handeln.« (Ebd.: 45)

Ein hilfreicher Vorschlag im Feld des weiteren Machtbegriffs ist
die Unterscheidung zwischen Macht *über* Personen und Macht *zu* etwas.[44] Macht *über* Personen haben keineswegs wiederum nur andere
Personen, sondern auch Systeme, Regime, Organisationen und Gesetze. Betrachtet man die Migrationspolitik, so verfügt nicht nur der
Bundesinnenminister als Person über Macht, sondern auch Frontex,
die »Europäische Agentur für die operative Zusammenarbeit an den
Außengrenzen der Mitgliedstaaten der Europäischen Union«. Solche
Personen und Institutionen haben Macht über Ausländerinnen, Einwanderer und Flüchtlinge, die sich einer Macht- und Herrschaftsap-
paratur gegenüber sehen. In der Migrationsforschung spricht man
in diesem Zusammenhang meist von »Migrationsregimen«. Damit
bringt man zum Ausdruck, dass eben nicht konkrete Personen, sondern rechtliche und politische Strukturen darüber bestimmen, unter
welchen Bedingungen Menschen aus- und einwandern oder mobil
sein können.[45]

Macht *zu* etwas manifestiert sich demgegenüber in den Spielräu-
men und Einflussmöglichkeiten von einzelnen Menschen und sozialen Gruppen. Diese sind abhängig von unterschiedlichen Ressourcen
wie Einkommen, Bildungsabschlüssen, Zugängen zur Öffentlichkeit, Bündnispartnern, Organisationsgrad, Integration und Zusammenhalt. Bezüglich Migration geht es hier vor allem um Akteure, die
als Migrantenselbstorganisationen die Interessen von Einwanderern
vertreten oder sich als Menschenrechtsorganisationen für Flüchtlinge
einsetzen wollen. Die Machtoptionen in diesem Sinne beschränken
möglicherweise die oben beschriebene strukturelle Macht. Schaut
man auf diese Weise auf die Machtverhältnisse, so sind die Machtha-
ber im engeren Sinne weniger relevant. Vielmehr geht es um das, was
sich zwischen den Menschen in einer Gesellschaft abspielt – zwischen
allen Menschen und in ganz alltäglichen Konstellationen.

Eine solche Machtperspektive bietet das theoretische Modell von
»Etablierten und Außenseitern«. Dieser Ansatz geht auf die gleich-

namige Studie des Soziologen Norbert Elias aus den 1960er Jahren zurück (Elias/Scotson 1990 [1965]).[46] Darin geht es um die eigentlich ganz unspektakuläre Konkurrenz zwischen zwei Gruppen von Arbeiterfamilien: In einer englischen Ortschaft gibt es Bewohner, die schon länger dort leben, und Bewohner, die neu dazukommen. Es ist faszinierend zu sehen, mit welchen Mitteln die »Alten« erfolgreich versuchen, ihre Vorrechte gegenüber den »Neuen« abzusichern. Da greift man auf Klatsch und Tratsch zurück: Man redet über die eigene Gruppe nur Gutes, obwohl längst nicht alles gut ist, und über die andere Gruppe nur Schlechtes, obwohl dort längst nicht alles schlecht ist. Man gewinnt hier eine sehr konkrete Vorstellung davon, wie unterschiedlich Machtmittel und wie wirksam vermeintlich harmlose Redeweisen und Gerüchte sein können. Die Etablierten sind einfach deshalb »oben«, weil sie untereinander einen besseren Zusammenhalt haben oder so tun können, als hätten sie ihn. Sie sind nicht wirklich wohlhabender oder besser als die anderen, aber sie fühlen sich so. Die Außenseiter sind deshalb unten, weil ihnen dieses Machtmittel der »sozialen Kohäsion«, wie man es nennt, fehlt.

Auch hier wird wieder deutlich, dass sich der wissenschaftliche Begriffsgebrauch vom Alltagsverständnis unterscheidet. Im Alltag versteht man unter »Etablierten« das Establishment oder die Eliten und unter »Außenseitern« diejenigen Personen, die ausgeschlossen sind oder am Rande der Gesellschaft stehen. In diese Begrifflichkeit fließen meist auch Wertungen ein: Das Establishment mag Neid oder Misstrauen hervorrufen, auf die Außenseiter schauen viele mit Mitleid oder Verachtung.

Das Modell von Etablierten und Außenseiter wertet erst einmal nicht, sondern versucht, die soziale Konstellation möglichst genau zu erfassen. Etablierte sind Personen, die über mehr Machtressourcen bzw. Machtpotentiale verfügen als andere – und Außenseiter demgegenüber Personen, die über weniger Machtpotentiale verfügen. Jede Seite braucht die andere, um jeweils das Eine oder das Andere zu sein. Solche sozialen Konstellationen, in denen man wechselseitig voneinander abhängig ist, nennt Elias Figurationen (Treibel 2008: 69–85).

In der Figuration von Etablierten und Außenseitern spielen die Eigenschaften alt und neu eine wichtige Rolle. Wer ist wie lange an einem Ort, kennt und bestimmt vielleicht sogar selbst die Regeln? Und wer ist neu und muss sich erst mal orientieren und – in den Augen der »Älteren« – erst einmal hinten anstellen?[47]

# 7.
# Mit Gewalt gegen Integration –
# Überlegungen zum »Islamischen Staat«
# und zum »Nationalsozialistischen Untergrund«

»Man ›versteht‹ von diesem Typ [Breivik u.a.; A.T.] wenig oder gar nichts, wenn man ihn mit dem Typus ›Patient‹ verwechselt. Wer das tut, unterstreicht nur, dass er der Rede dieses Mördertyps mit seinem Postulat vom ›höheren Tötungsrecht‹ allen Realitätsgehalt abspricht; ihn für ›psychisch krank‹ erklärt; sein Reden und Handeln somit nicht *ernst* nimmt. Wie viele Leute aber muss man umlegen, um ›ernst‹ genommen zu werden? 77 reichen offenbar nicht. Er ist kein Patient: so wenig wie Himmler oder Hitler oder ein anderer dieser Mörder ›höheren Rechts‹. Wir haben es zu tun mit *Weltrettern*; Leuten, die angetreten sind, *uns zu heilen*; und zwar mit technisch hochwertigsten Killergeräten; der Faschist aller Länder und Kulturen versteht etwas von Waffen. Schon deshalb ist er kein Patient. Er ist der Arzt. *Wir* sind in seinen Augen Kranke; Leute, die der ›Heilung‹ bedürfen. *Seiner* Therapie.« (Theweleit 2015: 23f.)

Dieses Kapitel bitte ich, als eine Skizze zu lesen. Die Parallelen und Unterschiede zwischen dem islamistischen Terror des sogenannten »Islamischen Staates« (IS) und dem neonazistischen Terror des »Nationalsozialistischen Untergrunds« (NSU) betrachte ich aus soziologischer Perspektive, bestimmt durch Überlegungen zu Migration, Gender und Macht.

Bei allen Unterschieden gibt es, so meine Überlegung, eine Gemeinsamkeit der beiden Gruppierungen: den gewaltsam ausgetragenen Kampf gegen Heterogenität *und* Integration. Ich stelle zur Diskussion, ob der ausgeübte Terror gegenüber sogenannten »Ungläubigen« oder Andersgläubigen durch den IS oder der Terror gegen Einwanderer durch den NSU nicht eine Art Kompensation für mangelnde Sozialintegration *und* für mangelnde Systemintegration (vgl. Kapitel »Zwei Seiten einer Medaille«) der jeweiligen Gruppen verstanden werden können. In der Regel werden Integrationskonflikte friedlich ausgetragen. Hier jedoch dient Gewalt als systematisches Kommunikationsmittel.

## Vorab ein Wort an die Medien

Bei der Berichterstattung über Terroristen befinden sich die Medien – was vielen Journalistinnen sicherlich auch bewusst ist – in einem Dilemma: Berichten sie ausführlich über die Täter, ihre möglichen Motive und Biografien, so kommen sie einerseits ihrem Informationsauftrag nach. Andererseits rücken sie die Täter genau in das Licht, in das diese sich gerückt sehen wollen. Aus »no-names« werden weltweit bekannte Täter, welche für die einen Monstern gleichen und für die anderen zu Helden werden. Möglicherweise sind es tatsächlich die Verheißungen des Paradieses, die islamistische Selbstmordattentäter zu ihren Verbrechen stimulieren. Vielleicht wirkt aber noch zwei andere Triebkraft: Der Kampf um mediale Aufmerksamkeit.

Es könnte angebracht sein, sich stärker vom »wording« und den ideologischen Unterscheidungen der Terroristen zu distanzieren und beispielsweise nicht von der Hinrichtung »westlicher Geiseln« zu sprechen. Man sollte die Terroristen nicht als »Kämpfer« (meist sogar ohne Anführungszeichen) bezeichnen. Ungewollt verharmlost man dadurch diese Verbrechen und unterstützt die Täter in ihrem Wunsch nach Heroisierung.

Insbesondere sollte man, was der nigerianische Autor und Nobelpreisträger Wole Soyinka betont, auch das große Wort vom »Islamischen Staat« möglichst meiden oder vorsichtiger handhaben. Denn ein Staat ist es ja gerade nicht, sondern eine Terrorgruppe, die staatliche Gewaltmonopole außer Kraft zu setzen sucht: »Angesichts dieser Feststellungen muss es erstaunen, dass führende Zeitungen wie die New York Times oder Le Monde in ihrer Berichterstattung den Begriff ›Islamischer Staat‹ und damit die Selbstglorifizierung brutalisierter Spinner fraglos übernehmen. Denn die scheinbar unbedeutende

Konzession hat durchaus psychologische Implikationen. Die Jugend, wir wissen es, ist die Zeit der Rebellion, die Zeit, da das Individuum fast instinktiv den Status quo ablehnt. Die Ironie dieses Reflexes besteht darin, dass er lediglich das Vorspiel zu einer neuen Bindung darstellt; denn erst die Bindung an etwas anderes schafft die Grundlage, von der aus man das Bestehende verwerfen kann. Sie ermächtigt den Aussteiger, dieses Andere als bedeutsamer und wertvoller darzustellen – als eine Alternative, welche die geltenden Normen insgesamt infrage stellt und disqualifiziert.« (Soyinka 2015)

## Islamistischer Terror: Zorn, Rausch, Mission und Helligkeit

Anfang Januar 2015 werden mitten in Paris Mitarbeiter und Gäste der Redaktion eines Satire-Magazins, Polizisten während ihres Streifeneinsatzes und Besucher eines jüdischen Supermarkts umgebracht. Zeitgleich werden Ortschaften im Norden Nigerias dem Erdboden gleichgemacht und Hunderte, wenn nicht Tausende von Bewohnern massakriert oder verschleppt. Die Täter sind in beiden Fällen islamistische Terroristen.

Was bedeutet der islamistische Terrorismus weltweit? Weshalb begehen die einen, Einwanderer oder ihre Nachkommen, Anschläge oder Selbstmordattentate in »ihren« Ländern? Weshalb reisen die anderen nach Syrien oder in den Irak aus, um dort mit Brandschatzung, Vergewaltigung, Folter und Hinrichtungen den Weg für einen »Islamischen Staat« zu ebnen? In der Terrorismus- und der Konfliktforschung, den Islam- und den Sozialwissenschaften ringt man um Antworten. In der Öffentlichkeit ist die Erregung verständlicherweise groß; auch dort sucht man nach Erklärungen.

Was ist zu sehen? Man sieht Männer im Alter zwischen ungefähr 20 und 40 Jahren, die sehr zornig und leidenschaftlich sind, die nicht wie andere Verbrecher die Heimlichkeit und das Dunkel, sondern sogar eine besonders starke Helligkeit suchen. Sie strahlen kein

Unrechtsbewusstsein aus, sondern scheinen ihre Taten zu genießen und sehen sich als Helden. Sie scheinen von einer nahezu rauschhaften, starken Energie getrieben zu sein, die sie enthemmt.[48] Gleichzeitig wirken sie zynisch und abgeklärt – oder sie lachen sogar. Darauf macht der Kulturtheoretiker und Männlichkeitsforscher Klaus Theweleit (2015) in seinem Buch *Das Lachen der Täter. Breivik u.a. Psychogramm der Tötungslust* aufmerksam. Solche lachenden Täter, so seine Beobachtung, finden sich gleichermaßen bei den Dschihadisten wie bei den Neonazis.

Dass man überhaupt über diese Wahrnehmungen reflektieren kann, ohne dabei gewesen zu sein, hat mit der medialen Darstellung zu tun, die die Terroristen selbst herstellen oder für die sie sorgen. Sie inszenieren sich als »Kämpfer«, die in einem höheren Auftrag unterwegs sind.

Bei diesen Auftritten und Inszenierungen scheint nichts zufällig zu sein. Es sollen »starke Bilder« entstehen. Erstens in den Metropolen des Westens: die einstürzenden Twin Towers in Manhattan, der Verkehrskollaps in den Cities von London und Madrid, die Panik beim Boston Marathon oder die Fassungslosigkeit der Regierung in Paris. Zweitens auf den Schauplätzen in Syrien, Irak oder in Nigeria: schwarze Fahnen, Massaker an Kurden, brennende Häuser, verzweifelte Eltern verschleppter und versklavter Mädchen. Die Taten sollen nicht nur sichtbar, sondern sogar *unübersehbar* sein, eine hohe symbolische Wirkung haben, Entsetzen, Angst und Schrecken hervorrufen. Sie sollen starke Reaktionen provozieren, die wiederum als Rechtfertigung für weitere Taten dienen können. Genau dieses Vorgehen ist es, was man in der Forschung Terrorismus nennt (Waldmann 2011).

Die Eindrücklichkeit des *gegenwärtigen* Terrorismus besteht im Ausmaß der globalen Präsenz und Unmittelbarkeit. Terrorakte in Syrien, Tunesien oder Großbritannien sind Gewaltakte für das globale »Publikum«. Wenn Terroristen Anschläge planen, nehmen sie Opfer unterschiedlicher Herkunft in Kauf. Die Gegnerschaften sind dabei breit gestreut. Die Sicht »des Westens«, der die Terrorakte primär gegen sich gerichtet sieht, ist unvollständig. Angesichts der ungezählten Opfer unter den Muslimen ist der Aufstieg des IS auch als Bestandteil innerislamischer Auseinandersetzungen – Sunniten vs. Schiiten – und als Kampf um die Hoheit im islamistischen Lager – IS gegen Al-Qaida – zu sehen. In der Schreckenskonkurrenz mit Al-Qaida soll offensichtlich demonstriert werden, dass islamistischer Terror noch steigerungsfähig ist und seine Akteure darüber hinaus einen eigenen Staat anstreben, in dem ihre »Kämpfer« an Machtpositionen gelangen können.[49]

## Wahrer und falscher Islam:
## Die Macht der Unterscheidungen

Seit den Anschlägen vom 11. September 2001 wird diskutiert, was diese im Namen Allahs begangenen Taten mit dem Islam zu tun haben. Diese Frage ist sowohl für Außenstehende als auch für Insider schwierig zu beantworten. In Deutschland leben vier Millionen Muslime, von denen 45 Prozent deutsche Staatsbürger und 55 Prozent Staatsbürger aus unterschiedlichen Herkunftsländern sind (Haug u.a. 2009). Von ihnen schätzen Experten, dass zirka 7.000 Menschen radikalisiert und fanatisiert sind – und auch diese sind ausländische oder deutsche Muslime. Damit ist die vom früheren Bundespräsidenten Christian Wulff mit seiner Rede zum 3. Oktober 2010 ausgelöste Debatte, ob der Islam »inzwischen auch zu Deutschland gehöre«, von den Daten her im Grunde müßig. Sowohl die friedlichen als auch die radikalisierten Muslime leben in Deutschland, viele von ihnen sind Deutsche. Die Mehrheit praktiziert ihren Glauben so aktiv oder passiv, wie dies beispielsweise auch evangelische oder katholische Christen tun. Eine Minderheit sieht den Islam als den anderen Religionen überlegen an. Und wiederum eine kleine Gruppe in dieser Minderheit möchte den Anspruch auf Überlegenheit gewaltsam durchsetzen.

Wulffs Statement war insofern eine Verkürzung, als es »den« Islam als homogene Gruppierung nicht gibt. Unter Deutschlands Muslimen sind Sunniten, Schiiten und Aleviten vertreten; außerdem unterscheiden sie sich aufgrund der regionalen und nationalen Prägungen. So kann es einen Unterschied machen, ob eine Muslima aus einer städtischen Region im Irak oder aus einer ländlichen Region in Äthiopien stammt (Haug u.a. 2009; Bochinger 2015). Muslime unterscheiden sich in vielerlei Hinsicht ebenso sehr untereinander, wie sich Muslime und Christen unterscheiden. Die Strenggläubigen sind sich untereinander und den in ihren Augen weniger Gläubigen gegenüber sogar besonders feindlich gesonnen. Dieses Muster ist zunächst nichts spezifisch Islamisches, sondern ist aus vielen politischen und sozialen Gruppierungen bekannt, wo die inneren Machtkämpfe den äußeren in nichts nachstehen. Andererseits wirkt das Merkmal »Muslime« in Einwanderungsgesellschaften über nationale und ethnische Unterschiede hinweg gemeinschaftsbildend, wenn sich etwa Muslime aus der Türkei, Bosnien und dem Kosovo zu neuen Gruppierungen zusammenfinden. In diesem Zusammenhang ist die Entstehung neuer islamischer Gruppierungen als Folge von Einwanderungsprozessen zu begreifen. Sie organisieren sich als Minderheit,[50] der sie eine religiöse Fundierung geben.

Was den islamistischen Terror angeht, wird den Unterscheidungen eine besonders starke Macht eingeräumt: Die Anschläge richten sich gegen den »ungläubigen Westen«, aber ebenso gegen die »Ungläubigen« in den eigenen Reihen, die nicht oder nicht mehr den »wahren« Islam vertreten. Was ist der »wahre« und was der »falsche« Islam? Von nicht-islamistischen Muslimen aus gesehen, ist der Islamismus und vor allem der islamistische Terrorismus der »falsche« Islam – und für Islamisten ist der Islam, der sich dem Westen annähert und eine friedliche Koexistenz oder gar den interreligiösen Dialog sucht, seinerseits der »falsche« Islam. Die eigentlichen Adressaten sind meist »die anderen« Muslime. Die innerislamischen Auseinandersetzungen gehören längst zum Einwanderungsland Deutschland, wenn ausgefochten werden muss, wer der Trägerkreis für den Bau einer Moschee oder wer die Ansprechpartner bei der Einführung Islamischen Religionsunterrichts sein sollen (vgl. die Beiträge in Krüger-Potratz/Schiffauer 2011).

## Radikalisierungen aus Integration und Desintegration: Salafisten und Neonazis

Für Henner Hess (2006) war die Rote Armee Fraktion (RAF) der 1970er und 1980er Jahre provinziell im Vergleich mit Al-Qaida: »Der heutige islamistische Terrorismus ist eine globale Erscheinung, verständlich nur als Reaktion auf die fortschreitende Globalisierung. Seine Ideale sind voraufklärerisch, ein Rückfall in religiösen Fundamentalismus. Diese Ideologie legitimiert Blutbäder und Selbstmordattentate mit Paradiesverheißung. Das potentielle Täterreservoir ist wesentlich größer und wächst weltweit rapide an: die ökonomisch und sexuell frustrierte junge männliche Bevölkerung, die zum Teil im Milieu der ›Neuen Kriege‹, d.h. mit Kampferfahrung, sozialisiert wurde, zum Teil in den Migranten-Ghettos westlicher Großstädte, d.h. mit Exklusionserfahrung und Bedürfnis nach Sinnstiftung, aufgewachsen ist. Weit größer ist auch das Sympathisanten- und Unterstützerpotential, mobilisiert durch traditionelle Kommunikationsmittel wie Moscheen, Koranschulen und Wohlfahrtsorganisationen, aber auch durch ultramoderne wie das Internet und einige arabische Fernsehsender, die sich im ›Krieg der Kulturen‹ wähnen. Ihre Mittel sind durchschlagend.« (Ebd.: 109f.)

Diese Einschätzung ist etwas grob gezeichnet, spricht aber wichtige Aspekte an: Da ist als erstes die Frage der Integration. Hess weist die Täter den »Migranten-Ghettos« zu, wo sie in Chancenlosigkeit und Frustration verharren, sozial und strukturell keinen Platz finden, kurz: desintegriert oder gar exkludiert sind. Für zahlreiche islamistische Täter trifft diese Konstellation aber gerade nicht zu – ganz im Gegenteil: »Sie sind längst nicht alle gescheiterte Existenzen, ungebildete Verlierer, Kleinkriminelle und Drogenabhängige, sondern oft zumindest nach außen gut integrierte junge Erwachsene, die im örtlichen Sportverein Fußball spielen, für Verkehrsbehörden oder Statistikämter arbeiteten oder Zahnärztinnen werden wollten.« (Schmidt 2012: 7)

Der zweite Aspekt betrifft das Geschlechterverhältnis. Radikalen Muslimen ist, wie anderen Antifeministen, die Frauenemanzipation ein Dorn im Auge. Mit ihr ist nicht zuletzt die Anforderung verbunden, nicht nur mit anderen Männern, sondern auch noch mit Frauen um Arbeitsplätze, sozialen Status und öffentliche Aufmerksamkeit konkurrieren zu müssen. Auch dem Massaker des Rechtsterroristen Breivik und seinem Manifest gegen Einwanderer und Frauen werden starke sexuelle Motive zugeschrieben, wie Sybille Hamann (2011) konstatiert: »Am Ende geht es um Sex« (ebd.).

In ähnlicher Weise sieht die Journalistin Sabine Rückert (2015) in den Attentaten von Dschihadisten Angriffe nicht nur auf die Meinungsfreiheit, sondern auch auf die »westlichen Frauen«: »Die Profile der selbst ernannten Gotteskrieger für Allahs Sache ähneln sich auffällig: Es sind Männer, die die europäische Lebensweise für ihr Versagen verantwortlich machen. Und die nun mit Waffengewalt vor allem eines anstreben: eine Gesellschaft, in der Männer Privilegien haben, die sie sich nicht erarbeiten und nicht verdienen müssen. Allein das Mannsein macht sie zum Herrenmenschen und berechtigt sie, über die Frauen zu herrschen. Ohne Verantwortung übernehmen zu müssen. Ohne sich ihre Autorität durch Klugheit, Leistung, Bildung, Charakterstärke oder Zuverlässigkeit verdient zu haben. Das ist sexy für Verlierer und Zukurzgekommene. Das macht den unwiderstehlichen Sog aus, den der ›Islamische Staat‹ auf die Leistungsunwilligen oder -unfähigen ausübt: Um groß rauszukommen, reichen ein bisschen Dynamit und eine Kalaschnikow.« (Ebd.)[51]

In den Analysen, die es bisher zu den Salafisten und ihrer Radikalisierung gibt (Ceylan/Jokisch 2014), ist ein roter Faden erkennbar. Diesen könnte man als pseudo-religiöse Radikalisierung bezeichnen: In den salifistischen Gruppen treffen die Jugendlichen »auf charismatische Prediger, die mit der Lebenssituation in Deutschland vertraut sind und ›den Islam‹ in einer jugendgerechten Sprache auf Deutsch erklären. Dadurch, dass diese Jugendlichen kein wirklich theologisches Wissen haben, verfügen sie auch nicht über die Kompetenz, die dargebotenen Erklärungen und Vorträge einzuordnen und zu werten. Entscheidend für sie ist, ob sie emotional berührt werden, ob sie sich in diesen Erklärungen wiederfinden und ob ihre Fragen an die Welt oder den Sinn des Lebens beantwortet werden. Eine abstrakte, nicht an den eigenen Bedürfnissen orientierte Erklärung, würde sie nicht an diese Szene binden.« (Dantschke 2014: 198)

Diese Erläuterungen der Islamismusexpertin Claudia Dantschke, die auch betroffene Familien berät, machen nachvollziehbar, worin die Attraktivität der islamistischen Gruppen besteht: Sie schließen offenbar eine Sinnlücke. Insbesondere die Jugendlichen kommen im Grunde aus einer religiös unwissenden Situation und springen auf die Verheißung an, einen sozialen Ort zu finden, Teil einer globalen Mission zu werden und große Gefühle auszuleben und zu erzeugen. Es geht also um große Affekte und große Effekte, die ein Leben jenseits der vorgesehenen Bahnen attraktiv machen. Man möchte sich aus der bürgerlich-langweiligen Gesellschaft von Eltern und Pädagogen, in der man sich nicht wirklich gebraucht fühlt, befreien und sucht Leidenschaft, Radikalität, Verbündete, eine Aufgabe und ein Ziel (vgl. auch Kaddor 2015).

Diesbezüglich sieht auch der Politikwissenschaftler Claus Leggewie (2015) strukturelle Ähnlichkeiten zwischen der Terrorgruppe der RAF und der des IS: »Auch wenn die RAF ein radikal anderes Milieu und der Wille zu überleben in ihr stärker war, erinnert diese blitzartige Verwandlung harmloser Außenseiter in Monster, die über Leichen gehen, an ihre Frühgeschichte und den Sog der RAF-Märtyrer auf die zweite und dritte Generation von Unterstützern. Damit werden weder Ziele noch Methoden gleichgesetzt, es soll nur plausibel gemacht werden, wie einige wenige Desperados werden. Vor allem darf man sich nicht vom religiösen Fanatismus der IS-Videos in die Irre führen lassen. Denn hier wie dort herrschten der unbeirrbare Glaube an ein politisch-religiöses Ziel, machistische Präpotenz, ein irrer Heldenkult vor […] Hier wie dort fühlen sich die Mörder als Teil eines grenz-überschreitenden Kollektivs.« (Ebd.: 280f.)

Sich den islamistischen Terrormilizen anzuschließen, ist heute die »ultimative Ansage« und ein absoluter Distinktionsgewinn – und aus Sicht der Anhänger sogar eine Aufstiegsoption (Schmidt 2012). Der Effekt ist noch größer, wenn es sich um Einwanderer der zweiten oder dritten Generation (sogenannte *homegrown terrorists*) oder um Kon-vertiten handelt: »Inzwischen findet man in der neuen Generation von Dschihadisten Deutsch-Türken, Deutsch-Marokkaner, Deutsch-Ungarn, Russland-Deutsche und selbstverständlich auch Deutsche ohne jeglichen Migrationshintergrund. Die Bewegung ist längst mul-tiethnisch geworden, die Herkunft sagt kaum mehr etwas aus.« (Ebd.: 47) Wenn diese Menschen »gegen den Westen« in den Krieg ziehen, wenden sie sich gegen die Gesellschaften, deren Bürger sie sind.

Adressat der Angriffe von Neonazis sind in ähnlicher Weise nicht nur die Einwanderer, sondern das ganze System: Einwande-rungsgesellschaft, Pluralität und Pazifizierung. Zu den 150 ermor-deten Menschen, die seit 1990 Opfer rechter Gewalt wurden, gehö-ren beispielsweise folgende: 1993 wurden in Solingen fünf Mitglieder der türkeistämmigen Familie Genc durch einen Brandanschlag von rechtsextremen Tätern ermordet. In den Jahren von 2000 bis 2006 wurden Enver Şimşek, Abdurrahim Özüdoğru, Süleyman Taşköprü, Habil Kılıç, Mehmet Turgut, Ismail Yaşar, Theodoros Boulgarides, Mehmet Kubaşık und Halit Yozgat sowie Michèle Kiesewetter im Jahr 2007 offensichtlich von Mitgliedern der Gruppe »Nationalsozi-alistischer Untergrund« ermordet. Für die Angehörigen der ermorde-ten Einwanderer waren Neonazis als mögliche Täter in Frage gekom-men. Auch einige wenige Ermittler hatten dies offensichtlich nicht ausschließen wollen. Aber tatsächlich wurden diese Verbrechen nicht untereinander in einen Zusammenhang – und schon gar nicht mit neonazistischer Gewalt – gebracht. Neun ermordete Migranten, eine ermordete Polizistin; bis zum November 2011 undenkbar, dass Landes- und Bundesbehörden von Polizei über Verfassungsschutz bis hin zu Innenministerien auf dem »rechten Auge so blind« sein konnten.[52]

Während die Taten der Islamisten, wie ich anfangs erläutert habe, die Helligkeit und das Licht der Weltöffentlichkeit suchen, erfolgten die beschriebenen Anschläge heimtückisch und – bildhaft gesprochen – in der Dunkelheit: entsprechend auch der Name »Nationalsozialistischer Untergrund«. Rechtsterroristische Gegenbeispiele stellen der Massenmord durch den norwegischen Rechtsterroristen Anders Breivik am helllichten Tag in Oslo und auf der Ferieninsel Utoya im Jahr 2011 und die Ermordung der Ägypterin Marwa El-Sherbini 2009 in Dresden durch den fremden- und islamfeindlichen Deutschrussen Alex Wiens dar, der für seine Tat eine Gerichtsverhandlung wählte, bei der El-Sherbini gegen ihn als Zeugin ausgesagt hatte. Der NSU selbst verzichtete auf eine öffentliche Propaganda, ließ in den eigenen Zirkeln jedoch Video-Aufnahmen und andere Beweise der Ermordungen stolz kursieren. Hätte die Öffentlichkeit von der Existenz der Gruppe gewusst, wären die Täter möglicherweise nicht »so weit gekommen«, hätten ihre Ziele also nicht erreicht.

Die Taten der rechtsextremen Terroristen gelten einer gesellschaftlichen Entwicklung, die sie mit Gewalt bekämpfen: Der Entwicklung zum Einwanderungsland. Sie ermorden Einwanderer und Menschen, die aus ihrer Sicht für diese Entwicklung verantwortlich sind. Ihr Hass gilt den Neuen Deutschen, die sich eine Existenz aufgebaut haben – den Integrierten. Eine Hinterbliebene der NSU-Morde erläutert ihre Fassungslosigkeit gerade mit Hinweis auf die erreichte Integration: »Als vor drei Jahren klar wurde, wer hinter dem Mord an meinem Bruder steckte, war das für meine Eltern – so wie es auch die meisten Familien der Opfer sagen – eine Erleichterung. Ich hingegen habe eher das Gefühl, dass mein Leben seitdem deutlich eingeschränkter ist. Zu erfahren, dass die Täter Rechtsradikale waren, hat mich völlig schockiert. Damit hatte ich ganz und gar nicht gerechnet. Wir sind doch gut integriert hier! Dass Nazis im Hintergrund so aktiv sind, hatte ich bis 2011 nie wahrgenommen. Die Tatsache wühlt mich bis heute auf.« (Taşköprü 2014: 59)

Anders als die integrierten Einwanderer haben sich viele Neonazis nicht ins Einwanderungsland integriert (vgl. auch Pfahl-Traughber 2013). Manche von ihnen skandieren »Bockwurst statt Döner« (vgl. Möhring 2012: 443–452), andere verüben Gewalttaten, die dem jüngsten Verfassungsschutzbericht (BMI 2015) zufolge in den letzten Jahren deutlich zugenommen haben. Danach ist im Jahr 2014 die Anzahl fremdenfeindlicher Übergriffe um knapp 24 Prozent auf 990 Taten gestiegen. Welche Situationen sich hieraus ergeben können, illustriert der Soziologe Armin Nassehi (2013) in einem Interview: »Rechtsradikale Demonstranten, die Gewalt ausüben, werden heute auch von deutschen Polizisten abgeführt, die türkische Namen tragen. Das ist eine schöne historische Ironie.« (Ebd.: 210)

## IS und NSU im Vergleich

Für einen detaillierten Vergleich der beiden Gruppierungen, den islamistischen und den neonazistischen Akteuren, insbesondere den Terroristen unter ihnen, ist hier nicht der Ort. Ich will vor allem auf überraschende Ähnlichkeiten hinweisen. Vergleichbare Muster sehe ich in folgender Hinsicht:

*Erstens* geht es um die Suche nach einem starken Kollektiv, das nicht nur eine Nachbarschaft oder ein Verein ist, sondern einen höheren Verpflichtungscharakter hat.

*Zweitens* sind ihre Ziele in sich widersprüchlich: Suche nach Anerkennung und Sicherheit einerseits, Abenteuer und damit einhergehende Unsicherheit und Erregung andererseits.

*Drittens* hilft das Streben nach Eindeutigkeit und klaren Fronten, die Komplexität in der Moderne, die mit hohen Anforderungen an die Individuen verbunden ist, zu reduzieren. Sie hilft bei der Sozial- und der Systemintegration, also bei der Integration *in* die Gesellschaft und bei der Integration *als* Gesellschaft: »Das Integrationsproblem ist […] keineswegs auf Multireligiosität und Multikulturalität beschränkt. Es bestünde auch ohne Migranten, und zwar als Problem moderner westlicher Gesellschaften, die auf der personalen Ebene durch wachsenden Individualismus und auf der sozialen Ebene durch voranschreitende funktionale Differenzierung gekennzeichnet sind.« (Grimm 2013: 263)

*Viertens* verbindet die Fundamentalisten aus den islamistischen und den rechtsextremistischen Lagern der Versuch, gewaltsam eine Ordnung (wieder-)herzustellen. Hinsichtlich der in den neuen Bundesländern besonders aktiven Neonazis kann man, um das Pegida-Motto »wider die Islamisierung des Abendlandes« aufzugreifen, von dem Versuch sprechen, sich der Verwestlichung des Ostens entgegenzustellen. Global betrachtet, haben Breivik und andere Rechtsterroristen ein zentrales Anliegen: »Die Wahrung einer bedrohten hierarchischen Ordnung, in der Männer vor Frauen, Weiße vor Nicht-Weißen und Christen vor Muslimen rangieren.« (Theweleit 2015: 106)

Sie wollen keine Pluralität der Lebensformen und Heterogenität der Herkünfte, sondern vor allem eines: *Homogenität*. Die rechten Terroristen zielen auf Homogenität in *völkischer* Hinsicht, die islamistischen Terrroristen auf Homogenität in *religiöser* Hinsicht. Ihre zentrale Gemeinsamkeit ist die Gewalt, mit der sie wiederum Gewalt provozieren wollen. Am Ende geht es um Macht.

# 8.
# Kein Aufstieg – nirgends?
# Unterschichtung, Diskriminierung
# und Ursachen der Stagnation

»Ich denke, daß zum Beispiel Arm oder Reich, Stadt oder Land, Gebildet oder Ungebildet Kategorien sind, durch die Menschen, wenn sie nicht eben in einem rassistischen Staat leben, mehr voneinander getrennt, benachteiligt oder bevorzugt werden als durch die Nationalität oder den Glauben. Ich behaupte nicht, daß es keine kulturellen Konflikte gibt, aber ich meine, daß die größte Bruchstelle in einer Gesellschaft und zwischen verschiedenen Gesellschaften weiterhin die ökonomische ist – selbst wenn soziale Konflikte immer häufiger in einem kulturellen oder religiösen Vokabular ausgedrückt werden.« (Kermani 2009: 25)

### Die »Gruppe« der 4,1 Millionen ohne Abschluss

Im Jahr 2013 haben von den 16,5 Millionen Menschen mit Migrationshintergrund 6,9 Millionen einen berufsqualifizierenden Abschluss und 4,1 Millionen keinen berufsqualifizierenden Abschluss erworben. Das sind überproportional viele, nämlich 25 Prozent, während es bei den Menschen ohne Migrationshintergrund 12 Prozent betrifft.[53]

Was kann man über diese Gruppe sagen? Zunächst einmal muss man festhalten, dass es sich gar nicht um eine Gruppe im Sinne von Menschen mit einem Bündel gemeinsamer Merkmale handelt. Dazu sind die Situationen und Biografien dieser 4,1 Millionen Personen zu unterschiedlich. Menschen mit Migrationshintergrund ohne berufsqualifizierenden Abschluss sind vor allem Einwanderer und ihre Nachkommen. Zu der vermeintlichen Gruppe gehören beispielsweise Personen wie folgende:

- 30-Jährige, die ein Studium abgebrochen, nicht richtig Fuß gefasst haben und sich mit Gelegenheitsjobs durchschlagen;
- 50-Jährige, deren Ausbildung nicht anerkannt wurde und die Arbeitslosengeld beziehen;
- 70-Jährige, die als Erwachsene ohne Abschluss eingewandert waren, aber während ihres gesamten Arbeitslebens in Deutschland erwerbstätig waren.

Im Übrigen gilt es zu beachten, was auch für Menschen ohne Migrationshintergrund zu berücksichtigen ist: Keinen Abschluss zu haben, ist nicht gleichzusetzen mit Misserfolg und Scheitern. Viele können auch ohne Zertifikat, mit abgebrochenem Studium oder gerade mit »krummen Biografien« ihre Vorstellungen verwirklichen und durchaus auch Karriere machen. Die Wahrscheinlichkeit für eine Etablierung im sogenannten ersten Arbeitsmarkt ist jedoch geringer. Unter den Einwanderern und deren Nachkommen ohne Abschluss sind sehr viele erwerbstätig, allerdings auf eher niedrigen sozialen Positionen. Umgekehrt finden unter denen mit Abschluss nicht alle eine entsprechende Stelle. So heterogen diese »Gruppe« also auch sein mag, so macht ihr hoher Anteil doch zwingend auf eine Schieflage der Qualifikation und Arbeitssituation von Einwanderern aufmerksam. Sie passt zu dem Bild, das man landläufig von der »Ausländerbeschäftigung« hat.

Bei der Arbeitsmigration geht man insbesondere mit Blick auf die erste Generation davon aus, dass die Migrantinnen in der sozialen Hierarchie der Aufnahmegesellschaften einen eher unteren Rang einnehmen. Von Aufstieg und Statusverbesserung kann man höchstens dann sprechen, wenn man den Herkunftskontext miteinbezieht. In den Augen der nicht gewanderten Angehörigen oder Nachbarn im Herkunftsland können die Auswanderer sich plötzlich viel mehr leisten und versorgen teilweise den ganzen Familienverband durch das Geld, das sie zurückschicken (sogenannte Rücküberweisungen oder *remittances*). Diesen Widerspruch bezeichnet man als Statusdiskrepanzen oder »Status-Paradox«, wie Boris Nieswand (2011) es in seiner

Studie über ghanaische Migranten in Berlin nennt. Damit ist kurz gesagt folgender Mechanismus gemeint: In den Augen des Herkunftslandes mögen die Migranten reich sein, im Aufnahmeland jedoch machen sie diejenigen Arbeiten, die übrig bleiben und die ein niedriges soziales Prestige haben.

Die Summe der Rücküberweisungen wird für das Jahr 2014 weltweit, wie bereits erwähnt, auf 436 Billionen US-Dollar veranschlagt und für das Jahr 2016 auf 540 Billionen US-Dollar geschätzt. Die meisten Rücküberweisungen gingen 2014 nach offiziellen Angaben nach Indien, China, den Philippinen, Mexiko, Nigeria und Ägypten (vgl. International Labour Organization 2014).

## Unterschichtung und Dequalifizierung

Die Arbeiten, die viele Einwanderer verrichten, nennt man im internationalen Sprachgebrauch »3-D jobs« (vgl. Anderson 2006). Das sind Tätigkeiten, die *dirty – dangerous – demanding*, also schmutzig, gefährlich und anstrengend sind. Salopp ausgedrückt, delegieren die Einheimischen die Knochenarbeit an die Migranten und machen sich selbst die Finger nicht mehr schmutzig. Klassische Arbeitsbereiche hierfür sind auf der ganzen Welt Ernteeinsätze in der Landwirtschaft, der Bergbau oder die Kranken- und Altenpflege (vgl. für Japan Goto 2010: 219). Ein Beispiel für den Einsatz von Gastarbeitern in Deutschland sind die etwas in Vergessenheit geratenen Verträge, die von der alten Bundesrepublik mit Südkorea geschlossen wurden. Man warb von 1959 bis 1976 Krankenschwestern und von 1963 bis 1977 Bergleute aus Südkorea an (vgl. Yoo 1995). Der Bedarf in diesen Bereichen konnte mit einheimischen Arbeitskräften nicht (mehr) gedeckt werden. Das heutzutage augenfälligste Beispiel ist die Altenpflege. In Deutschland sind derzeit 19 Prozent der dort Beschäftigten im Ausland geboren: »Seit den 1990er Jahren haben sich Mittel- und Südosteuropa zu einer bedeutenden Herkunftsregion entwickelt.

Dies hat zu einer Abwanderungswelle von Frauen geführt, die in West- und Südeuropa Pflegedienstleistungen erbringen.« (Hardy u.a. 2015: 31)

Bei solchen Hierarchien in den Beschäftigungsverhältnissen sprechen Wissenschaftler von »Unterschichtung«.[54] Der Schweizer Soziologe Hoffmann-Nowotny (1973) hatte diesen Begriff schon vor knapp fünfzig Jahren direkt auf die Migrationssituation angewandt. Unterschichtung bedeutet, dass die Einheimischen versuchen, die Einwanderer unten zu halten: »Auf der Statuslinie ›ethnische Zugehörigkeit‹ besetzen die Einheimischen nach ihrer eigenen Definition die hohen Positionen und schreiben den ethnisch fremden Gruppen die tiefen Positionen zu. Aus der Sicht der Einheimischen rechtfertigt diese Konstellation die niedrigen Ränge der Einwanderer auf der Einkommens- und Berufslinie sowie die Versagung von Aufstiegsmöglichkeiten.« (Ebd.: 240)

Dies erinnert an den Feudalismus, in dem Grundherren Untergebene in Abhängigkeit halten. Entsprechend spricht Hoffmann-Nowotny bei Unterschichtung auch von »neofeudaler Absetzung« (ebd.: 29). Die Platzierung in der sozialen Hierarchie wird nicht nach dem erworbenen Status – Qualifikation und Leistung – vorgenommen, wie moderne Gesellschaften es von sich behaupten, sondern nach dem zugeschriebenen Status – nach Herkunft und Nationalität, wie in traditionalen Gesellschaften. Einwanderer und ihre Nachkommen rücken also vielfach auf die Plätze in der sozialen Hierarchie ein, die die Längeransässigen übrig lassen. Insofern würde sich das Bild von den »armen und unqualifizierten Ausländern« bestätigen.

Dieses Bild ist jedoch insofern schief, als viele Einwanderer, gegenwärtig insbesondere diejenigen aus Osteuropa oder den Nachfolgestaaten der Sowjetunion, ihre im Heimatland erworbenen Qualifikationen nicht oder kaum verwerten können. Wenn jemand putzt oder Taxi fährt, also eine relativ niedrige soziale Position auf dem Arbeitsmarkt einnimmt, heißt dies nicht zwangsläufig, dass der- oder diejenige unqualifiziert ist. Was vom Aufnahmeland aus betrachtet

Unterschichtung ist, erleben die Betroffenen selbst als Entwertung ihrer Qualifikationen. Dies bezeichnet man als »Dequalifizierung«.

Für diesen Prozess ist wiederum der Pflegebereich prototypisch, wie eine Studie zu Großbritannien zeigt: »Eine Studie über international angeworbene Krankenschwestern, die vor allem aus Europa, Australien, Afrika und von den Philippinen ins Vereinigte Königreich eingewandert waren, ergab, dass viele Krankenschwestern den Eindruck hatten, dass ihre Qualifikationen nicht wertgeschätzt würden und dass sie Rassismus und Fremdenfeindlichkeit erlebt hätten. Krankenschwestern erfuhren auch einen beträchtlichen Grad an Entwertung ihrer Qualifikationen, da sie den Arbeitsmarkt auf einem wesentlich niedrigeren Niveau betraten, als sie es vor ihrer Einwanderung innegehabt hatten.«[55] (Kofman/Raghuram 2009: 6) Unterschichtung und Dequalifizierung zeigen, dass die Einheimischen »die Ausländer als ein diskriminiertes Arbeitspotential« (Hoffmann-Nowotny 1973: 129) brauchen, auf das sie herabsehen können und das sie nicht als Konkurrenz empfinden müssen.

Die Nachkommen der Einwanderer werden diese niedrige soziale Position nicht so einfach los, wie ein Blick auf die Bildungssituation zeigt. Jugendliche mit Migrationshintergrund sind überproportional von Schulabbruch und Bildungsmisserfolg betroffen: 15,5 Prozent der Menschen mit Migrationshintergrund haben keinen Schulabschluss. Betrachtet man nur diejenigen, die aus Familien mit Zuwanderungsgeschichte stammen, selbst jedoch in Deutschland geboren sind, also die zweite und dritte Generation, so beträgt der Anteil noch 5,3 Prozent. Bei den Personen ohne Migrationshintergrund sind es 2,3 Prozent (vgl. Statistisches Bundesamt 2013). Die aktuelle Zuwanderung zeigt ein anderes Bild, worauf ich noch eingehen werde.

Irritierend ist tatsächlich die Stagnation bei den hier geborenen Menschen aus Einwandererfamilien: Man hätte ja erwarten können, dass mit der längeren Anwesenheit der Familie der Status steigt. Dies ist auch bei vielen Einwanderergruppen der Fall; diese steigen im Generationenvergleich vom Arbeiterstatus in die sogenannte Dienstklasse – das heißt Angestelltenpositionen und Fachkräfte – auf. In einer

Sondersituation befinden sich die türkischen und türkischstämmigen Erwerbspersonen: Bei ihnen ist insgesamt »kein Fortschritt zwischen den Generationen auszumachen« (Herwig/Konietzka 2012: 304). Immerhin sind im Jahr 2008 nicht mehr, wie im Jahr 1976, 53 Prozent der Männer mit türkischem Migrationshintergrund als un- und angelernte Arbeiter tätig, sondern »nur noch« 38 Prozent (ebd.: 305). Migranten aus der Türkei und Italien, so konstatiert Rainer Geißler, sind nach wie vor überproportional von »Unterschichtungstenden-zen« (2014: 48) betroffen. Wie kann man das erklären?

Kurz gesagt, ist die Stagnation auf eine Mischung aus niedrigem sozialem Status, Barrieren bei den Betroffenen und institutioneller Diskriminierung durch das Bildungs- und Erwerbssystem zurückzu-führen (vgl. zusammenfassend Brake/Büchner 2012). Hinzu kommen Auswirkungen der ökonomischen Krise, die bekanntermaßen ja nicht nur Einwanderer erfassen, sowie Einflüsse von Lebensphasen und Gruppen, die sich nach Ethnie, Geschlecht und Milieu definieren.

## Sozialer Status und Bildungserwartungen

Die einfachen Lebensverhältnisse und die geringe Bildung, die vie-le Migranten aus den Herkunftsregionen mitbringen oder mitge-bracht haben, sollte man sich nicht wie einen Automatismus vor-stellen. Jemand, der selbst keinen höheren Bildungsabschluss hat, ist nicht zwangsläufig bildungsfern, wie man es heute gerne nennt. Ganz im Gegenteil sind viele dieser Familien ausgesprochen bildungs- und aufstiegsorientiert.[56] Bildungsferne Elternhäuser für einen möglichen Bildungsmisserfolg der Kinder verantwortlich zu machen, greift zu kurz, wenn damit die Qualifikation der Eltern selbst gemeint ist. In den Migrantenfamilien geht es vor allem um die *Einstellung* zu Bil-dung und die Bildungsaspiration der Eltern. Im Vergleich dazu wir-ken sich bei den Nicht-Migrantenfamilien das von den Eltern erreichte Bildungsniveau und der erreichte Status stärker aus (Siller 2014: 156).

Die Barrieren bestehen eher, wie bei bildungsfernen Schichten unter den Alten Deutschen auch, in mangelnden Routinen und Verhaltenssicherheit gegenüber dem bürgerlich dominierten Bildungsbetrieb. Familien mit niedrigerem sozialem Status fehlt es an »kulturellem Kapital«, wie der französische Soziologe Pierre Bourdieu (1983) es nennt. Als kulturelles Kapital bezeichnet er dasjenige Kapital, über das ein Mensch durch seine schulische Ausbildung verfügt. Es ist vor allem Bildungskapital und wird sichtbar in den Abschlusszeugnissen, die man in Bildungseinrichtungen erworben hat. Es ist aber keine nur individuelle Größe, sondern durch Familientradition vererbbar und vermehrbar. Sind in einer Familie höhere Schulbildung und Universitätsstudium seit Generationen selbstverständlich, so verbindet sich damit ein ebenso selbstverständlicher, quasi natürlicher Umgang mit Bildungsinstitutionen und kulturellen Einrichtungen. Familien mit geringerem kulturellem Kapital sind solchen Einrichtungen gegenüber verunsichert, da sie die geschriebenen und ungeschriebenen Regeln weniger kennen. Die soziale Distanz der Milieus wird unter Umständen noch durch die Sozialisation der Eltern in anderen Bildungssystemen mit anderen Eltern-Lehrer-Schüler-Interaktionen verstärkt.

Die Vorstellungen und Ziele, die manche Einwanderer verfolgen, sind auf dem Arbeitsmarkt nur eingeschränkt zu verwirklichen. Ihre Erwartungen sind disparat und ihre Informationen unvollständig, vielfach auch noch nach längerer Zeit. Dementsprechend äußerten sich die Vertreter von Migrantenorganisationen anlässlich des Integrationsgipfels der Bundesregierung im Dezember 2014. Sie hielten ihre Kritik an der Bildungs- und Ausbildungspolitik in einem Impulspapier fest: »In dem Papier regen die Organisationen unter anderem an, dass besser über die Möglichkeiten der dualen Ausbildung informiert werden müsse. Vielen Migranten erscheine nur ein Studium als geeigneter Weg zum Aufstieg. Außerdem müsse es mehr Unterstützung für Jugendliche beim Übergang von der Schule auf den Arbeitsmarkt geben – etwa durch Mentoren.«[57]

Häufig gestaltet sich auch die Kommunikation zwischen Eltern aus Einwandererfamilien und Lehrern oder Schulbehörden schwierig. Werden die Eltern auf mangelnde Arbeitshaltungen oder Leistungen ihrer Kinder hingewiesen, reagieren sie – möglicherweise noch stärker als Eltern generell – mit Abwehr und gekränktem Stolz. Auf ihr Kind lassen sie nichts kommen, dafür sind sie als Eltern ja auch da. Ist diese Haltung jedoch starr, so kann sie Schieflagen stabilisieren. Marc Schmid nennt eine solche Erziehungshaltung »bambinismo«, der vor allem in italienischstämmigen Familien verbreitet sei (Schmid 2014: 376).

## Exklusion und »Parallelgesellschaften«

Distanz zu Bildung, Bildungstiteln und widersprüchliche Strategien gegenüber einem sozialen Aufstieg in den Familien sind der eine Aspekt. Ein zweiter Aspekt kommt hinzu, betrachtet man die Jugendlichen selbst. Für viele ist in der Phase der Pubertät, die sich von der siebten bis zur zehnten Klasse erstrecken kann, Schule *zuallerletzt* ein Ort des Lernens. Er gehört vor allem zu den Orten, an denen man die Beziehungen zu den Peers, zu Gleichaltrigen, klärt. Schule und soziale Netzwerke sind für die einen Orte der Kränkungen, für die anderen eine Bühne für unterschiedliche Auftritte – unabhängig von einem möglichen Migrationshintergrund (vgl. illustrativ Bühre 2015).

Bei manchen »migrantischen Jungmännern« entwickelt sich jedoch eine spezifische Dynamik der Bildungsdistanz, wie der Soziologe Heinz Bude (2011) lapidar konstatiert: »In den Vorstellungen dieser Jugendlichen spielt Bildung keine oder nur eine untergeordnete Rolle. Es steht das schnelle Geld, das auf der Straße winkt, gegen den bescheidenen Erfolg, den die Schule verspricht. Wie überall in den Grenzzonen der Gegenwartsgesellschaft träumen insbesondere die Jungmänner aus den prekären Milieus von einem spektakulären Leben in der erweiterten Drogenökonomie, das ihrem Wunsch nach sozialer Größe entgegenkommt. Eine schöne Braut, ein großes Auto und ein Auftritt im Club sind mehr wert als die Aussicht auf eine Lehrstelle, wo man Kaffee holen muss, auf einen Bus, der zu spät kommt, und einen Samstagabend, wo man rumhängt. Ist es in der Tat nicht schlauer, einen Spätkauf zu betreiben oder mit Kokain zu dealen? Bildung heißt Schule und Ausbildungsplatz, woran immer Beurteilungen, Zeugnisse und Dokumente hängen. Die Straße ist dagegen ein Schauplatz von Geschichten, in denen noch Wunder vorkommen. […] Die Entscheidungen, die ein Junge oder ein Mädchen im Neuköllner Rollbergviertel, in Bremen-Huchting oder im Leipziger Osten mit 15 Jahren zu treffen hat, sind oft so hart, weil sich danach das Leben gabelt, entschiedener und endgültiger, als sich ein Abiturient aus den besseren Vierteln dieser Städte es sich vorstellen kann.« (Ebd.: 49f.)

Bei Menschen mit Migrationshintergrund gehen wissenschaftliche Einschätzungen davon aus, dass sich 10 bis 15 Prozent in derart prekären sozialen Lagen befinden, dass man von Exklusion, also von Ausschließung sprechen kann (Foroutan 2010). Überproportional viele Einwandererfamilien sind von Armut und Arbeitslosigkeit betroffen. Hier handelt es sich um alte und neue Einwanderer, die aus unterschiedlichen Gründen nicht klarkommen. In manchen deutschen Stadtquartieren haben sich Strukturen von Arbeitslosigkeit, Drogenabhängigkeit, Prostitution und Kriminalität verfestigt, in denen – häufig überdies untereinander konkurrierende – Ausländer- und Einwanderermilieus den Ton angeben und sozialer Ausschluss aus der sogenannte Mehrheitsgesellschaft die Normalität ist. Viele sind in der sozialen Hierarchie nicht nur unten, sondern sogar draußen. Manche Wissenschaftler sprechen hier bewusst provozierend von den »Überflüssigen« (Bude/Willisch 2006). Das Gefühl, nicht gewollt und nicht gebraucht zu werden oder es in den bürgerlichen Milieus nicht zu schaffen, kann eigene Dynamiken freisetzen.[58]

Die Akteure haben ihre sozialen Arrangements auf die Bedingungen und ihre Interessen abgestimmt. Es werden eigene Machtstrukturen und Orte aufgebaut.[59] Der Ethnologe Werner Schiffauer, der für seine Studien zu Migration und Männlichkeit und zu islamischen und islamistischen Organisationen bekannt ist, charakterisiert das Machtgebaren solcher Jungmännergruppen und die in den Medien viel diskutierten Auseinandersetzungen um »Ehre« und »Respekt«. Die »Rhetorik der Ehre«, so Schiffauer (2008), ist nicht einfach ein Abbild der Herkunftsgesellschaften, sondern hat sich in der Migrationssituation entwickelt: »Ging es in der ländlichen Türkei primär um die Behauptung einer Familie gegen die anderen, so geht es in Deutschland primär um die Abgrenzung von ›Ausländern‹ gegenüber Deutschen. ›Wir sind Türken, wir haben Ehre.‹ ›Ehre‹ wird damit zum ethnischen *Marker*, durch den Selbstbehauptung, Stolz, Widerstand und Differenz gekennzeichnet werden. Der familiale Bezug tritt damit zurück […] Stattdessen dient die Berufung auf Ehre der Identitätsartikulation von Männern in Außenseiterpositionen – und fällt entsprechend laut und schrill aus. Diese Reklamation von ›Ehre‹ wird zum Kennzeichen von ›der Straße‹, von proletarischen Jugendlichen: Für türkischstämmige Mittelschichten ist es nicht weniger kränkend, wenn diese proletarische Version von Ehre global mit ›türkischer Kultur‹ identifiziert wird, als es für deutsche Mittelschichten wäre, wenn der Rassismus Brandenburger Neonazis als typisch für die deutsche Kultur erklärt würde.« (Ebd.: 43f.; Hervorh. im Original)

Schiffauer macht hier deutlich, dass die Barrieren gegen sozialen Aufstieg mit Schichten- und Klassenzugehörigkeiten, Außenseiterpositionen und mit Männlichkeitsvorstellungen zu tun haben – und nicht zwingend mit ethnischer oder nationaler Herkunft. In der Öffentlichkeit ist in diesem Zusammenhang der Begriff Parallelgesellschaft beliebt, der negativ konnotiert ist und ausschließlich auf Einwanderer bezogen wird, die sich »abschotten«. Die Abschottung von Gruppen ist vielleicht nicht wünschenswert, aber sie ist sozial normal – bei Einwanderern und Nicht-Einwanderern. Zum Gesicht eines Einwanderungslandes gehören Stadtviertel oder Regionen, die nach ethnischen Gruppen sortiert sind. Sie sind jedoch nicht einfach ein Abbild der Herkunftsgesellschaften, sondern etwas Neues, mit dem Einwanderer auf ihre Situation reagieren (vgl. Treibel 2011: 190–195). Für viele Neuankömmlinge ist das Einwandererviertel, die *community*, eine Anpassungsschleuse in die Einwanderungsgesellschaft – von der aus es dann weitergeht, allerdings manchmal auch nicht.

In der Öffentlichkeit wird die prekäre Lebenslage vieler Einwanderer auf die »Kultur« zurückgeführt. Meines Erachtens geht es eher um einen Effekt der Struktur. 2,8 Millionen Menschen mit türkischem Migrationshintergrund leben im Jahr 2013 in Deutschland (Bundesamt für Migration und Flüchtlinge 2015): Da ergeben und lohnen sich *community*-Strukturen. Es gibt beispielsweise einen Markt für ethnische Ökonomie, schlicht: ausreichend Kunden. Möglicherweise ist das für manche ein Anreiz, unter sich zu bleiben, da es da »ja alles gibt«. Wie stark dieser Effekt ist, lässt sich jedoch nicht eindeutig klären, da beispielsweise viele Geschäftsinhaber sich gerade auch an der »nicht-ethnischen« Kundschaft orientieren und das Maß der Segregation im Vergleich mit anderen Einwanderungsgesellschaften wie den USA oder Frankreich gering ausfällt: »Insofern sind negative Effekte der großen Zahl der MigrantInnen aus der Türkei bzw. von deren innerstädtischer wohnräumlicher Konzentration und darauf folgende Beschränkung auf die eigene ethnische Gemeinschaft – mit Konsequenzen für die strukturelle Integration – nicht belegt, obwohl es in einzelnen Städten diese Tendenzen geben mag.« (Haug 2013a: 260)

Arrangements, die etwas anderes zeigen als die vermuteten Abschottungen, erläutert Lamya Kaddor (2015) aus eigener Anschauung in ihrer Beschreibung von Dinslaken-Lohberg, einem Ort in Nordrhein-Westfalen, der durch die Rekrutierung von Jugendlichen für den »Islamischen Staat« in die Schlagzeilen kam. Dieser Stadtteil, so Kaddor, ist vor allem durch schwierige sozio-ökonomische Bedingungen gekennzeichnet: »Das Zusammenleben der deutschstämmigen Bevölkerung und der türkischstämmigen Migranten-Community in Lohberg empfinde ich als ein friedliches ›Nebeneinanderherleben‹. Ich spreche ungern von ›Parallelwelten‹, wie es Politiker und manche

Wissenschaftler wohl nennen würden. Man lebt hier einfach so weiter, wie man es seit vielen Jahren der Zuwanderung eben kennt. Jeder pflegt seine eigene Kultur, die allerdings vielfach und schon längst eine Art Mischkultur zwischen Deutsch und Türkisch darstellt. In mancherlei Hinsicht leben hier einfach alle das gleiche Leben: Alle sind betroffen von der Arbeitslosigkeit in diesem Stadtteil und haben Schwierigkeiten in Bezug auf Bildung und Aufstieg.« (Ebd.: 28f.)

## Institutionelle Diskriminierung

Neben dem mangelnden kulturellen Kapital der Elternhäuser und den genannten weiteren Barrieren sind auch die Institutionen der Einwanderungsgesellschaft an dem mangelnden oder erschwerten Bildungsaufstieg beteiligt. Was die Schulen angeht, hat vor Jahren die Studie zur »Institutionellen Diskriminierung« von Mechtild Gomolla und Frank-Olaf Radtke (2002) für Aufsehen gesorgt.[60] Die Autoren beschreiben hier Prozesse direkter und indirekter Ausgrenzung und einer gut gemeinten »Sonderbehandlung«. Direkte Diskriminierung in Form von rassistischen Kommentaren ist weniger relevant. Interessant sind die subtileren, häufig wohl auch unreflektierten Mechanismen: Statt Schülerinnen mit Migrationshintergrund zu unterstützen, ihnen auch etwas zuzutrauen und abzuverlangen, würden Lehrer sie in bester Absicht eines »kulturellen Verständnisses« schonen, unterfordern und dadurch ausschließen. Gomolla und Radtke zufolge raten Lehrer Einwandererkindern vom Besuch des Gymnasiums ab, da die Eltern ja sicherlich keine Nachhilfe bezahlen oder auch anderweitig ihr Kind nicht unterstützen könnten.

Aus Sicht von Lehrerinnen, die sich tagtäglich im Kampf mit vielfältigen Aufgaben wie neuen Bildungsplänen, neuem Schülerklientel, einer wenig unterstützenden Öffentlichkeit und vor allem mit gekürzten zeitlichen, personellen und ökonomischen Ressourcen erleben (vgl. autobiografisch Johann 2015), erscheint diese Kritik ungerechtfertigt. Für Lehrer stellt es sich so dar, dass man sie mit der Arbeit an der »Front« eines Landes, in dem die Hauptschule abgeschafft wird, die soziale und sprachliche Heterogenität der Schüler zunimmt, die Abiturquote erhöht werden soll und gleichzeitig ein Jahr auf dem Weg dorthin eingespart wird, alleine lässt. Mit geringeren Mitteln, so ihre Position, soll von weniger Lehrern mehr und ständig Neues umgesetzt werden.

Im Übrigen wird hier auch die Zwiespältigkeit der öffentlichen Debatten über Bildung und Erziehung deutlich. Eltern, die sich kümmern, werden in der Öffentlichkeit als überbehütende »Helikoptereltern«, Kinder aus reichen Elternhäusern als »Wohlstandsverwahrloste« und Kinder aus armen Elternhäusern als »Hartzer« verunglimpft. Kinder und Eltern aus Einwandererfamilien stehen wiederum unter noch stärkerer Beobachtung. Kurz gesagt: Kommt die Kategorie »Ausländer« hinzu, werden noch ein paar mehr Schubladen aufgezogen.

Für manche aber gabelt sich das Leben in eine Bildungsspur. Betrachtet man die Forschung zu den dann doch erfolgreichen Bildungsbiografien von Einwanderer(kinder)n, so zieht sich ein roter Faden hindurch: Meist ist es *eine* Lehrerin oder *ein* Lehrer, die oder der einen beachtet, ermutigt und gefordert hat. Dieser einen Person oder diesen wenigen Personen gilt der Dank, dann zum Beispiel eben doch auf das Gymnasium gegangen zu sein. Hier wiederholt sich das Muster, das Akademiker aus nicht-akademischen Elternhäusern bis heute berichten (Schmitt 2010). Zum einen bremsen die Eltern – »Du denkst wohl, du bist was Besseres« oder: »bei uns hat Realschule immer gereicht« –, weil sie berechtigterweise befürchten, keine gemeinsame Sprache mit dem eigenen Kind mehr zu finden, wenn es sich sozial entfernt. Zum andern sind es häufig die Lehrer, die Schülern aus »einfachen Familien« weniger zutrauen und demotivierend agieren. Auch hier machen dann der eine Lehrer oder die eine Nachbarin den Unterschied.

Wie der Studie »Diskriminierung am Ausbildungsmarkt« (SVR 2014b) zu entnehmen ist, garantiert ein guter Schulabschluss allerdings für viele Absolventen mit Migrationshintergrund noch nicht den Erfolg. Insbesondere Bewerber mit türkischen Namen sind bei gleicher Qualifikation gegenüber Bewerbern mit deutschen Namen deutlich benachteiligt. Die Autoren halten die »Diskriminierung im Ausbildungsbereich [für; A.T.] zunehmend anachronistisch. Denn in immer mehr deutschen Städten und Kommunen stellen junge Menschen mit Migrationshintergrund einen wesentlichen Anteil der Personen in ihrer Altersgruppe. Zieht man in Betracht, dass der Bedarf an Bewerbern um Ausbildungsplätze jährlich wächst und es in einigen Berufen und Regionen bereits einen deutlichen Überhang an Ausbildungsplätzen gibt, ist eine diskriminierungsfreie Bewerberauswahl für Betriebe das Gebot der Stunde: Um den beruflichen Nachwuchs zu sichern, müssen sie das gesamte vor Ort zur Verfügung stehende Potenzial ausschöpfen.« (Ebd.: 42)

Hier wird ein Muster der aktuellen Diskussion deutlich. Vertreter aus Politik, Wirtschaft, den Wirtschaftswissenschaften und der Demografie problematisieren die mangelnde Qualifizierung und die geringe Arbeitsmarktbeteiligung von Einwanderern und ihren Nachkommen. Für sie besteht hier hoher Nachholbedarf – weniger aus humanitären oder sozialen Gründen als aufgrund der befürchteten Verknappung von Arbeitskräften.

# 9.
# In Deutschland häuslich eingerichtet –
# Stille Integration und Vorzeigeausländer

»Es sind Kämpen aller Fraktionen, die ein erfolgreicher Spätdeutscher mißvergnüglich stimmt. Sie alle eint die Angst vor der geringsten Abweichung. Das Werk, die Kunst, der Fleiß, der lange Atem – das sind in den Augen der Skeptiker nur unwesentliche Momente. Das aufgestiegene, halbwegs begabte fremde Kind muss Hohn und Häme ertragen lernen. Doch was heißt eigentlich Erfolg? Aufnahme in Kreise maßgebender Leute? Kurzzeitige Sensation? Respekt? […] Man sollte sich nicht kirre machen lassen vom herrschenden Mittelmaß. Am Ende, vielleicht allzu spät, entscheidet die Qualität. Nicht untergehen und sichtbar bleiben, ist Erfolg genug.« (Zaimoğlu 2014: 79)

Erfolg macht verdächtig, so der Schriftsteller Feridun Zaimoğlu, umso mehr bei Einwanderern, die er »Spätdeutsche« nennt. Sie werden von niemandem gemocht, stellt er fest. Werden deshalb Aufstiege und Erfolge von Einwanderern und ihren Nachkommen kaum thematisiert? Während Misserfolge und Schwierigkeiten das sozial Erwartete zu sein scheinen, werden vollzogene Integrationsprozesse, etwa in sprachlicher Hinsicht, häufig nicht für »normal« gehalten, sondern als etwas Besonderes klassifiziert – als Ausnahme.

»Sie können aber gut deutsch!« So ist der Titel des Buches der russisch-stämmigen Journalistin Lena Gorelik (2012). In ihm zitiert sie die Standardreaktion vieler ihrer Gesprächspartner. Gorelik verspürt ein wachsendes Unbehagen bei derartigen Kommentaren zu ihrer Sprachkompetenz. Je länger sie in Deutschland lebt, desto weniger kann sie sich über dieses Kompliment freuen. Der Sprecher seinerseits signalisiert mit diesem Lob seine Überraschung – erkennbar an dem Einschub »aber« – und ist bester Absicht, Gorelik eine Freude zu machen. Diese wiederum fühlt sich in einer Art und Weise bewertet, die ihr unangenehm ist. Dass die Bewertung positiv ist, macht es nicht besser: Denn loben kann nur jemand, der in der sozialen Hierarchie höher steht und dem ein Urteil zusteht.

Die Neuen Deutschen wollen aber nicht immer bewertet werden: »Ich bin […] kein Held. Ich habe einfach Deutsch gelernt, als ich nach Deutschland kam, und spreche und schreibe diese Sprache nun schon seit so vielen Jahren, dass ich mir die Frage nach dem Lernprozess nicht stelle, weil dieses Können für mich so selbstverständlich ist. Für die, die mir diese Fragen stellen, offensichtlich nicht. Ebenso wenig möchte ich die Frage beantworten, ob ich mich nun als Russin oder als Deutsche fühle« (ebd.: 103). Das Unbehagen entsteht dadurch, dass das Kompliment bewusst oder unbewusst eine Distanz ausdrückt, nach dem Motto: »Das hätte ich nicht gedacht, dass jemand, der aussieht oder heißt wie Sie, so gut deutsch spricht!«[61]

Offensichtlich handelt es sich um einen Bruch mit den Erwartungen, wonach es Einheimische sind, die in der Hierarchie oben stehen, und Ausländer und Einwanderer, die in der Hierarchie unten stehen. Dabei stehen die früheren Einwanderer oder ihre Nachkommen in der Hierarchie nun auch oben und bestimmen über die Verhältnisse mit: Sie verhalten sich wie Einheimische.

### Einheimischsein

Was sind, generell gesprochen, überhaupt »Einheimische«? Laut *Duden-Bedeutungswörterbuch* (Duden-Redaktion 2010) bedeutet Einheimischsein, mit den Verhältnissen in einem Land, an einem Ort, vertraut zu sein.[62] Manche der Alt- bzw. Längeransässigen haben das Gefühl, nicht mehr hinterher zu kommen, nicht mehr mit den Verhältnissen vertraut zu sein, wenn sie in ihren Heimatstädten unterwegs sind. Geht man durch innerstädtische Viertel, so hört man Deutsch und viele andere Sprachen. Als Alte Deutsche kennt oder erkennt man manche, andere nicht: Türkisch, Italienisch, Polnisch oder Russisch mag man erkennen, Ukrainisch, Bulgarisch oder Arabisch möglicherweise nicht. Man gewinnt einen Eindruck, ob die Menschen freundlich oder unfreundlich miteinander sprechen – wobei dieser Eindruck auch trügerisch sein und man den eigenen Sprechgewohnheiten aufsitzen kann. Man ahnt, um was es gehen könnte, aber wirklich wissen tut man es nicht. Das ist wohl gemeint, wenn Menschen sagen, sie fühlen sich in ihrem Land nicht mehr zuhause, sondern wie im Ausland, wo man viele Zeichen und Eindrücke nicht zu deuten weiß.

*Abb. 4: Gartenzwerge*

*Quelle: Thomas Plaßmann, 5.10.2010, Frankfurter Rundschau*

Die Verunsicherung wächst, wenn man bemerkt, dass diese Menschen, die zwischen Arabisch und Deutsch hin und her wechseln, offensichtlich nicht auf Durchreise sind, sondern sich in Landau oder Leipzig ganz selbstverständlich bewegen – kurz gesagt: dort ebenfalls zuhause sind. Das heißt, es gibt Menschen, die nicht ausschließlich Deutsch sprechen, und trotzdem auch Einheimische sind.[63] Manche haben vielleicht etwas andere Gartenzwerge in ihrem Vorgarten, nämlich einen mit Dönerspieß und einen im Gebet, wie die Karikatur zeigt – was der altdeutsche Nachbar aber wohl übertrieben findet. Weitgehend unbeachtet, sind viele Einwanderer in den letzten Jahrzehnten hier heimisch geworden und richten ihr Leben auf Deutschland aus: Sie bauen Häuser und neue berufliche Existenzen auf, gründen Familien oder gehen Partnerschaften ein, eröffnen Firmen und Schulen, treten in Vereine ein oder gründen selbst welche. Die Zeiten, wonach Einwanderer ökonomisch und sozial die Verlierer sind, sind nicht vorbei, aber die Aufholprozesse haben längst eingesetzt. Es ist kein Automatismus mehr, dass die Neuen Deutschen sich mit den alten Jobs begnügen. Gegenwärtig zeichnet sich ab, dass für die 3-D-Jobs neben alten und neuen Deutschen wiederum neue, un- oder dequalifizierte Einwanderer, Wanderarbeiter oder irreguläre Migranten gefunden werden (Jaeger 2015).

### *Zwei von fünf jungen Menschen mit Migrationshintergrund haben Abitur*[64] – Bildungsaufstiege

*[handwritten: Wer's glaubt! (!)]*

Zahlreiche Studien aus den letzten fünfzehn Jahren belegen, in welch starkem Maße es auch und gerade bei den Einwandererfamilien Bildungsaspirationen und Aufstiegsorientierungen gibt (Badawia 2002; El-Mafaalani 2012; Hummrich 2008; Schmitz 2013). Der Aufstiegswille zeigt sich schon in ganz alltäglichen Zusammenhängen, wie die Studie der Soziologin Eva Barlösius (2014) über »dickere Jugendliche«, wie sie sich selbst nennen, illustriert. Für die Jugendlichen mit und ohne Migrationshintergrund aus benachteiligten Milieus, die in der Studie befragt wurden, ist ihr Aufstiegswunsch eng mit der Annäherung an die gesellschaftliche Norm, »dünn« zu sein, verbunden. Insbesondere die türkischen Mädchen berichten über den Druck, den ihre Eltern, insbesondere die Väter, auf sie bezüglich ihres Essverhaltens ausüben: »Typische Maßregelungen sind: ›Iss das nicht oder

iss das nicht, du wirst dick‹, ›Oh, bist du immer noch nicht satt‹.«
(Ebd.: 113)

Für Jugendliche, deren Eltern einen niedrigen oder prekären sozialen Status haben, laufen Aufstiegsprozesse nicht spannungsfrei ab, was für altdeutsche und neudeutsche Familien gleichermaßen gilt. Diesen klassischen Befund bestätigt die Studie *BildungsaufsteigerInnen aus benachteiligten Milieus* des Sozialwissenschaftlers Aladin El-Mafaalani (2012). Er stellt aber trotzdem bei Jugendlichen mit türkischem Migrationshintergrund eine spezifischen Mechanismus fest: »Die Türkeistämmigen nehmen eine Sphärendifferenz bzw. *Innen-Außen-Differenz* wahr, also unterschiedliche Modi der Sozialität, die die Sphären trennen. Die innere Sphäre (Familie, Verwandtschaft, Community) ist geprägt durch traditionelle Formen der Sozialität (Moral, Respekt, Autorität, Kollektivität), während die äußere Sphäre durch Individualität und Offenheit charakterisiert und als Einheit wahrgenommen wird. Zudem konnte festgestellt werden, dass die türkischen Familien sehr hohe Bildungsaspirationen haben, also sich akademische Bildungsabschlüsse für ihre Kinder wünschen, aber zugleich keine bildungsrelevanten Unterstützungsleistungen anbieten können, insbesondere vor dem Hintergrund einer auffälligen Uninformiertheit bezüglich des deutschen Schulsystems. Die Eltern erwarten zum einen *Loyalität* gegenüber den traditionellen Werten der inneren Sphäre und zum anderen schulischen und beruflichen *Erfolg* in der äußeren Sphäre. Diese beiden zentralen und teilweise widersprüchlichen Erwartungen spielen in den biografischen Erzählungen eine tragende Rolle.« (Ebd.: 282; Hervorh. im Original)

Der folgende Blick in die Statistiken zeigt ein uneinheitliches Bild, was weniger an der Frage des Bildungsaufstiegs, sondern an den zugrunde gelegten Untersuchungseinheiten und Definitionen der Institutionen liegt, die die Daten erheben. Während die einen Ausländer – also Nicht-Deutsche – erfassen, geht es bei anderen um im Ausland geborene erwerbstätige Personen. Die Kategorie, die den weitesten Radius schlägt, ist die Kategorie des »Migrationshintergrunds« (vgl. Kapitel »Begriffsklärungen«).

Betrachtet man die Bildungsabschlüsse der Gruppe der 25- bis 35-Jährigen, so haben laut Mikrozensus 46 Prozent der Personen in dieser Altersgruppe *ohne Migrationshintergrund* Abitur oder Fachabitur. Bei den Personen *mit Migrationshintergrund* sind es 40 Prozent. Diese und andere Daten zeigen eine Annäherung bezüglich der Teilhabe an höherer Bildung. Diese kommt auch durch die vergleichsweise hohen Qualifikationen und höheren Anteile akademischer Migranten bei der aktuellen Zuwanderung zustande.

2013 sind bei den im Ausland geborenen Einwanderern im OECD-Durchschnitt 13 Prozent und in Deutschland 8 Prozent arbeitslos. Die Beschäftigungsquote dieser Gruppe liegt in der OECD bei 64 Prozent und in Deutschland bei 68 Prozent. Im Anschluss an den 7. »Integrationsgipfel« der Bundesregierung am 1.12.2014 wurde konstatiert: »Auf der einen Seite haben in Deutschland vor allem Jugendliche aus den schon längere Zeit hier lebenden Einwandererfamilien nach wie vor erheblich schlechtere Voraussetzungen, um auf dem Arbeitsmarkt erfolgreich zu sein. […] So bleiben unter den jungen Menschen mit Migrationshintergrund nach wie vor 30 Prozent eines Jahrgangs ohne Berufsabschluss, dreimal so viel wie junge Deutsche. Zugleich weist die Statistik der Bundesanstalt für Arbeit aus, dass die Arbeitslosenquote unter den hier lebenden Ausländern mit 13,7 % gut doppelt so hoch ist wie im Gesamtdurchschnitt. Auf der anderen Seite steigt aber unter den neuen Einwanderern seit einigen Jahren der Anteil derer deutlich an, die auf dem Arbeitsmarkt zügig Fuß fassen, wie die Daten der OECD zeigen […] Bezogen auf alle hier lebenden Menschen im Erwerbsalter, die im Ausland geboren wurden, hat sich der Anteil der Beschäftigten binnen zehn Jahren von 56 auf 68% erhöht.« (*Frankfurter Allgemeine Zeitung*, 2.12.2014)

Personen mit ausländischen Wurzeln sind nach wie vor nicht gleichgestellt, aber ihre Integration in den Arbeitsmarkt hat sich insgesamt verbessert. Die Neueinwanderer aus Spanien, Griechenland oder Bulgarien haben oft höhere Bildungsabschlüsse als die einheimischen Vergleichsgruppen. Für die Chancen auf dem Arbeitsmarkt muss es nicht zwingend ein Nachteil sein, als »Seiteneinsteiger« einzureisen bzw. die Bildungslaufbahn im Herkunftsland durchlaufen bzw. abgeschlossen zu haben.[65]

Bei aller Aufmerksamkeit für die gut oder sehr gut qualifizierten neuen Einwanderer, mit denen man den Arbeitskräftemangel zu beheben hofft, werden die alten Einwanderergruppen gerne vergessen. Unter ihnen fallen quantitativ diejenigen ins Gewicht, die einfach in der Mitte (angekommen) sind und meist keine weiteren Schlagzeilen machen. Dass man von ihnen kaum etwas hört und weiß, ist in einem Land, wo so viel Wert auf Integration von Einwanderern gelegt wird, irritierend. Offensichtlich wollen wir mehr über vermeintliche oder tatsächliche Nicht-Integration als über Integration wissen. Das Normale ist nicht aufregend.

Wenn von den hier geborenen Jugendlichen und Erwachsenen aus Einwandererfamilien 5,3 Prozent keinen Schulabschluss haben, bedeutet dies umgekehrt, dass 94,7 Prozent einen Schulabschluss *haben*. Sie machen eine Lehre als Einzelhandelskaufmann, werden Arzthelferin oder studieren. Diese »Bildungserfolgreichen« haben zum Teil gegen große Widerstände und wider die Erwartungen ihres altdeutschen Umfeldes ihren Abschluss gemacht. Einer vergleichenden Studie zum Bildungserfolg von jungen Erwachsenen zufolge äußern sich in Frankreich die weniger Erfolgreichen besonders kritisch, während in Deutschland gerade die schulisch Erfolgreichen für ethnische Diskriminierung empfindlicher zu sein scheinen – aber auch Ehrgeiz entwickeln: »›Ich muss halt immer noch so ein bisschen gegen die Vorurteile kämpfen. Ich sage mal so, ich starte im schlechteren Minusbereich, wo alle im neutralen Dreierbereich erst mal anfangen, fange ich so schon im Vierer-, Fünferbereich an. Muss mich halt so hocharbeiten. Aber – habe mich jetzt daran gewöhnt. Das wird schon‹.« (Keller/Tucci 2014: 21)

Von besonderem Interesse, was Bildungserfolge und -misserfolge angeht, sind die Aussiedler und Spätaussiedler, die häufig in einer Gruppe zusammengefasst werden, obgleich sie in sich heterogen sind. Aussiedler sind ein deutsches Spezifikum, deren bis ins 18. Jahrhundert zurückreichende Geschichte vielen Menschen in Deutschland nicht bekannt ist (vgl. näher Treibel 2011: 32–39). Nach Art. 116 Grundgesetz gelten »Aussiedler« als deutsche Staatsangehörige. Nach dem Bundesvertriebenengesetz sind sie »deutsche Volkszugehörige«, die als »Deutsche unter Deutschen« leben wollen. Das betrifft deutsche Volkszugehörige wie die Siebenbürger Sachsen oder Banater Schwaben aus Rumänien. Als »Spätaussiedler« bezeichnet man diejenigen, die nach 1992 nach Deutschland eingereist sind; sie sind mehrheitlich Russlanddeutsche (Tröster 2013; Haug 2013b: 599).[66] (Spät-) Aussiedler nehmen *insgesamt* eine mittlere Position im sozialen Gefüge Deutschlands ein. Unter den Nachkommen der Aussiedler fallen besonders die jungen Frauen durch eine starke Bildungsorientierung auf.

Eine weitere Gruppe, die in der Mittellage stark vertreten ist, sind die polnischstämmigen Einwanderer. Ihre Integrationsprozesse gelten als so unauffällig und unspektakulär, dass die polnisch-stämmige Kulturwissenschaftlerin Thea Boldt (2012) für sie als Ergebnis ihrer Studie zu polnischen Einwanderern in Deutschland die Bezeichnung »stille Integration« gewählt hat – was nicht heißt, dass die von ihr befragten Personen diese Prozesse ohne Krisen erleben.

Den wahrgenommenen Erfolg zeigt – fast schon wie in einem Resümee – die Studie zur sozialen Situation der Aussiedler und Spätaussiedler, die Susanne Worbs u.a. (2013) für das Bundesamt für Migration und Flüchtlinge durchgeführt haben. Um diese Gruppe ist es nach einer Phase hoher öffentlicher Aufmerksamkeit ruhiger geworden, sie gilt als integriert und unauffällig, sodass sich sogar ein Ende (!) der Forschung zu (Spät-)Aussiedlern abzeichnet: »Verliefen die Integrationsprozesse bis etwa Mitte der 1990er Jahre weitgehend ›geräuschlos‹, so kam es danach etwa ein Jahrzehnt lang zu verstärkten Problemen bzw. Problemwahrnehmungen, unter anderem im Bereich der Kriminalität. Dies hing mit Umfang und Zusammensetzung der zugewanderten Bevölkerung, aber auch mit verringerten staatlichen Unterstützungsleistungen zusammen. Seit etwa 2006 ist es zu einer deutlichen Abnahme der Zuwanderungszahlen und zu einer Beruhigung im Integrationsgeschehen bei (Spät-)Aussiedlern gekommen.

*Gerade die ›Unauffälligkeit‹ dieser Gruppe spricht für ihren Integrations-*
*erfolg* […] Charakteristisch ist, […] dass diese eine ›Mittelposition‹
zwischen den Deutschen ohne Migrationshintergrund und sonstigen
Migrantengruppen einnehmen. In den letzten Jahren hat sich einerseits die Datenlage verbessert […] Andererseits finden offenbar in der
empirischen Sozialforschung kaum noch Primärerhebungen zu dieser
Gruppe statt.« (Worbs u.a. 2013: 201; Hervorh. A.T.)

Demgegenüber betonen Haci-Halil Uslucan und Heinz Ulrich
Brinkmann (2013) in ihrem Überblick zur Integrationsbilanz unterschiedlicher Einwanderergruppen gerade die Heterogenität der meist
gemeinsam betrachteten Aussiedler und Spätaussiedler. In Widerspruch zur üblichen Homogenisierung betonen sie, dass die »inhalt-
liche Trennung von (Alt-)AussiedlerInnen und SpätaussiedlerInnen
[…] unumgänglich« (ebd.: 20) sei, was sie mit den »massiven Integra-
tionsproblemen« (ebd.) bei den Spätaussiedlern begründen (vgl. auch
Dietz 2012). Ich sehe nicht, dass sich diese Begrifflichkeit durchsetzen
wird, aber offensichtlich ist eine Beendigung von Primärerhebungen
nicht angezeigt.

So ist bemerkenswert, dass (Spät-)Aussiedler sich in bestimmten
Merkmalen von der Gesamtbevölkerung unterscheiden. Für sie ist
beispielsweise ein eher traditioneller Lebensstil charakteristisch. So
wird festgestellt, »dass (Spät-)Aussiedler beiderlei Geschlechts über-
durchschnittlich häufig verheiratet sind (63% bei den Männern und
58% bei den Frauen; in der Gesamtbevölkerung liegen diese Werte bei 47% bzw. 45%)« (Bund u.a. 2014: 352). Bei der Partnerwahl
sind (Spät-)Aussiedler zu 75 Prozent an der eigenen Gruppe orien-
tiert, was in der Fachsprache als »innerethnische Homogamie« bezeichnet wird (Worbs u.a. 2013: 134; Kröhnert/Woellert 2013; vgl.
jedoch Tröster 2013: 80).

In der klassischen Migrationsforschung gilt eine solche Partnerwahl mit Blick auf die Aufnahmegesellschaft als integrationshin-
derlich (Oswald 2007; Treibel 2011). Allerdings sieht man heute die
Homogamie etwas entspannter: Was man unter der Redewendung
»gleich und gleich gesellt sich gern« versteht, ist nichts anderes als die

soziologisch bestätigte Einsicht, dass man sich in einer engen Beziehung mit hoher Wahrscheinlich mit jemandem zusammentut, der einem nach Herkunft, Bildung, Status und eben auch Migrationsgeschichte ähnlich ist (vgl. hierzu anschaulich Berking 2010). Gleichwohl ist die starke Orientierung an der eigenen Gruppe bei den (Spät-)Aussiedlern mit einem Anteil von 75 Prozent sehr auffallend. Die dadurch eingeschränkte soziale Integration scheint die Identifikation mit Deutschland und die Zufriedenheit mit dem Leben hier nicht zu beeinträchtigen.

In den letzten Jahren hat sich in der öffentlichen wie in der gruppeninternen Wahrnehmung so etwas wie eine Konkurrenz zwischen türkeistämmigen und russlanddeutschen Einwanderern und ihren Nachkommen entwickelt (Worbs u.a. 2013: 202). Dies hat auch damit zu tun, dass sich beide Gruppen gesellschaftlich unterschiedlich akzeptiert sehen. Während türkeistämmige Einwanderer zu 13 Prozent über Benachteiligungen berichten, ist dies bei den (Spät-)Aussiedlern nur zu 2 Prozent der Fall (Tucci 2013: 203). Allerdings stehen diese Befunde in auffallendem Kontrast zu öffentlichen Debatten und Wahrnehmungen von Russlanddeutschen, die sich nach wie vor als »Russen« angesprochen und wahrgenommen fühlen. Möglicherweise gibt es eine Tendenz, diese Diskriminierungen »niedrig zu hängen« (Boschmann 2012). Unklar bleibt, inwiefern Kampagnen wie »Aussiedler sind keine Ausländer«, die in Reaktion auf die Aussiedlerfeindlichkeit in den 1990er Jahren gestartet worden waren (Bade 2007: 33),[67] Wirkung zeigten.

Das »Integrationsbarometer«, eine repräsentative Studie des »Sachverständigenrates deutscher Stiftungen für Integration und Migration« zum Integrationsklima in Deutschland, bei der seit 2010 Einwanderer, Ausländer und Deutsche mit und ohne Migrationshintergrund befragt werden, kommt für das Jahr 2014 zu folgender Einschätzung: »Im Schnitt schätzen Spät-/Aussiedler, EU27-Zuwanderer und Befragte aus dem ›übrigen Europa‹ wie auch aus der ›übrigen Welt‹ (Afrika, Asien, Australien und Amerika) das Integrationsklima optimistischer ein als Personen ohne Migrationshintergrund sowie Befragte mit dem Herkunftsland Türkei« (SVR 2014a). Sorgen um Ausländerfeindlichkeit generell machen sich sogar 37 Prozent der Personen türkischer Herkunft (Tucci 2013: 203).

## Türkeistämmige Mittelschicht[68]

Die von außen als einheitlich betrachtete Gruppe der Türkeistämmigen hat sich längst ausdifferenziert – nicht nach dem Migrationshintergrund, sondern nach der sozialen Lage. Die Mittelschicht geht auf Distanz zu ärmeren »Landsleuten« und Unterschichtsangehörigen, wie die Soziologin Ceren Türkmen für Berlin konstatiert. Man zeigt ganz klassisch seinen sozialen Aufstieg durch einen Wohnortwechsel: »Eine neu entstandene migrantische Mittelschicht hat schon lange die Kieze verlassen, ist in den 90ern schon an die Stadtränder, wie etwa zum ›Türkenpfuhl‹ [offizieller Name; A.T.] nach Berlin Mariendorf in Eigenheime gezogen. Die wollen ihre Kinder nicht im Kiez und vor allem in Schulen im Kiez sehen. Ähnliches gilt übrigens für die ›multikulturellen‹ prekären-kreativen Anwohner_innen etwa im hippen Berliner Stadtbezirken wie ›Kreuzkölln‹. Sie wohnen zwar dort, bringen ihre Kinder aber an weiter entfernte gute Schulen ohne subalterne Kids. […] Migrant_innen können in Deutschland aufsteigen. Sie ziehen etwa in Luxuswohnungen wie die Carlofts in der Kreuzberger Reichenbergstraße. Es entsteht eine ›migrantisch bürgerliche Zwischenschicht‹. Die große migrantische arme Masse muss allerdings ebenso draußen bleiben.« (Türkmen 2014)

Ein Mittelschichtsphänomen der jüngeren Zeit ist die sogenannte »Gülen-Bewegung«, deren Changieren zwischen Islamismus und westlichen Werten aufmerksam beobachtet wird, aber schwer einzuschätzen ist (Seufert 2014).[69] Der Begründer und Namensgeber dieser Bewegung ist der türkisch-islamistische Prediger Fethullah Gülen, der als politischer Gegenspieler des türkischen Präsidenten Erdoğan gilt und derzeit in den USA lebt. In ihnen sind bildungs- und aufstiegsorientierte Einwanderer mit türkischen Wurzeln engagiert, die nun ihr »eigenes Ding« machen, indem sie etwa eigene Schulen gründen. Die Gülen-Bewegung ist weltweit in Sachen Bildung mit eigenen Schulen und Nachhilfeinstituten unterwegs und ist für Politiker und Behörden, die etwa über Schulgründungen entscheiden sollen, nicht einfach zu beurteilen.

Die Widerstände, mit denen sich türkeistämmige Familien konfrontiert sehen, hat die Gründung solcher privater türkischer Gymnasien begünstigt. »Hinter den Privatschulen steht eine Bevölkerungsschicht, die nur selten für Schlagzeilen sorgt: die gut integrierte türkische Mittelschicht […] Das Kölner ›Privatgymnasium Dialog‹ erhielt im April sogar eine ›Europamedaille‹ als ›Schule der Zukunft‹, die Europäische Volkspartei lobte sie als ›beispielhaft für einen guten interkulturellen Dialog‹. Und dennoch gibt es auch hier Streit. Der Trägerverein will einen Neubau für über 700 Schüler errichten, doch die zuständigen Kommunalpolitiker sperren sich. ›Wir brauchen hier so was nicht‹, sagt Bezirksbürgermeister Norbert Fuchs (SPD), ›wir haben genug öffentliche Schulen.‹ Gemeint sind jene Schulen, denen die türkische Mittelschicht ihre Kinder nicht mehr anvertrauen will – stattdessen werden lieber 5000 Euro im Jahr für einen Platz am deutsch-türkischen Internat Eringerfeld im ostwestfälischen Geseke gezahlt. Turan Devrim, der Vorsitzende des Trägervereins, preist seine Einrichtung, idyllisch neben einem altehrwürdigen Schloss gelegen, als diskriminierungsfreies Biotop. ›Unsere Kinder sind so oft Opfer gewesen, hier bei uns können sie endlich geschützt und behütet aufwachsen‹, sagt er.« (Jacobsen/Wenierski 2008)

Für eine abschließende Einschätzung der Gülen-Bewegung ist es derzeit noch zu früh. Unter einer analytischen Perspektive möchte ich auf drei Aspekte hinweisen: Erstens decken die Bildungseinrichtungen in Trägerschaft der Gülen-Bewegung offensichtlich einen Bedarf, dem die öffentlichen Schulen nicht nachkommen können oder wollen. Zweitens scheint es hier für die türkeistämmige Mittelschicht eine Möglichkeit zu geben, Traditions- und Erfolgsorientierung gleichermaßen zu verwirklichen. Laut einer neueren Studie (Geier/Frank 2015) ist die Gülen-Bewegung für ihre Anhänger mit »Autonomie-Potentialen« (ebd). verbunden. Drittens stimmt jedoch skeptisch, dass sich mit der Gülen-Bewegung ein Konflikt der türkischen Gesellschaft in den Einwanderungskontext zu verlagern scheint. Es hat den Anschein, als würden sowohl Erdoğans AKP als auch die Gülen-Bewegung »Satelliten« in Einwanderungsländern mit großen türkischen Einwandererpopulationen – und damit lohnenden Märkten – installieren. Insofern hat die Entwicklung in der Türkei Auswirkungen auf die Migrantenselbstorganisationen in Deutschland, die sich insgesamt jedoch stärker an Deutschland und weniger an der Türkei orientieren.

Zur türkischstämmigen Mittelschicht sind weiterhin durchaus auch die Selbständigen zu zählen, die keineswegs nur Inhaber der bekannten Dönerbuden sind. Bislang wurde davon ausgegangen, dass gering qualifizierte Einwanderer sich in die Selbständigkeit flüchten und dort in den klassischen Gemüseläden, Reisebüros oder Änderungsschneidereien eine nicht weniger prekäre Beschäftigung ausüben. Heute gibt es wesentlich mehr Selbständige, und sie sind in ganz unterschiedlichen Bereichen tätig. Die Autoren einer neueren Studie konstatieren, »dass sich Anfang der 1990er Jahre die Zahl selbständiger Migrantinnen und Migranten annähernd verdreifacht hat und mittlerweile eine drei viertel Million beträgt, weshalb jede sechste unternehmerisch aktive Person in Deutschland ausländische Wurzeln besitzt.« (Leicht/ Langhauser 2014: 7). Leicht und Langhauser betonen die »Integrität migrantischer Selbständigkeit« (ebd.) und das erweiterte Spektrum der Tätigkeiten: Zum Gemüsegeschäft seien Computerfirmen und transnational agierende Firmen hinzugekommen.

Insgesamt stellt sich das Bild der sogenannten »ethnischen Ökonomie« widersprüchlich dar (Hillmann 2011; Hillmann/Sommer 2011): Die Verdreifachung der Zahl von Einwanderern und ihren Nachkommen, die sich selbständig gemacht haben, kann auch ein Indiz für die Berechtigung der ursprünglichen These sein, wonach mangelnde Integration in den ersten Arbeitsmarkt die ethnischen Nischenexistenzen begünstigt. Ethnische Ökonomie kann also eine Anpassungsschleuse, aber auch eine Sackgasse sein.

## Fazit

Filialleiterinnen im Einzelhandel mit marokkanischen Wurzeln, türkeistämmige Kommissare, Abteilungsleiter mit polnischem Migrationshintergrund, iranische Chefärztinnen – Aufstiegsprozesse von Neuen Deutschen werden in der Öffentlichkeit kaum verhandelt. Und wenn doch, dann werden sie als ungewöhnlich und unwahrscheinlich charakterisiert, als »Ausnahmemigranten«.

Die anfangs dieses Kapitels zitierte Lena Gorelik sieht sich selbst immer wieder in die Vorzeigerolle gedrängt und findet dies problematisch, da nicht realitätsgerecht: »Man steht oder sitzt als Vorzeigeausländer da und lässt sich für etwas beklatschen, was so beklatschenswert nicht ist, weil es normal ist. Es fällt uns nur meistens gar nicht auf, eben deshalb, weil so viele mit Migrationshintergrund gut Deutsch sprechen, so gut, dass wir nie auf die Idee kämen, sie dazu zu beglückwünschen, weil uns ihr Migrationshintergrund – außer bei manchen vielleicht wegen des Aussehens, aber da wagt man ja nicht nachzufragen – gar nicht auffallen würde. Unser Alltag ist voller solcher Menschen, wir sitzen neben ihnen im Bus, wir stehen hinter ihnen in der Supermarktschlange, wir lassen uns von ihnen beim Einkaufen (nicht nur von Gemüse, sondern auch von Büchern) beraten, wir begegnen ihnen jeden Tag und nehmen sie noch nicht einmal richtig wahr, und das ist gut so. […] Und weil das so ist, ist mir nicht klar, wozu wir dann all die anderen brauchen, die wir in Fernsehstudios oder auf Podien setzen, mit denen wir angeben, die wir vorstellen und vorführen, wie in einem Zoo oder einem Zirkus eben, im Migrantenzirkus. Schauen Sie mal, er oder sie hat das Unmögliche geschafft!« (Gorelik 2012: 99)

*Quelle: nelcartoons.de*

Gemessen an ihrem Anteil an der Bevölkerung sind Einwanderer und ihre Nachkommen in vielen Berufen immer noch unterrepräsentiert, zum Teil dramatisch. Für die Zukunft kann man davon ausgehen, dass es unter ihnen mehr Bildungserfolgreiche geben wird. Einen Eindruck dieser Situation, die durchaus widersprüchlich ist, gebe ich am Beispiel der Studierenden und Akademiker mit Migrationshintergrund im nächsten Kapitel. Die Widersprüche entstehen vor allem dadurch, dass viele Alte Deutsche auf akademische Einwanderer noch nicht eingestellt sind.

# 10.
## Ich kann eigentlich überall arbeiten –
## Akademiker mit Migrationshintergrund

»»Die sprechen's nicht direkt an aber du kriegst es an ihren Blicken und ihren Gefühlen, an ihrer Haltung zu spüren dass sie ein Problem haben. […] Einmal hat einer so'ne komische Bemerkung gemacht. Unser studierter Türke. So. Angeblich Spaß. Aber ich hab' das schon kapiert wie's gemeint war. Also mich kann er nicht verscheißern. Mein Vater wär vielleicht darauf reingefallen. Aber ich nicht. […] Da merkt man schon, dass die irgendein Problem haben. Die Leute kapieren nicht dass sich der Planet ständig verändert.«

(Becker 2010: 121)

Es gibt, wie ich dargestellt habe, gute Gründe, sich mit Bildungsmisserfolgen von Einwanderern und Unterschichtungsprozessen zu beschäftigen. Was aber geschieht auf der anderen Seite des sozialen Spektrums, bei den gut oder sehr gut Qualifizierten? Ich möchte hier der Einfachheit halber von Hochqualifizierten sprechen: Damit sind Personen mit akademischen Zertifikaten gemeint, also mit einem Hochschulabschluss. Hochqualifizierte sind also, etwas vereinfacht gesagt, mehrheitlich Akademiker. In der Forschung gibt es für die in sich heterogene Gruppe noch weitere Begriffe wie »Elitemigranten« oder »Expertenmigranten«, auf die ich hier nicht näher eingehen kann (vgl. auch das Kapitel » Begriffsklärungen«). Alleine für die Studierenden gibt es schon zwei grundsätzliche Unterscheidungen: Bildungsausländer und Bildungsinländer.

### Bildungsausländer und Bildungsinländer

Beim ersten Typus handelt es sich um die sogenannten Bildungs*ausländer*. Das sind Ausländer ohne deutsche Hochschulzugangsberechtigung, also diejenigen, die ihren akademischen oder beruflichen Abschluss im Ausland gemacht haben. Sie halten sich in Deutschland auf, um eine Ausbildung zu machen oder um zu studieren. An vielen Hochschulen sind die Bildungsausländer zu großen Anteilen vertreten, insbesondere an Musik- und Kunsthochschulen, in den Ingenieur- und Naturwissenschaften, in der Informatik und der Betriebswirtschaftslehre. Deutschland ist weltweit eines der attraktivsten Länder für ausländische Studierende. In einer repräsentativen Studie wurden die Absolventen aus sogenannten Drittstaaten (also Nicht-EU-Ausländer) befragt: 56 Prozent von ihnen bleiben nach ihrem Abschluss in Deutschland und werden dann möglicherweise zu Einwanderern (Hanganu/Heß 2015).

Beim zweiten Typus geht es um die sogenannten Bildungs*inländer*. Das sind diejenigen, die ihre Hochschulzugangsberechtigung an einer Schule in Deutschland erworben haben. Um diese Gruppe geht es, wenn man sich für die Nachkommen der Einwanderer interessiert und sich fragt, welche Wege sie einschlagen. Im Jahr 2012 hatten nach der *20. Sozialerhebung des Deutschen Studentenwerks* 23 Prozent der Studierenden an deutschen Hochschulen, die in Deutschland ihre Studienberechtigung erworben haben, einen Migrationshintergrund (vgl. Bundesministerium für Bildung und Forschung 2013). Wiederum auf 100 Prozent aller Studierenden bezogen, kann man unter den Studierenden mit Migrationshintergrund die folgenden fünf Untergruppen unterscheiden:

- 4 Prozent sind Bildungsinländer (ausländische Staatsangehörigkeit mit deutscher Hochschulzugangsberechtigung)
- 3 Prozent sind eingebürgerte Studierende (ursprüngliche Staatsangehörigkeit zugunsten der deutschen aufgegeben)
- 2 Prozent haben eine doppelte (deutsch+) Staatsangehörigkeit
- 3 Prozent sind deutsche Studierende mit mindestens einem Elternteil mit ausländischer Staatsangehörigkeit
- 11 Prozent sind deutsche Studierende mit deutschen Eltern, die entweder selbst im Ausland geboren sind bzw. mindestens ein Elternteil im Ausland geboren ist (z.B. Spätaussiedler).

Auffällig ist die soziale Herkunft: Bei Studierenden ohne Migrationshintergrund kommen lediglich 5 Prozent aus sogenannten bildungsfernen Elternhäusern, während es bei den Studierenden mit Migrationshintergrund 21 Prozent sind (ebd.).[70] Dieser hohe Anteil zeigt noch einmal, dass der soziale Aufstieg über ein Studium erreicht werden soll. Wie viele dieser Studierenden, die oftmals als erste in ihrer Familie studieren, auch einen Studienabschluss erwerben, ist offen (Karakaşoğlu 2013: 143). Die »Kinder und Enkel der Gastarbeiter«, die – aus Arbeiter- und aus Einwandererfamilien kommend – häufig mehrere Hürden überwunden haben, können sich nicht ohne weiteres entspannt in Institutionen wie Universitäten oder Firmen bewegen.

## Einwanderer in Wissenschaft und Medien

Trotz des hohen Anteils von Bildungsausländern und Bildungsinländern an den Hochschulen müssen Studierende und Hochschulabsolventen mit Migrationshintergrund damit rechnen, ihre Herkunft kommentieren zu sollen oder ausgegrenzt zu werden, sei es aufgrund ihrer Hautfarbe oder ihres Namens. Eine schwarze Deutsche gibt in einer Studie zu Protokoll, dass sie weder als kompetent noch als einheimisch wahrgenommen wird: »Es gibt tägliche Interaktion, wo wohl Hierarchisierung da ist, es gibt, dass weiße Menschen sich kompetenter fühlen als ich, weil ich eine schwarze Frau bin, weil sie mich angucken, um eine schwarze Frau zu sehen, weil sie mich angucken, um Afrikaner zu sehen – diese Interaktionen gibt es jeden Tag. Die sind oft entschärft, wenn ich dann spreche. Diese Situationen habe ich jeden Tag, wenn meine Kompetenz in Frage gestellt wird, meine Zugehörigkeit in Frage gestellt wird, wo Leute lieber eine andere Person nach dem Weg fragen. Ich habe schon die Perspektive, dass es auf jeden Fall eine sehr konfliktreiche und schwierige Situation ist, als Migrantin als kompetente Person, professionelle Person, autonome

Person in Deutschland zu leben. Und Sichtbarkeit ist auch ein Problem.« (Bakshi-Hamm 2008: 70)[71]

Einwanderer, die kompetent und selbstbewusst in einem hochqualifizierten Feld arbeiten, stoßen auf Vorbehalte. Stärker als Nicht-Einwanderer lösen sie bei vielen ihrer Gegenüber Fragen aus und stehen unter besonderer Beobachtung – nicht anders als die Fußballstars mit Migrationshintergrund. Für die Betroffenen hat es den Anschein, als hätten ihre Gesprächspartner sich immer schon etwas zu ihnen überlegt. So berichtet eine türkeistämmige Sozialwissenschaftlerin, dass man sie automatisch für eine Expertin der Migrationsforschung hält: »›Ausländerin zu sein hieß immer, mit Migration irgendetwas machen zu müssen. Das wollte ich nicht, also ich wollte nicht in diese Schublade gesteckt werden und hab auch nie was mit Migration gemacht‹.« (Ebd.)

Den hohen Anteil an Wissenschaftlern mit ausländischen Wurzeln innerhalb der Migrationsforschung, der sich anhand der Namen auch im Literaturverzeichnis dieses Buches erkennen lässt, kann man aber auch positiv bewerten. Er zeigt erstens eine nachholende Entwicklung, denn über Jahrzehnte bewegte sich hier kaum etwas. Zweitens haben Sozialwissenschaftler mit Wurzeln in Bulgarien, Kasachstan, Chile oder der Türkei andere, direkt gesagt: bessere Zugänge zum Feld, wie man es in der Sozialforschung nennt. Sicherlich wäre es mir als »altdeutscher christlicher Wissenschaftlerin« nicht möglich gewesen, anstelle des »neudeutschen türkischstämmigen und muslimischen« Soziologen und Sozialpädagogen Rauf Ceylan eine Befragung in türkischen Moscheen und Cafés durchzuführen (Ceylan 2006).[72] Drittens kann man sich Stand und Entwicklung der heutigen Migrationsforschung ohne die Beiträge von Wissenschaftlern mit Migrationshintergrund nicht vorstellen.

Im Bereich der Medien zeigt sich ein widersprüchliches Bild: Einerseits gibt es etwa in den Zeitungsredaktionen bislang nur eine verschwindend geringe Zahl von 1,2 Prozent hauptamtliche Mitarbeiter mit Migrationshintergrund (Geißler/Weber-Menges 2013: 285) – von den Leitungsfunktionen, in denen im Übrigen auch Frauen mit oder ohne ausländische Wurzeln absolut unterrepräsentiert sind, ganz zu schweigen. Andererseits werden diese, anders als in den Sozialwissenschaften, nicht zwingend auf die Themenbereiche Migration und Integration festgelegt: »Die meisten bearbeiten lokale und regionale Themen, andere gehören den Ressort Politik, Wirtschaft, Kultur, Sport, Gesellschaft u.a. an. Es spricht für eine gute Integration in die Arbeit der deutschen Mainstreammedien, wenn die winzige Minderheit von Migranten in der Regel die normale Bandbreite der Themen bearbeitet und dabei ihre spezifischen Kenntnisse und Perspektiven einbringen kann. Auch wenn einige über Vorbehalte und mangelnde Anerkennung in ihren Redaktionen klagen, läßt das Gesamtbild folgende Einschätzung zu: Wer zu den wenigen gehört, die es geschafft haben, in einer Zeitungsredaktion Fuß zu fassen, ist dort in der Regel gut integriert.« (Ebd.: 287)

In der Wissenschaft wie auch bei den Zeitungsredaktionen zeigt sich ein durchgehendes Muster: Anders als ihre Kollegen ohne Migrationshintergrund kommen die Akademiker mit Migrationshintergrund selbst meist nicht aus akademischen Milieus, sondern stammen überproportional häufig aus Arbeiterfamilien (ebd.: 286). Dies zeigt den besonderen Ehrgeiz und eine Aufstiegsorientierung, die in der Öffentlichkeit wenig thematisiert wird.

Manche derjenigen, die es geschafft haben, bleiben jedoch nicht, sondern ziehen weiter. Sie verstehen auch die Bodenständigkeit und Sesshaftigkeit von altdeutschen Kolleginnen nicht (Bota u.a. 2012: 54).

### Lieber woanders arbeiten?!

In jüngerer Zeit wird verstärkt über das wachsende Interesse hochqualifizierter Deutsch-Türken berichtet, in die Türkei abzuwandern. Von einer Rückkehr, wie es oft genannt wird, kann man kaum sprechen, da es sich meistens um Personen handelt, die zur »Generation 1,5« oder zur zweiten Generation zählen.

Wenn deutsch-türkische Akademiker heute lieber im Ausland arbeiten als in Deutschland und sich ihren Arbeitsplatz überall auf der Welt vorstellen können, so ist dies für den global agierenden Kapitalismus wunderbar. Denn damit hat man die gut oder exzellent qualifizierte mobile Arbeitskraft, die überall eingesetzt werden kann. Blickt man auf Deutschland als spätes Einwanderungsland, ist es zumindest ambivalent. Hätte man vielleicht nicht doch etwas mehr um diese Personen werben sollen, bevor man jetzt Hochqualifizierte aus Spanien, Griechenland oder Tunesien anwirbt, die sozusagen wieder von vorne anfangen?

So einfach ist es wohl nicht. Auch wenn Deutschland mit den hochqualifizierten Nachkommen der Einwanderer souveräner umgehen würde, ist nicht sicher, dass diese bleiben würden. Der Politikwissenschaftler Yaşar Aydın (2013) hat in seiner Studie ›Transnational‹ statt ›nicht integriert‹: Die Abwanderung türkeistämmiger Hochqualifizierter aus Deutschland Interviews mit den Betroffenen geführt. Er betont, dass die Abwanderung dieser Gruppe Ausdruck einer Zugehörigkeit zu Deutschland *und* zur Türkei sei: »Diese Menschen sind keineswegs zwischen zwei Kulturen hin- und hergerissen. Das ist eine verkehrte Sichtweise, ein unterkomplexes Bild. Sicher gibt es auch Menschen, die Identitätsprobleme haben. Aber so kann man sie nicht beschreiben. Im Gegenteil, es sind Menschen, die sich ganz bewusst zu beiden Kulturen zugehörig fühlen. Sie sind keineswegs Opfer einer Bikulturalität, sondern fassen diese als Ressource auf und leben die Multikulturalität bewusst aus.« (Aydin 2014)[73]

Insofern ist diese Abwanderung eher ein Ausdruck von *Mobilität* von mehrsprachigen und bikulturell sozialisierten Menschen als von Desintegrierten, die sich nun mit wiederum neuen Schwierigkeiten in das Heimatland ihrer Eltern zu integrieren suchen. Diese Perspektive wird bestätigt durch einen Blick auf die jüngeren Gut- und Hochqualifizierten mit und ohne Migrationshintergrund. In einem Artikel zur sogenannten Generation Y, die sich im Beruf nicht mehr so verausgaben will, wird der Berater und Coach Ralf Overbeck zitiert: »›Viele junge Deutsche finden es zwar cool, in internationalen Unternehmen zu arbeiten, ihre Stelle soll aber bitte schön dauerhaft in München oder Berlin bleiben‹, sagt Overbeck. Die Generation Y mit Zuwanderungshintergrund denke dagegen wirklich international: ›sie ist deutlich mobiler.‹ Das beschränke sich nicht auf ein Interesse für das Geburtsland der Eltern. ›Die meisten sind offen dafür, auf der ganzen Welt zu arbeiten‹, sagt Overbeck.« (Bös 2013) Damit treten die Nachkommen der Einwanderer endgültig aus dem Schatten der Gastarbeiterzeit und in Konkurrenz zur jungen Generation unter den Altdeutschen.

## Migrationshintergrund:
## Last oder Ressource?

Im Einwanderungsland Deutschland geht es bei Einwanderern und ihren Nachkommen, wie in den letzten Kapiteln beschrieben, um Scheitern und Misserfolge, aber ebenso um Aufstiege und Erfolge. Diese Erfolge können sogar nicht trotz, sondern *wegen* des Migrationskontextes zustande kommen. Damit eignet sich der Migrationshintergrund als Machtressource: »Anders als es das Klischee will, sind Kinder von Migranten nicht verloren zwischen zwei Kulturen, sondern pflegen oftmals (und unabhängig von ihrer sozialen Statuszugehörigkeit) einen ›ethnisierten Individualismus‹.« (Soeffner/Zifonun 2005: 399; vgl. auch Badawia 2002)

Eine solche Haltung kennt man aus klassischen Einwanderungsländern (Treibel 2011: 195–198). Die ethnische Gruppe, also die Volkszugehörigkeit,[74] ist für die Nachkommen von Einwanderern dann nicht mehr existenziell, sondern eher symbolisch bedeutsam. Die Folgegenerationen der ursprünglich Eingewanderten identifizieren sich mit »symbolischen Resten« der Herkunftskulturen ihrer eingewanderten Vorfahren. Diese Symbole bekommen etwas Optionales. Ethnizität ist dann *eine* Facette der Identität und Selbstdarstellung von Personen – und nicht zwangsläufig die zentrale. Die Menschen in den heutigen komplexen Gesellschaften sind vieles gleichzeitig. Ihre multiplen Zugehörigkeiten, wie man es nennt, werden unterschiedlich aktiviert – von ihnen selbst und von außen betrachtet.[75]

Humorvoll konstatiert Amartya Sen (2007), der von außen gesehen primär als Ökonom und Nobelpreisträger angesehen wird: »Die Kategorien, denen wir gleichzeitig angehören, sind sehr zahlreich. Was mich betrifft, so kann man mich zur gleichen Zeit bezeichnen als Asiaten, Bürger Indiens, Bengalen mit bangladeshischen Vorfahren, Einwohner der Vereinigten Staaten oder Englands, Ökonomen, Dilettanten auf philosophischem Gebiet, Autor, Sanskritisten, entschiedenen Anhänger des Laizismus und der Demokratie, Mann, Feministen, Heterosexuellen, Verfechter der Rechte von Schwulen und Lesben, Menschen mit einem areligiösen Lebensstil und hinduistischer Vorgeschichte, Nicht-Bramahnen und Ungläubigen, was das Leben nach dem Tode (und, falls es jemanden interessiert, auch ein Leben ›vor der Geburt‹) angeht. […] Es kann, abhängig vom jeweiligen Kontext, sehr wichtig sein, jeder dieser Gruppen als Mitglied anzugehören.« (Ebd.: 33f.; vgl. auch Kermani 2009)

Betrachtet man den Migrationshintergrund einmal unter dieser Perspektive, dann ist er keine Problemkategorie mehr, sondern ein »Distinktionsmerkmal«, wie man es in der Soziologie nennt. In Verbindung mit einer guten Qualifikation kann der Migrationshintergrund dann im Vergleich der Bewerber den positiven Ausschlag geben. Gegenwärtig ist der Effekt häufig noch negativ: Es werden gerade die Personen mit ausländischen Wurzeln aus der engeren Wahl ausgeschlossen.

Für die Betroffenen kann eine Zuschreibung aufgrund des Migrationshintergrunds für lästig gehalten und zurückgewiesen werden. So verteidigt die Schauspielerin Aylin Tezel ihre individuelle Geschichte gegen die Etikettierung als Deutsch-Türkin: »Ich bin in Deutschland geboren und aufgewachsen, aber die Leute fragen immer wieder nach meiner türkischen Seite, weil mein Vater aus der Türkei stammt. Aber was weiß ich, was an mir türkisch oder deutsch ist? In solchen Schablonen kann ich nicht denken, fragt lieber nach meiner menschlichen Seite. Zu Beginn meiner Karriere freuten sich die Casting-Direktoren, dass sie endlich noch jemanden hatten, den sie als Türkin besetzen konnten. Dann kam die erste Enttäuschung, weil ich gar kein Türkisch kann und doch eher französisch aussehe. Aber das hat sich schnell relativiert, ich werde jetzt europäisch besetzt. Ich spiele eine ›Tatort‹-Kommissarin, Aschenputtel, eine Frau, die ihr Baby verliert, oder eine etwas verrückte, aber liebenswerte Friseurin, die sich in ihren schwulen Kollegen verliebt, wie in der Komödie ›Coming in‹ […] Außerdem arbeite ich auch als Tanzpädagogin und Choreografin. Das ist schon eine ziemlich große Bandbreite.«[76]

Die Erläuterungen von Tezel zeigen, dass die Spielräume von Menschen mit Migrationshintergrund keineswegs so begrenzt sind, wie die öffentlichen Debatten über Integrationsprobleme, die für diese Gruppe charakteristisch seien, es nahelegen. Ganz im Gegenteil: Eine beträchtliche Anzahl kommt so gut oder so schlecht klar, wie es für Menschen ohne ausländische Wurzeln ebenfalls gilt. Ob und inwiefern der Migrationshintergrund von außen oder von innen angezapft wird, ist sehr unterschiedlich.

Aus Sicht vieler Alten Deutschen ist es schwierig, sich den Migrationshintergrund oder die ethnische Zugehörigkeit als mögliche Machtressource vorzustellen, da man gelernt hat, das »Russe-Sein« oder »Libanesin-Sein« mit Ausgrenzung und Mangelsituationen gleichzusetzen. Russe-Sein oder Libanesin-Sein bietet jedoch auch die Möglichkeit, sich aktiv darauf zu beziehen und sich untereinander zu vernetzen. In der Soziologie spricht man dann davon, dass Einwanderer, wie Nicht-Einwanderer auch, ihre Beziehungen untereinander als »soziales Kapital« (vgl. Bourdieu 1983; Coleman 1990) nutzen. Damit ist gemeint, dass Einwanderer einer bestimmten Gruppe sich untereinander unterstützen, informieren und sich ins Spiel bringen – was man sonst als Vitamin B oder moderner als Networking bezeichnet. Sie tun dies sichtbar, aber auch weniger sichtbar, wie eine Studie über »›unauffällige‹ russischsprachige Selbständige« (Sommer 2011) zeigt.

Was solche Netzwerke angeht, hat sich die Situation in Deutschland in den vergangenen Jahrzehnten spektakulär verändert. Noch in den 1980er Jahren waren es vor allem deutsche Einrichtungen, die sich um die Gastarbeiter gekümmert haben, allen voran die Wohlfahrtsorganisationen. Diese hatten sich im Zuge der Gastarbeiteranwerbung in den 1950er und 1960er Jahren arbeitsteilig aufgestellt: So war die Arbeiterwohlfahrt für die Türken oder die Caritas für die Italiener zuständig.[77] Die Palette der Migranten*selbst*organisationen, also der von den Gastarbeitern selbst initiierten Gruppen, war schmal. Mittlerweile ist das Spektrum zwischen Polnischer Samstagsschule und Türkischem Unternehmerverein auch für Experten nicht mehr zu überblicken (Pries 2013). Der heutige Umfang der von den Einwanderern selbst gegründeten Vereine und Institutionen war damals in keiner Weise vorstellbar. Hinzu kommen unzählige Webportale. Hier nur eine nicht-repräsentative Auswahl: das Ukraine Forum, der Kroatische Weltkongress in Deutschland, das Deutsch-Türkische Portal Vaybee oder das Deutsch-russische Forum.[78]

Die Bezeichnung »Migrantenselbstorganisation« passt im Grunde auch nicht mehr zum Selbstverständnis und den Aktivitäten dieser Gruppen. Zusammenschlüsse wie der Deutschsprachige Muslimkreis Karlsruhe, das Comedy-Format StandUpMigranten sowie die Türkisch-Deutsche Handwerkskammer oder die Initiative Schwarzer Menschen in Deutschland sehen sich als kulturelle Einrichtungen *Deutschlands*, die auch politisch Einfluss nehmen. Ihre Stimme wird gehört, wenn sie als Repräsentanten unterschiedlicher Gruppen beispielsweise zum »Integrationsgipfel« eingeladen werden, aber sie melden sich zunehmend auch ungefragt zu Wort.

So formieren sich im Februar 2015 die »Neuen Deutschen« unter eben diesem Namen als neue politische Stimme. Sie wollen sich über die Grenzen der verschiedenen Gruppen hinweg Gehör verschaffen und Einfluss nehmen. Sie nehmen die Definitionsmacht über das Deutschsein selbst in Anspruch. Die Wissenschaftler, Künstler, Juristen und Journalisten sehen sich als »junge Elite […]: gebildet, kritisch, politisch, engagiert« (Reimann 2015).[79]

Versteht man Macht nach meinem Vorschlag weiter gefasst auch als Deutungshoheit und Definitionsmacht, so sind die Migranten in der Mitte der Gesellschaft angekommen. Sie sprechen längst für sich selbst, haben Fürsprecher und Gegner in den eigenen Reihen und außerhalb. Sie agieren also in der Spannung von Kooperation und Konflikt, wie es für Institutionen in modernen Gesellschaften charakteristisch ist.

# 11.
## *Habt ihr denn keinen Deutschen?*
## Einwanderer in der Politik

Die schon länger Einheimischen spüren, dass sich die Verhältnisse im Land geändert haben. Sie registrieren, dass Menschen, von denen sie dachten, sie wären nur vorübergehend hier, gar keine Anstalten machen, wieder zu gehen, sondern sich wirklich niedergelassen haben und hier heimisch geworden sind: Sie sprechen Pfälzisch oder Sächsisch, machen Kabarett, kaufen Wohnungen und werden Vermieter, bauen Moscheen, gründen Unternehmen oder gehen in die Politik. Manche von ihnen gehören zu den Etablierten und praktizieren gesellschaftliche Teilhabe – sind ganz offensichtlich integriert. Die Selbstverständlichkeit, in der sie das tun, scheint manche Alten Deutschen zu irritieren.

Ein Beispiel aus dem Jahr 2014 stellt der Fall der CDU-Abgeordneten Aylin Arabaci-Pfab aus Waghäusel im Kreis Karlsruhe dar, der auch überregional Beachtung fand. Arabaci-Pfab zog aufgrund von Anfeindungen und Drohungen ihre Kandidatur für den CDU-Stadtverband zurück. Rüdiger Soldt trägt die Stimmen und Stimmung zusammen: „Der Versuch dauerte nur 16 Monate. So lange war Aylin Arabaci-Pfab die erste muslimische CDU-Stadtverbandsvorsitzende Deutschlands. […] Eigentlich sollte das nichts Außergewöhnliches sein. Denn die 38 Jahre alte Aylin Arabaci-Pfab lebt in dritter Generation in Deutschland. Ihre Großeltern bauten sich in Waghäusel eine Existenz auf, Frau Arabaci-Pfab studierte, unterrichtet heute Kinder, hat einen dezenten alemannischen Akzent. […] Die Lehrerin als ›Deutsche mit Migrationshintergrund‹ zu betrachten, hat also etwas Lächerliches. […] Ältere Parteimitglieder sollen schon einmal gefragt haben, *ob es nicht Mitglieder mit älteren Rechten gäbe*, die junge Frau sei noch nicht lange genug dabei. […] ›Man muss vielleicht nicht hundert Mal sagen, dass man Muslimin ist, ich sage ja auch nicht ständig, dass ich katholisch bin.‹ […] Sie hätte vielleicht einfach als stinknormale CDU-Frau auftreten sollen.‹ (Soldt 2014; Hervorh. A.T.)

An diesem Beispiel sind neben der Person der CDU-Abgeordneten aus einer Einwandererfamilie das Agieren und Verhalten von Parteiführung und Parteibasis interessant. Parteien wie die baden-württembergische CDU stehen unter Druck, angesichts von 25,75 Prozent Anteil Menschen mit ausländischen Wurzeln in Baden-Württemberg, neben ihrem Frauendefizit nun auch noch ihr Einwandererdefizit zu mindern.

20 Prozent der Menschen in Deutschland haben einen Migrationshintergrund, jedoch betragen die Anteile bei den Wahlberechtigten nur 9 Prozent und bei den Bundestagsabgeordneten nur 3,5 Prozent (Bade 2011: 169f.). Mit der Bundestagswahl vom September 2013 haben bei der CSU 1,8 Prozent, bei der CDU 3,1 Prozent, bei der SPD 6,3 Prozent, bei den Grünen 11,1 Prozent und bei der Linken 12,5 Prozent der Bundestags-Abgeordneten ausländische Wurzeln (*Das Parlament* Nr. 42/43 v. 14.10.2013). Der Frauenanteil im Deutschen Bundestag beträgt mit Stand von Juni 2014 36,5 Prozent, wobei CDU/CSU mit 78 weiblichen Abgeordneten von insgesamt 311 Abgeordneten insgesamt den größten Nachholbedarf haben. Bei der Linken und bei Bündnis 90/Die Grünen sind mehr als die Hälfte der Abgeordneten Frauen.

National und international stehen Parteiführungen unter verstärkter Beobachtung, politisch ist es gewollt, dass Einwanderinnen und Einwanderer nominiert werden. Wenn die Parteien zeigen wollen, dass sie ihre Hausaufgaben gemacht haben, dann sind Personen, mit denen man mehrere bisherige Defizite auf einmal heilen kann, besonders interessant.[80] So geraten dann tatsächlich Parteifunktionäre oder -mitglieder mit längerem Engagement ins Hintertreffen. Die oben zitierte kritische Nachfrage, ob es nicht »Mitglieder mit älteren

Rechten« gäbe, ist insofern nachvollziehbar. Diese Mitglieder dachten, sie wären irgendwann an der Reihe. Aus ihrer Sicht ist es schwer hinnehmbar, dass sie jahrelang gedient und für Parteiämter angestanden haben und nun tatsächlich übergangen werden, weil eine Parteiführung eine offizielle oder inoffizielle Quote erfüllen muss, sich als zeitgemäß präsentieren will und nicht zuletzt die potentiellen Wähler im Auge hat, die selbst aus der Gruppe »weiblich« und/oder »mit Migrationshintergrund« stammen. So war im Zuge der ursprünglichen Nominierung über den früheren CDU-Innenminister Heribert Rech berichtet worden, wonach dieser sich mit Arabaci-Pfab gerne »geschmückt« habe. Denn diese sei »jung und weiblich, mit Doppelnamen und Migrationshintergrund, modern und feministisch. Sie trage Jeans und Tattoo, ordne sich eher links ein, stehe für ökologisch ausgerichtete Politik – und sie stehe auch für eine Frauenquote ein, ließen CDU-Vertreter verlauten.«[81]

Nun könnte man vermuten, dass eine solche Aufregung eine ›Provinzposse‹ sei und die Nominierung von Einwanderern in den Metropolen üblich und einfacher durchsetzbar sei. Die Analysen wie die von Kösemen (2013) zeigen jedoch, dass gerade auch die SPD in Teilen größere Hemmnisse bei der Nominierung von Migranten hat als die CDU, und zwar gerade in ihren großstädtischen Stammregionen. So gaben wegen der – schließlich erfolgreichen – Kandidatur des Deutsch-Türken Volkan Baran für den Dortmunder Stadtrat drei SPD-Genossen ihr Parteibuch zurück. Bewerber und Funktionäre mit Migrationshintergrund werden überdies »für alles verantwortlich gemacht, was Migranten so anstellen: ›Da drückte mir ein Genosse das Flugblatt einer fundamentalistischen islamistischen Gruppierung in die Hand und fragte: Was habt ihr denn da wieder gemacht?‹ erzählt Cem Demircan von der SPD im nordrhein-westfälischen Velbert.« (Schmitz/Preuß 2009)

Im Vergleich der Parteien untereinander weisen Bündnis 90/Die Grünen die längste Erfahrung und die größte Routine mit der Nominierung von Einwanderern und deren Nachkommen auf und können hier einen Distinktionsgewinn erzielen. Allerdings werden auch prominente Repräsentanten wie der Parteivorsitzende Cem Özdemir immer wieder für die Themen Migration und Integration als zuständig erklärt (vgl. bereits Özdemir 1997). Selbst dann, wenn sie längst andere Politikfelder bearbeiten, bleibt ihr eigener Migrationshintergrund auch inhaltlich an ihnen ›kleben‹. Mit diesen und anderen Fragen setzt sich das 2004 auf Anregung der Körber-Stiftung parteiübergreifend gegründete »Netzwerk türkeistämmiger MandatsträgerInnen« auseinander, dessen Vorsitzender von 2004 bis 2014 der Stuttgarter Diplom-Ingenieur Ergun Can (SPD) war. Seit März 2014 ist die hessische Landtagsabgeordnete Mürvet Öztürk (Bündnis 90/ Die Grünen) Vorsitzende (vgl. www.ntm-deutschland.org).

Was die Nominierungsprozesse in den Parteien angeht, sei der Vollständigkeit halber angemerkt, dass man sich auch ohne Quoten nicht darauf verlassen kann, der Reihe nach berücksichtigt zu werden, da die Netzwerke der Konkurrenz vielleicht enger geknüpft oder ihre Machtmittel raffinierter waren. Für manche unter den altdeutschen Männern mag es sich jedoch wie eine Machtübernahme durch die Ausländer und Frauen anfühlen; sie sehen sich zugunsten der Neuankömmlinge ausgebremst. Die Verbitterung wird noch dadurch verstärkt, dass manche aus dem alten Establishment die Neuen mitaufbauen – weniger aus Nettigkeit, sondern weil sie sich für das eigene Image etwas davon versprechen. In diese Rubrik gehörte wohl auch die Vereidigung der türkischstämmigen Ministerin Aygül Özkan (CDU) am 27. April 2010 in Hannover im Kabinett Wulff. Heribert Prantl, Leiter des Ressorts Innenpolitik der *Süddeutschen Zeitung*, betrachtete dies als eine historische Zäsur: »Die Vereidigung der Ministerin Aygül Özkan schlägt ein neues Kapitel in der deutschen Einwanderungsgeschichte auf. Jetzt müssen sich alle integrieren – auch Roland Koch und Markus Söder. […] Integration verlangt nicht nur von den Neubürgern viel, sondern auch einiges von den Altbürgern. Integration stellt alte Gewissheiten in Frage. Integration bedeutet, dass auch die Mehrheitsgesellschaft alte Gewissheiten neu diskutieren muss.« (Prantl 2011: 759ff.) Zu diesen veralteten Gewissheiten gehörte, dass Einwanderer auf unteren Positionen verbleiben und aus Gastarbeiterkindern wohl kaum deutsche Minister werden können.

Zahlreiche Aspekte beim Verhältnis zwischen Einheimischen und Einwanderern erinnern an die andere Kampfarena der Modernisierung, das Verhältnis zwischen Männern und Frauen (Treibel 2015). So, wie das Patriarchat erst zu Ende ist, wenn auch mittelmäßig begabte Frauen Führungspositionen erreichen können, so ist man in der Einwanderungsgesellschaft erst dann angekommen, wenn Menschen mit Migrationshintergrund nicht mehr doppelt so gut – aber eben auch nicht nur halb so gut sein müssen. Für die Übergangsphasen mögen Frauen- oder Migrantenquoten sinnvoll sein. Der Prozess der Etablierung kann dann aber ganz schnell gehen, ohne dass es noch der Quoten und der Rekrutierung bedarf. In zwanzig Jahren, im Jahr 2035, könnte dann auch eine türkeistämmige Badenerin Bundestagspräsidentin sein. Aylin Arabaci-Pfab wird es wohl nicht sein. Diese hätte vielleicht einen längeren Atem haben sollen, der ihr möglicherweise auch mangels längerer parteipolitischer Sozialisation fehlte. Als neue Elite darf man sich über Gegenwind nicht wundern. Wer sich aus dem Fenster lehnt, wird stets nicht nur Förderer, sondern auch Neider und Gegner haben. Möglicherweise hätte eine stärkere Einbindung in Frauen- oder Einwanderernetzwerke die Kandidatin von ihrem Rücktritt abgehalten.

# 12.
## *Da lachen schon nicht mehr so viele ...*
## Neudeutsche Comedians

Unterschätzte Indikatoren für gewandelte Machtverhältnisse sind Witze und Kabarett. Humor und Komik sind an Hierarchien gebunden: »Das Komische operiert entlang von Macht- und Herrschaftsverhältnissen und kann diese unterwandern oder bestätigen, stereotype und abwertende Zuschreibungen verfestigen, unterlaufen oder in einem ambivalenten Zwischenraum beide Deutungen aufrechterhalten. Humor kann der subtilen oder offensiven Kritik von Macht- und Herrschaftsverhältnissen dienen, er kann bigotte und scheinheilige Diskurse entlarven (wie der deutschen oder schweizerischen Migrationspolitik), er kann aufgeladene soziale Konflikte entschärfen. [...] Für die Wirkweisen des Komischen spielt immer eine Rolle, wer einen Scherz wo und wem gegenüber macht.« (Kotthoff u.a. 2013: 33)

Interessanterweise gehört das Feld in der deutschen Kabarettisten- und Comedian-Szene den Deutsch-Türken. Künstler aus den anderen Gastarbeiternationen sind bislang kaum vertreten (ebd.: 32). Dies hat wohl mit der Aufstiegshöhe zu tun, die komödiantische »Türken« erreichen. Da sie tendenziell ganz unten angesiedelt werden, ist es witziger, wenn »ein Türke« Witze über sich, Deutschland, die Alten und die Neuen Deutschen macht, als wenn dies ein Deutsch-Italiener täte, der besser angesehen ist. Durch »Italiener« wäre eine solche Kontrastwirkung nicht zu erzielen – allenfalls in den 1960er Jahren, aber heute nicht mehr.[82]

Nun könnte man vermuten, dass die Karrieren der türkeistämmigen Comedians weniger mit Aufstieg als mit Auswegstrategien zu tun haben, nach dem Motto: Wer sonst nicht landet, macht Comedy. Bei

näherer Betrachtung der Biografien der Comedians mit Migrationshintergrund stellt man fest, dass Senay Duzcu Stipendiatin der Friedrich-Ebert-Stiftung war und Architektur studiert hat, Django Asül
nach dem Abitur eine Ausbildung als Bankkaufmann und Tennisleh-
rer gemacht und der Comedian und Schauspieler Fatih Çevikkollu
an der Schauspielschule Ernst Busch in Berlin studiert hat. Auch der
Moderator der Sendung StandUpMigranten, der Deutsch-Marokkaner Abdelkarim Zemhoute, ist Student.[83]

Die Wege der Comedians mit Migrationshintergrund zur Comedy sind insofern Comedian-typisch und nicht Migranten-typisch. Comedians brauchen Wortwitz, eine genaue Beobachtungsgabe und eine
große Unbekümmertheit gegenüber gesellschaftlichen Hierarchien
und Redeweisen. In diesem Feld auffallend viele Menschen mit ausländischen Wurzeln agieren zu sehen, ist für mich ein Hinweis auf
veränderte Machtverhältnisse. Die Comedians bestimmen den Diskurs aktiv mit, sie halten dem Einwanderungsland einen Spiegel vor,
machen sich über sich und andere Einwanderer lustig, aber eben auch
über die Alten Deutschen, die den Zug der Zeit noch nicht erfasst
haben.

Witze und Sketche über Migranten und Deutsche, über Integra-
tionstests und wechselseitige Klischees kann es derzeit offenbar nicht
genug geben. Besonders eindrücklich ist eine Szene aus Fatih Çevik-
kollus Programm »Fatih-Tag« (2014/15), in der er sein Deutschsein
und dessen Wahrnehmung vom Ausland aus gesehen persifliert:[84]
»Wir repräsentieren Deutschland … So (wie ich) sehen die jetzt aus
… Oh, my god: Was ist passiert?! … Wir haben den Laden einfach
übernommen!« – »Da lachen schon nicht mehr so viele«, kommen-
tiert Çevikkollu die Reaktionen im Publikum. Das ist eben nicht
nur lustig, denn: Wer macht hier über wen Witze? Was sagt es über
die soziale Wirklichkeit aus, dass türkeistämmige Kabarettisten Witze über verschiedene Zugehörigkeiten machen, die sie gleichzeitig
als *ihre* Gruppen reklamieren: »Was wissen wir Deutschen über uns
Türken?«[85]

Wenn sich jemand den Migrationshintergrund zunutze macht und damit genau den Zeitgeist trifft oder eine Lücke schließt, kann dies auch Neid hervorrufen. In *funny girl*, einem Roman des neuseeländischen Autors Anthony McCarten (2014), macht die Heldin Azime Schlagzeilen als »erste muslimische Comedian«, mit Burka, und zwar ausgerechnet im März 2005, zum Zeitpunkt der Anschläge in London. Johnny, ein Mitschüler aus dem Kurs für angehende Comedians, rastet förmlich aus: »Also wenn ich einer von diesen Verschwörungsheinis wäre, würde ich sagen, das mit den Bomben hat für euch echt gut funktioniert. Die hätten zu keinem besseren Zeitpunkt hochgehen können. […] Gott, was bin ich für ein wütender, bitterer Typ. […] Aber ich bin sicher, das wird ein Riesenerfolg. Glaub mir, ich gönne dir das, Azime. Die Leute werden dich lieben. Ob witzig oder nicht. Du kommst wie bestellt. […] Du bist cool. Und du hast viel mehr Talent als dein Freund. Aber du gehst mir genauso auf die Nerven. Nicht du persönlich, aber das, wofür du stehst. […] Du hast die besseren Startbedingungen, und das ist unfair. Du kannst so schlecht sein, wie du willst, und wirst trotzdem Erfolg haben. Und das regt mich auf. Weil Du ein Gag bist, etwas, was sie noch nicht kennen, eine Frau mit brauner Haut, Muslim und das all das – noch nie da gewesen, da kriegst du alles, was du willst.« (Ebd.: 118f.)

Comedians mit Migrationshintergrund drehen den Spieß um: Sie machen die »Türkenwitze« selber, machen »Deutschenwitze«, in denen sie selbst auch vorkommen oder nehmen den Migrantenbegriff ernst, wenn wie bei den StandUpMigranten tatsächlich Deutsch-Österreicher und Deutsch-Briten neben Deutsch-Türken und Deutsch-Albanern mitwirken. Sie haben ein feines Gespür für die Hierarchien in Deutschland, wenn etwa »Ossis« als Migranten auftreten. Die Sprache ist schließlich das Hauptwerkzeug von Comedians – und genau hier, wo bei Einwanderern so genau geguckt und hingehört wird, setzen sie noch eins drauf: Sie drehen allen das Wort im Munde herum. Damit sind sie, was ihre Deutungsmacht angeht, oben angekommen.

# 13.
# Alte und Neue Deutsche, Männer und Frauen: Zum Wandel der Machtverhältnisse

»Was Deutschland ist, das bestimmen auch die Zugereisten. Man
wird sich daran gewöhnen müssen.«
(von Randow/Topçu 2014)

Was sind heute Etablierte, was Außenseiter? Sind Männer im Vergleich etablierter als Frauen, Einwanderer und ihre Nachkommen
etablierter als Ausländer? Bildet man aus diesen in sich sehr heteroge-
nen Gruppen einen künstlichen Durchschnitt, so mag dies zutreffen.
Aber die Gewähr für diejenigen Gruppen, die bislang mehr Machtmittel hatten, oben zu bleiben, ist schwächer geworden: Eine allein-
erziehende Einwanderin kann als Putzhilfe mit mehreren Stellen in
Firmen und Privathaushalten arbeiten und damit ihre Familie kaum
über die Runden bringen. Eine Einwanderin kann aber auch Unter-
nehmerin in einer Führungsposition sein und in einer Doppelkarrie-
re-Beziehung ohne finanzielle Sorgen leben.

Altdeutsche Männer und neudeutsche Frauen können heute sowohl zu den Etablierten als auch zu den Außenseitern zählen: Beide
können viele oder wenige Machtmittel haben. Eine gut qualifizierte Deutsch-Marokkanerin kann mit einem gut qualifizierten Deutschen ohne Migrationshintergrund konkurrieren und muss keineswegs das Nachsehen haben. Nachdem jahrzehntelang Einwanderer
auf die alten Ausländerplätze verwiesen worden waren, häufig auch
die notwendigen Qualifikationen nicht mitbrachten und insgesamt
wenig Chancen hatten, werden sie nun gezielt rekrutiert und zum
Teil sogar umworben. Das irritiert die Längeransässigen, auch wenn
man ihnen sagt, dass hier Schieflagen und jahrelange Versäumnis-
se korrigiert würden. Dass diese Art Korrektur manchen übertrieben
vorkommen mag, hat vor allem damit zu tun, dass zu lange nichts
passiert ist. Aber mittlerweile realisieren CDU und SPD, dass sie et-

was für das Wählerklientel »weiblich – städtisch – eingewandert« tun müssen, um längerfristig im Spiel zu bleiben.

Auch für die Einwanderer, die selbst Deutsche (geworden) sind und ihren Platz in dieser Gesellschaft mehr oder weniger gefunden haben, ist der Prozess nicht abgeschlossen. Möglicherweise haben sie sich damit auseinanderzusetzen, dass sie es bei ihrem Aufstiegsprozess erst einmal niemandem wirklich recht machen können. Die Neider können sich außerhalb und innerhalb der eigenen Reihen zu Wort melden. Die einen werden sich übervorteilt und um ihre Privilegien gebracht fühlen – womit sie aus ihrer Sicht recht haben – und die anderen werden sie vielleicht als überangepasst oder als Verräter gegenüber ihren Wurzeln kritisieren.

Überdies gibt es neue Einwanderergruppen, die ihnen ihre etablierten Rechte streitig machen. Einheimische mit eigener Migrationsgeschichte empfangen Neueinwanderer nicht unbedingt mit offenen Armen (Treibel 2011: 222f.). Bei längeransässigen Italienern oder Türken, so zeigen Studien in der Schweiz, herrsche »in vielen Fällen […] Verbitterung gerade darüber, das Erreichte nun mit Asylsuchenden und Flüchtlingen teilen zu müssen, welche für diese Leistungen keine Gegenleistungen entrichten« (Wimmer 2005: 167). Die Abgrenzung kann nach unten und nach oben erfolgen. So reagieren die »Abgehängten« und »Vergessenen« unter den Nachkommen der Einwanderer in Deutschland möglicherweise mit doppelter Frustration auf erfolgreichere Neueinwanderer, die ungeachtet zunächst schlechterer Deutschkenntnisse und geringerer Vertrautheit mit Deutschland an ihnen vorbeiziehen. Alleine von den sozialstrukturellen Daten her betrachtet, zeichnet sich ab, dass die Neuzuwanderer, die seit 2005 aus Spanien, Portugal, Griechenland oder Bulgarien nach Deutschland kommen, manchen Alteinwanderern aufgrund ihres Akademikerstatus den Rang ablaufen (Institut für Arbeitsmarkt- und Berufsforschung 2012). Inwiefern sich hier eine mögliche »Überschichtung« abzeichnet, ist noch nicht zu entscheiden.

Von einer automatischen Solidarität von Alt-Einwanderern mit Neu-Einwanderern auszugehen, wäre naiv. Auffallend ist hier die besonders große Abgrenzung von (Spät-) Aussiedlern gegenüber den aktuell zuwandernden Roma: 59,2 Prozent unter ihnen hätten Roma nur ungern in der Nachbarschaft (SVR 2014a). Gleichwohl gibt es aktuell, bei der Zuwanderung von Flüchtlingen aus Syrien oder dem Irak, eine Welle der Hilfsbereitschaft. Menschen mit eigenen Fluchtbiografien melden sich ebenfalls zu Wort. So spricht sich der Präsident des »Bundes der Vertriebenen« Anfang 2015 für »Flüchtlingsschutz als gesamtgesellschaftliche Aufgabe« aus und weist auf die Langwierigkeit von Integrationsprozessen hin. Adressiert ist dieser Appell an die »Pegida«-Akteure, die möglicherweise auch in den eigenen Reihen vermutet werden: »Aus eigener, schmerzlicher Erfahrung wissen die deutschen Heimatvertriebenen und Flüchtlinge, was es bedeutet, die Heimat verlassen zu müssen. Auch ihre Aufnahme im Nachkriegsdeutschland, die rückblickend ganz überwiegend als Erfolgsgeschichte gesehen wird, war geprägt von Vorurteilen und sozialen Spannungen. Oft war es ein langer Weg, bis diese Hindernisse durch Begegnung und Dialog abgebaut werden konnten.« (Bund der Vertriebenen 2015)

Neben biografisch und politisch motiviertem Engagement ist in der Flüchtlingsarbeit das soziale Engagement unzähliger Einzelpersonen und Gruppen beeindruckend. Die Initiativen sind auf allen Ebenen – regional, national und international – aktiv und stark vernetzt, wie alleine die Broschüre »Kontaktadressen für die Flüchtlingsarbeit in Baden-Württemberg« (Flüchtlingsrat Baden-Württemberg 2013) zeigt.

Was die Einwanderer angeht, ist deren Präsenz in der gesellschaftlichen Mitte für viele noch ungewohnt. Wenn im Beziehungsgeflecht zwischen Einheimischen und Einwanderern letztere nicht mehr nur soziale Außenseiter sind, sondern mehr und mehr auch bei den Etablierten zu finden sind, sind Statusängste, Neid und Missgunst nicht überraschend. Dies zeigen beispielsweise die Studien von Ferdinand Sutterlüty (2006; 2010) zu Nachbarschaftsbeziehungen in multikulturellen Stadtteilen. Eigentlich, so Sutterlüty (2010), ist es paradox: Die Migranten, die sich am integrationswilligsten zeigen, werden am stärksten angefeindet, bedrohen sie doch vermeintlich am stärksten den Status der Einheimischen: »Wo Arbeitsdisziplin, Konsumzurückhaltung und Geschäftstüchtigkeit der türkischstämmigen Bevölkerung nicht mit dem Stigma der Rückständigkeit oder der Missachtung sozialer Standards bei mitarbeitenden Familienmitgliedern versehen werden, resultiert die Ablehnung dieser Haltungen allein aus dem wirtschaftlichen Auftrieb, den sie erzeugen. Was letztlich abgelehnt wird, sind das ökonomische Vorankommen und der territoriale Raumgewinn türkischstämmiger Bevölkerungsteile. Dadurch geraten auch die ›protestantischen‹ Tugenden in Misskredit. Denn sie schüren bei der deutschen Bevölkerung die Angst, gegenüber den türkischen Nachbarn ins Hintertreffen zu geraten.« (Ebd.: 90)

Mich überraschen diese Befunde nicht so sehr, denn die Alten Deutschen sind tatsächlich irritiert, dass die Einwanderer sich so reinhängen. Es widerspricht ihren Erwartungen, dass die Einwanderer Normen setzen und zwar gerade welche, die denen der Längeransässigen entsprechen oder einmal entsprochen haben. Der Aufstiegswille und die »Raumnahme« der einheimisch Gewordenen ist insofern keine »vermeintliche« Bedrohung, wenn Einwanderer sich integrieren, sondern das ganz real empfundene Gefühl, Privilegien und Sicherheiten zu verlieren. So kann man die befremdeten Reaktionen auf die türkischen Privatgymnasien, von denen die Rede war, als Konkurrenz identifizieren, wie Heinz Bude (2011) konstatiert: »Die Migrantenkinder freilich, die erkannt haben, dass man mit Bildung nach oben kommt, treten als Konkurrenten um hohe Bildungsabschlüsse auf, weil sie die durch die Bildungsexpansion erleichterten Wege zum Abitur für sich zu nutzen wissen. Sie sammeln sich teilweise schon auf weiterführenden Schulen, die nicht mehr von deutschstämmigen Kindern dominiert werden, und ziehen Vorteile aus ihrer positiven Diskriminierung. Die Vorteilsgewinnung durch Strategien ethnischer Schließung ist nämlich längst nicht mehr auf ›biodeutsche‹ Milieus beschränkt. Mit Argwohn wird von denen beobachtet, dass etwa auf den durch selektiven Zugang entstandenen ›Türkengymnasien‹ andere Anforderungsprofile bessere Notendurchschnitte ergeben, die eine uneinholbare Verbesserung der Zulassungsvoraussetzungen für bestimmte Studienfächer bedeuten.« (Bude 2011: 51f.)

Manche der Längeransässigen sind noch nicht daran gewöhnt, dass es sich um Einwanderer handelt, die bleiben werden und die sich mit Deutschland identifizieren. Manchen Alten Deutschen geht es mit dem Aufstieg der Neuen Deutschen zu schnell, sie sehen ihre Privilegien in Gefahr. Denn ihre Privilegien werden, je mehr die Einwanderung und Integration voranschreitet, angetastet. Die Alten Deutschen erleben sich als diejenigen, die nicht mehr zwangsläufig bestimmen, wie's läuft. Man muss sich mit der Schreibweise und der Aussprache fremdklingender Namen beschäftigen, muss dazulernen – kurz: Man soll sich umstellen. Und viele haben sich umgestellt.

*Abb. 6: Ohne Titel*

*Quelle: Gerhard Mester, 6.10.2010*

An dieser Stelle sei betont, in welch' großem Maße die Mehrheit der Nicht-Einwanderer und Einwanderer sich zu arrangieren gelernt hat. Allerdings wissen wir noch relativ wenig darüber, wie genau dieses »passable Arrangement« (SVR 2012) aussieht und wie es eigentlich funktioniert. Das Ringen um Verständigung und das Miteinander-Klarkommen sind häufig recht unspektakulär, wie Mark Terkessidis' (2010) Erzählung zeigt: »Im Alltag ist Vielfalt ohnehin ganz einfach Lebenspraxis. Eines Nachts während der Fußball-Europameister-schaft 2008 saß ich mit Freunden auf der Straße vor einem Kiosk, dessen Betreiber einen Fernseher und ein paar Bänke, Stühle und umgedrehte Bierkisten vor die Tür gestellt hatte. Ein großer blonder Mann saß mitten im Gewühl und reagierte barsch, als eine junge Frau ihn bat, sich doch ein wenig zur Seite zu setzen – sie könne einfach nichts sehen. Daraufhin hielt ihm der Kioskbesitzer einen kleinen Vortrag über kleine und große Leute und über den Kiez. ›Weißt du‹, meinte er, ›das ist hier Kreuzberg, hier versuchen alle, miteinander auszukommen.‹ Ich erzähle das nicht, um ein Idyll zu konstruieren. Der Kioskbesitzer sprach davon, man müsse *versuchen*, miteinander auszukommen. In den neunziger Jahren hätte man diese Geschichte vielleicht dazu benutzt, die ›multikulturelle Gesellschaft‹ zu illustrie-ren, doch heute handelt es sich schlicht um großstädtische Normali-tät. Und dort bedeutet Vielfalt eben nur manchmal Idylle, oft genug aber auch Konflikt.« (Ebd.:13f.; Hervorh. im Original).

Für Wissenschaftler ist es offensichtlich nicht einfach, die un-freundlichen und skeptischen Kommentare und die »Formen des Nebeneinander« (Petermann u.a. 2012) in der Einwanderungsgesell-schaft einzuordnen. Denn es ist keineswegs immer nur nett, was Ein-heimische mit und ohne Migrationshintergrund zueinander, über-einander und über neu Eingewanderte sagen. Die Äußerungen in zahllosen Internet-Foren, in denen gegen Einwanderer und Flücht-linge verbal gewütet wird, sind beklemmend. Hier scheinen viele ohne Furcht vor Sanktionen Dampf ablassen zu wollen. Möglicher-weise reißen sie sich in den face-to-face-Begegnungen mehrheitlich am Riemen. Allerdings gewinnt man angesichts der »Pegida«- und

»Anti-Pegida«-Demonstrationen 2014 und 2015 den Eindruck, dass der Ton derzeit auch außerhalb des Internets rauer wird. Andererseits zeigt das Engagement so vieler Menschen in der Flüchtlingshilfe auch die Kehrseite. So stellt Misun Han-Broich (2015) in ihrer Studie *Engagement in der Flüchtlingshilfe – eine Erfolg versprechende Integrationshilfe* fest, dass auch die Helferinnen integriert werden. Zwar ist die Interaktion zwischen Haupt- und Ehrenamtlichen nicht immer ganz einfach, aber das Engagement der Ehrenamtlichen unterstützt die Flüchtlinge seelisch und emotional und hat eine »integrierende Wirkung auf die an ehrenamtlichen Prozessen Beteiligten und auf die Gesellschaft« (ebd.: 49).

Die sozialen Auseinandersetzungen um Migration ähneln denen um (Frauen-)Emanzipation. Manche Männer sehen sich durch Frauen »entthront«[86], und manche Längeransässige durch Einwanderer ebenso. Die Attacken gegenüber der Politikerin Aylin Arabaci-Pfab (vgl. Kapitel »Habt ihr denn keinen Deutschen?«) erscheinen unter einer solchen Perspektive nochmals in einem anderen Licht: Für manche der Parteimitglieder bricht tatsächlich die Welt, in der sie selbst das Sagen und die Deutungshoheit hatten, zusammen. Nun geben andere: Jüngere, Farbigere, Frauen, »Emanzen« oder »Ausländer« den Ton an – und man weiß nicht mehr, wie man sich dazu stellen soll und wo man selber steht. Wie genau sich das Geschlechterthema und insbesondere das Thema Männlichkeit zur wechselseitigen Integration von Alten Deutschen und Neuen Deutschen verhält, kann an dieser Stelle nicht vertieft werden. Die Migrationsforschung bietet in ihren Fallstudien diesbezüglich interessantes biografisches Material, etwa in Gestalt des Russlanddeutschen Vitali, den es wegen »richtiger Frauen« und »richtiger Männer«, die es in Russland im Gegensatz zu Deutschland noch gäbe, »zurück« nach Russland zieht (Schmitz 2013: 238f.)

Neid und Missgunst sind nicht auf die Altdeutschen beschränkt, sondern spielen auch in den Beziehungen innerhalb der Neuen Deutschen eine Rolle. Auch unter ihnen gibt es Unterprivilegierte, im Mittelfeld Positionierte und Privilegierte. Die Figurationen von

Etablierten und Außenseitern verändern sich also ständig: Niemand bleibt für immer an seinem Platz, die Hierarchien werden stets neu ausgefochten.

Im Juli 2014 kommentierte Volker Zastrow (2014) nach dem Gewinn der Fußballweltmeisterschaft und anlässlich des 60. Geburtstags der Kanzlerin die Stimmungslage in Deutschland folgendermaßen: »Vielleicht kann man es aber auch umdrehen und sagen, dass Deutschland nicht nur Glück mit seinen Kanzlern hat, sondern die Kanzlerin auch mit Deutschland. Das Land ist gut regierbar, oder? Wir sind doch ziemlich konstruktiv und friedlich. Und obwohl es noch keiner so richtig gemerkt hat, auch mit der Integration klappt es diesem Land ziemlich gut. Für die ganz Jungen, jedenfalls in den Städten, ist sie schon so normal, dass das Wort seinen Sinn verloren hat. Warum Boateng, Özil und Khedira die Nationalhymne dennoch nicht mitsingen, kann man allerdings nachfühlen, wenn man manchen Leuten zuhört – nicht etwa Extremisten, sondern braven Leuten aus der Generation der jüngeren Rentner und Pensionäre. Sie haben ihre Lebensleistung erbracht und sind stolz darauf, sind anspruchsvoll, sogar, ohne es zu merken, verwöhnt, aber oft auch seltsam verärgert, und diese grundsätzliche Unzufriedenheit mit den Veränderungen der Welt und den damit einhergehenden Verlusten kann schnell in Hader oder Wut umschlagen. Nicht zuletzt aus dieser Gruppe schöpft die AfD wie die anderen Rechtspopulisten in Europa ihre Wähler. Diese neue nationalliberale FDP hat die FDP mit nur zwei Themen hinweggefegt: gegen Euro und Einwanderung. Im doppelten Wortsinn also gegen Integration.« (Ebd.)

So fällt die Bilanz durchwachsen aus – und der Grad der Integration ins Einwanderungsland Deutschland ebenfalls. Sich mit neuen Machtverhältnissen zu arrangieren und sich in eine Gesellschaft zu integrieren, die durch Heterogenität und Pluralität gekennzeichnet ist, ist keineswegs nur bereichernd, sondern auch anstrengend. Selbstreflexionen und Humor bei allen Beteiligten helfen aber dabei, wie ich im nächsten Kapitel zeigen will.

# 14.
# Das Integrationsparadox
# und zwei Vorschläge

Üblicherweise wird Integration als etwas verstanden, was Einwanderer zu leisten haben. Dieses Buch bietet Materialien und Hinweise für eine neue Perspektive, die zugespitzt in den Appell mündet: *Integriert Euch!* Ich wende mich vor allem an diejenigen Menschen deutscher Staatsangehörigkeit, die seit Generationen in Deutschland leben und die ich als Alte Deutsche bezeichne. Ausformuliert lautet der Appell: »Integriert Euch Eurerseits in das Einwanderungsland, zu dem Deutschland geworden ist!«

Was kann man sehen, wenn man sich auf eine solche Perspektive einlässt? Welche Handlungsmöglichkeiten eröffnen sich dann?

Viele der Alten Deutschen haben tagtäglich mit Einwanderern zu tun und stellen sich darauf ein. Sie üben sich in der Aussprache von für sie ungewohnten Namen und kommen möglicherweise der Bitte ihrer aus Polen eingewanderten Haushaltshilfe nach, ihre Aussprache bei Bedarf zu korrigieren. Sie leisten also schon Integrationsarbeit, weil sie auch zurechtkommen wollen und diese Unterstützung brauchen. Dieses Arrangement ist das, was zu den alten Machtverhältnissen passt: Die Einwanderer machen die Arbeiten, die viele Alten Deutschen nicht (mehr) machen wollen. Eine neue, ungewohnte Situation ist nun dadurch entstanden, dass es zunehmend Neue Deutsche gibt, die gleichrangige oder gar höhere Positionen als Alte Deutsche einnehmen. Man bucht beispielsweise eine Beratung bei seiner Bank und trifft bei dem Termin auf eine Beraterin mit italienischem Namen. Zu den neuen Machtverhältnissen gehört dann, wie man das heute nennt, Kommunikation »auf Augenhöhe«, und daran müssen sich die Alten Deutschen gewöhnen.

Denn viele der Neuen Deutschen identifizieren sich mit Deutschland und kommen hier gut zurecht. Sie bestimmen mit, übernehmen Verantwortung und freuen sich darauf, irgendwann nicht mehr automatisch mit ihrem Migrationshintergrund gleichgesetzt zu werden. Dann können sie als Lehrer, Ärztin, Journalist, Abteilungsleiter oder Managerin »ganz normale Deutsche« sein, die von sich aus über ihre Eltern oder Großeltern sprechen *können*, aber nicht Auskunft geben *müssen*, woher diese einmal gekommen waren. Sie haben sich längst integriert und sind genervt über die Herkunftsfrage. Die Alten Deutschen irritiert wiederum der Unmut, den diese Frage auslösen kann.

Ich möchte hier von einem »Integrationsparadox« sprechen: Wenn Integration stattfindet, ist es auch nicht recht. Einwanderer sollen sich anpassen, aber dennoch als »Ausländer« erkennbar und unterscheidbar bleiben. Nur so ist zu erklären, dass manche die Neuen Deutschen aufgrund von Aussehen und Namen zu bloßen »Pass-Deutschen« degradieren. Das lässt nur den Schluss zu, dass Integration weder wirklich für möglich gehalten, noch wirklich gewollt wird. Findet sie erfolgreich und unauffällig statt, so wird sie als »stille Integration« bezeichnet – diese Bezeichnung weckt eine ganze Assoziationskette, die von leise über heimlich bis unkontrollierbar reicht. Wie bitte soll es denn sein? Darf man sich auch laut und auffällig integrieren und könnte damit trotzdem erfolgreich sein? Vielleicht würden solche Integrationswege die öffentliche Aufmerksamkeit bekommen, die die stille Integration nicht erhält, da sie zu »normal« und unspektakulär verläuft – was ja keinen interessiert.

Sich der Integrationsparadoxien bewusst zu werden, wäre eine neue Perspektive. Für beide, für die Neuen Deutschen und für die Alten Deutschen kann man sich viele Spielarten auf der Skala von stiller bis lauter Integration vorstellen. Hierzu wünsche ich mir eine lebhafte gesellschaftliche Debatte. Abschließend zwei Vorschläge für den Alltag im Einwanderungsland Deutschland:

Mein Vorschlag an die Adresse der Alten Deutschen lautet: Man fragt, wenn man sich irgendwo nicht auskennt, erst einmal sich selbst, *wen* man fragen könnte. Es soll ja wohl eine Einheimische oder ein Einheimischer sein, also jemand, der sich ganz selbstverständlich in dieser Umgebung bewegt. Dann kommen plötzlich sehr viele Menschen in Frage – und man macht es sich zur Angewohnheit, »ausländische« Einheimische zu fragen.

Mein Vorschlag an die Adresse der Neuen Deutschen lautet: Man beantwortet das paradoxe und lästige Statement »Sie sprechen aber gut Deutsch!« folgendermaßen: »Sie auch – worüber wollen wir reden?«

# Zum Schluss:
# Von »Deutschland schafft sich ab«
# zu »Deutschland findet sich neu«

Was ist meine Zielsetzung? Mein Buch ist eine Wortmeldung aus der Soziologie für eine breitere Öffentlichkeit. Ich argumentiere selbstverständlich nicht für die Soziologie insgesamt und ebenso wenig für die Migrationssoziologie insgesamt. Mein Interesse ist es vielmehr, die vielfältigen wissenschaftlichen Erträge danach zu sortieren, was aus meiner Sicht für eine gesellschaftliche Debatte förderlich und in der Öffentlichkeit noch zu wenig angekommen ist. Es geht mir um eine Neubelebung des Begriffs der Integration (Treibel 2014a). Dieser Begriff gehört zum klassischen Instrumentarium der Soziologie, sein *Potential* ist allerdings etwas in Vergessenheit geraten. Insofern ist meine Wortmeldung auch ein Appell an die fachliche Öffentlichkeit, den Integrationsbegriff, der in der Forschung vielen als verbrannt gilt, zu reformulieren.

Das Material meines Buches sind Alltagssituationen, Mediendebatten und Forschungsergebnisse zur Thematik Migration und Integration. Die Redeweisen selbst sind es, die mich interessieren. Je genauer man hinsieht, desto mehr kristallisiert sich heraus: Vieles ist keineswegs so klar, wie es auch nach jahrlanger wissenschaftlicher Auseinandersetzung zu sein scheint. Die Personen und Institutionen, die mit dem Thema Integration und Migration beschäftigt sind, reden und schreiben darüber höchst unterschiedlich. Ich sehe meine Aufgabe darin, in verschiedene Richtungen zu übersetzen.

Die *Öffentlichkeit* will ich dazu anregen, anders auf die Einwanderer und die Längeransässigen zu schauen. Die instinktive Abwehr, die als kompliziert wahrgenommene Wirklichkeit zusätzlich mit allzu vielen Begriffen zu befrachten, ist nachvollziehbar. Allerdings kann man die Komplexität der sozialen Welt häufig auch nicht mehr mit nur ein oder zwei Begriffen erfassen. Die *Wissenschaft* möchte ich ermuntern, ihre Konzepte regelmäßig dem rauen Wind der Alltagsdiskurse auszusetzen. Die dort aufgeworfenen Fragen sind möglicherweise unterkomplex, zeigen jedoch häufig die als dramatisch empfundenen gesellschaftlichen Veränderungen an.

Dieses Buch handelt in erster Linie von Deutschland als Einwanderungsland. Die immer wieder eingestreuten Hinweise zu anderen, mehr oder weniger neuen, Einwanderungsländern und globalen Migrationsprozessen sollen jedoch zeigen, dass die Thematik nicht nur Deutschland betrifft.

*Integriert Euch!* ist ein soziologischer Essay. Als Migrations- und Geschlechterforscherin, die in den soziologischen Theorien und dort insbesondere in der Prozess- und Figurationssoziologie zuhause ist, schreibe ich dieses Buch für soziologische Laien. Das sind alle, die Soziologie nicht zwangsläufig studiert haben müssen, aber mit einem offenen Blick für sich und andere ausgestattet sind und Freude an der Reflektion über gesellschaftliche Entwicklungen haben. Ich möchte damit eine Diskussion in verschiedenen Öffentlichkeiten anstoßen.

## »Deutschland findet sich neu« statt »Deutschland schafft sich ab«

Mir ist bewusst, dass ich fünf Jahre nach Sarrazin die Debatte über Integration erneut aufrolle. So lange hat es gedauert, bis ich mich imstande sah, mein soziologisches Unbehagen angesichts seiner Argumentation in *Deutschland schafft sich ab* (Sarrazin 2010) nicht nur in kritische Worte zu fassen, sondern auch konstruktiv zu wenden. Thilo Sarrazins Buch ist eine Mischung aus Unmutsbekundungen zu sozialen Problemlagen in bestimmten Stadtvierteln, Thesen und Wunschvorstellungen zur Geburtenentwicklung, unhaltbaren Behauptungen zur geringeren Intelligenz von eingewanderten Muslimen und Untergangsszenarien mit Blick auf die Alten Deutschen, für Sarrazin kurz: »die Deutschen«. Die Kritik an Sarrazin und seiner Präsentation durch die Medien wurde bereits bei Bade (2013), Foroutan u.a. (2010), Nassehi (2010) und in den Bänden von Heinz/Kluge (2010) oder Oppong (2011) formuliert. Sie alle haben darauf hingewiesen, dass die einschlägigen Beiträge aus der Migrations- und Integrationsforschung von Sarrazin nicht berücksichtigt worden sind. Sarrazin liefert insofern ein verzerrtes Bild der gesellschaftlichen Entwicklung.

Schon 2010 hatte ich den Eindruck, dass es bei Sarrazin weniger um den beschworenen Untergang Deutschlands als um die gesellschaftlichen Veränderungen ging, die für viele wohl noch nicht wirklich fassbar sind: »Deutschland ist ein Einwanderungsland geworden«. Im Frühjahr 2010 hatte der Sachverständigenrat deutscher Stiftungen für Integration und Migration sein erstes »Integrationsbarometer« veröffentlicht und konstatiert, dass ein Großteil der Bevölkerung Deutschlands in dieser neuen gesellschaftlichen Wirklichkeit angekommen sei und sich darauf eingestellt habe (SVR 2010). Wie um diesen konstatierten Pragmatismus zu widerlegen, sprangen die Käuferinnen und Leser des Buches von Sarrazin nur wenige Monate später auf seine Weltuntergangsbeschwörung an. Es war ihnen sehr willkommen, die Schuldigen für die sozialen Umbrüche in bestimmten Einwanderermilieus zu suchen und sich eben gerade nicht zu arrangieren, sondern sich mit Ansage zu echauffieren. Es kam offenbar einem Befreiungsschlag gleich, sich über die Nicht-Integrierten aufregen zu dürfen – in der Diktion Sarrazins: »Die Situation in Neukölln bringt die Frage der muslimischen Zuwanderung exemplarisch auf den Punkt. Es geht um die geballte Mischung aus Mangel an Bildung, fehlenden Sprachkenntnissen, aus Transferabhängigkeit, traditionellen Lebensformen, Jugendkriminalität, kultureller Distanz, und es geht um die Tendenz zur Verfestigung dieser Mischung.« (Sarrazin 2010: 304)

Die Sarrazin-Debatte kam mir wie eine Gegenreaktion vor, in dem sich die hinsichtlich der Integration Skeptischen und Irritierten berechtigt sahen, nicht nur zu reagieren, sondern lautstark agieren zu können. Sich pragmatisch zu arrangieren und unspektakuläre Integrationsarbeit zu verrichten, eignet sich eben weniger zur Empörung als Clan-Strukturen, Patriarchalismus oder Intensivtäter insbesondere unter den Jugendlichen und jungen Erwachsenen, die es auch gibt. Kurz gesagt: *Deutschland schafft sich ab* war ein Ventil für die Beunruhigung, dass so viele Einwanderer längst zu Deutschland gehören und sich mit diesem Land identifizieren. Aber sich *darüber* zu erregen, war und ist ja schlecht möglich. Also fokussierte man sich auf die »Integrationsverweigerer mit Migrationshintergrund«.

Mein Fokus richtet sich, verkürzt gesagt, auf die »Integrationsverweigerer ohne Migrationshintergrund«, die der in großen Teilen unauffällig stattgefundenen Integration von Einwanderern kritisch bis ambivalent gegenüberstehen. Einwanderer in Deutschland sind keine Ausländer auf der Durchreise, sondern gestalten unsere Gesellschaft mit. Sie sind eben nicht mehr nur Underdogs, sondern sind in allen gesellschaftlichen Schichten vertreten und gehören inzwischen teilweise auch zu den Etablierten. Für manche der länger ansässigen Deutschen bedeutet es eine große Umstellung, dass sie nicht mehr automatisch die Bestimmer sind. Ressentiments gegen Einwanderer – so meine These – haben vor allem mit den gewandelten Hierarchien im heutigen Deutschland zu tun. Integration sehe ich deshalb als ein Projekt für alle an.

### Neue Perspektiven

Das Buch eröffnet hierzu im doppelten Wortsinn neue Perspektiven. »Perspektive« bedeutet *erstens* »Blickwinkel« oder »Betrachtungsweise«. Deutschland ohne Wenn und Aber als Einwanderungsland zu betrachten, ist eine solche neue Betrachtungsweise. Man erkennt an, dass Menschen unterschiedlicher Herkunft und mit ganz verschiedenen Migrationsbiografien hier heimisch sind und diese Gesellschaft ausmachen, vor mehreren hundert Jahren und vor Jahrzehnten, wie ich es im Kapitel »Deutsch kann man doch nicht werden!« erläutert habe. »Deutsche« sind eben ganz viele verschiedene Menschen, zu denen Personen mit dem seit dem Mittelalter im deutschsprachigen Raum vertretenen Namen »Müller«, aber auch Menschen mit hugenottischen Namen wie »Sarrazin« (Sarrazin 2010: 392f.), dem vor allem in den USA verbreiteten Namen »Treibel« und Menschen mit Namen »Yilmaz« gehören, welcher der mit Stand von 2010 der in Deutschland meistverbreitete turksprachige Familienname ist (Rodriguez 2010: 97).[87]

»Perspektive« bedeutet *zweitens* »Ausblick auf die Zukunft«. In diesem Sinne möchte ich mit diesem Buch dazu ermuntern, sich auf das Projekt Einwanderungsland aktiv einzulassen und dazu beizutragen, dass Deutschland sich keineswegs abschafft, sondern sich neu findet. Es geht um eine soziale Wirklichkeit, zu der Alte Deutsche, Neue Deutsche und neue Einwanderer gehören. Dieser Findungsprozess beinhaltet Konflikte, Auseinandersetzungen, Sympathien, Antipathien und neue Kooperationen (Robertson-von Trotha 2009). Auf einen kurzen Nenner gebracht: Einwanderer sind keine besseren, aber eben auch keine schlechteren Menschen als Nicht-Einwanderer. Dass Menschen von anderen und sich selbst als »den Spanierinnen«, »den Deutschen« oder »den Vietnamesen« sprechen, hilft ihnen, die komplexe soziale Wirklichkeit zu vereinfachen und ist insofern ein üblicher sozialer Prozess in allen Gesellschaften. Menschen »in Sippenhaft« (Sutterlüty 2009) zu nehmen, wird jedoch den individuellen und sozialen Unterschieden innerhalb von Gruppen nicht gerecht. Ganze Kollektive als weniger intelligent oder besonders »gebärfreudig« zu bezeichnen, entspringt einem politischen und ideologischen Interesse der Verächtlichmachung von Menschen. Soziologisch gesprochen ist es der Versuch, Handlungsmacht, die längst mit ganz verschiedenen Einwanderern und ihren Nachkommen geteilt wird, wieder neu zu monopolisieren.

Mein Buch versteht sich als Antwort auf Sarrazin, aber nicht nur im Sinne einer kritischen Reaktion, die viele Kollegen schon geleistet haben. *Integriert Euch!* bietet einen positiven Gegenentwurf von Deutschland als Einwanderungsland.

# Anmerkungen

1 Mit diesen Fragen beschäftigt sich insbesondere die sozialpsychologi-sche Vorurteilsforschung. Einen Einblick in die Forschung der deut-schen Sozialpsychologen Ulrich Wagner und Andreas Zick gibt der Artikel zu den Stereotypen »Spaghettifresser und Kümmeltürken« von Ilka Lehnen-Beyel (2011). Vgl. auch die neueren Beiträge von Andreas Zick, der das Institut für interdisziplinäre Konflikt- und Gewaltfor-schung an der Universität Bielefeld leitet und in dieser Funktion regel-mäßig zu Fremdenfeindlichkeit und Rechtsextremismus Stellung nimmt (vgl. http://www.uni-bielefeld.de/ikg/; vgl. auch Zick/Klein 2014).

2 Für hilfreiche Erläuterungen vgl. die Webseite von Schwarzen Deut-schen mit dem bewusst irritierenden Titel »Der braune Mob«: http://www.derbraunemob.info/faq/#f055.

3 Zu dieser Thematik sei das Buch *Grüezi und Willkommen. Die Schweiz für Deutsche* (Sitzler 2009) und darin insbesondere das Kapitel »Nicht jeder kann ein Schweizer sein – Anpassung, Integration und Papiir-lischwyzer« empfohlen.

4 Für Hinweise auf den internationalen Sprachgebrauch vgl. auch das Glossar der IOM (International Organization for Migration): http://www.iom.int/cms/en/sites/iom/home/about-migration/key-migration-terms-1.html#Migration. Wer sich für die Geschichte und die beson-ders einflussreichen Texte der Migrationsforschung interessiert, sei auf den Band *Schlüsselwerke der Migrationsforschung* (Reuter/Mecheril 2015) hingewiesen, in dem verschiedene Autoren aus der Migrationsso-ziologie, der Interkulturellen Pädagogik und den Postcolonial Studies zentrale Werke kommentieren. Die Spanne reicht dabei über mehr als hundert Jahre zurück: Von den Anfängen der US-amerikanischen Mi-grationsforschung zu Beginn des 20. Jahrhunderts bis zur Gegenwart.

5 Vgl. http://www.unhcr.org/5399a14f9.html

6 Zu Adichi und ihrem Roman vgl. auch http://www.zeit.de/2014/21/chimamanda-ngozi-adichie-americanah

7 Der berühmten »Genfer Flüchtlingskonvention« aus dem Jahr 1951 zufolge, ergänzt durch Artikel I (2) des Protokolls von 1967, ist ein »Flüchtling« jede Person, die »aus der begründeten Furcht vor Verfolgung wegen ihrer Rasse, Religion, Nationalität, Zugehörigkeit zu einer bestimmten sozialen Gruppe oder wegen ihrer politischen Überzeugung sich außerhalb des Landes befindet, dessen Staatsangehörigkeit sie besitzt [...]« (http://www.unhcr.de/fileadmin/user_upload/dokumente/03_profil_begriffe/genfer_fluechtlingskonvention/Genfer_Fluechtlingskonvention_und_New_Yorker_Protokoll.pdf; vgl. auch Treibel 2011: 159–162).

8 Zu dieser Migrationsform gibt es eine breite Palette von Literatur, die von repräsentativen Studien, etwa über die Heiratsmigration zwischen der Türkei oder den Philippinen nach Deutschland (Büttner/Stichs 2013) bis zu Erfahrungsberichten und theoretischen Reflexionen über *Fernliebe* (Beck/Beck-Gernsheim 2011) reicht.

9 Für einen Überblick zur generellen Entwicklung der Migrationstheorien bis hin zu den Konzepten von Transmigration vgl. Marina Liakova (2013). Vgl. auch den Überblicksartikel zur Migration von Sonja Haug (2013b). Zum Einwanderungsland Deutschland sei bezüglich wichtiger historischer Prozesse, Einwanderergruppen und öffentlicher Debatten das von Karl-Heinz Meier-Braun und Reinhold Weber (2013) herausgegebene Handbuch empfohlen.

10 Vgl. http://www.ilo.org/global/topics/labour-migration/policy-areas/remittances/lang—en/index.htm

11 Für einen anregenden Beitrag aus der Migrations- und Genderforschung, in dem auch die Ambivalenz der Trennung der Familien erörtert wird, vgl. die Studie zu polnischen und ukrainischen Migrantinnen von Helma Lutz und Ewa Palenga-Möllenbeck (2011).

12 Auch die Neuen Deutschen Medienmacher (2014) halten diesen Begriff in ihrem Glossar für gut geeignet, was sie meines Erachtens ruhig mehr publik machen könnten: »*Einwanderer und ihre Nachkommen* ist zwar ebenso lang wie *Menschen mit Migrationshintergrund*, aber ein gutes Synonym, weil weniger abstrakt.« (Ebd.: 6; Hervorh. im Original). Auch mit Blick auf unterschiedliche Vorschläge zum Begriffsfeld »Alte« und »Neue Deutsche« ist das Glossar aufschlussreich.

13 Der Begriff der »irregulären« Migranten hat sich als Ersatz für die Bezeichnung »Illegale«, mit der Kriminalität assoziiert wird, eingebürgert.

14 Mit Hartmut Esser (2001) hielte ich viel davon, den Assimilationsbegriff zu entdämonisieren. Besser als mit »Integration« kann man mit »Assimilation« nämlich davon ausgehen, dass Einwanderer den Nicht-Einwanderern ähnlich werden, sich angleichen – und eben das ist Assi-

milation. Im Grunde ist dies der »normale« Prozess und durchaus auch ein politisches Ziel: Einwanderer und ihre Nachkommen sollen dieselben Möglichkeiten haben, ungeachtet ihrer Herkunft oder der ihrer Eltern. Damit ist keineswegs gemeint, dass Neue Deutsche »Doubles« der Alten Deutschen werden – aber wenn, ist das auch nicht »schlimm«. Da Assimilation in der deutschen Öffentlichkeit jedoch als »Zwangsgermanisierung« verstanden wird, belasse ich es beim weiter verbreiteten Integrationsbegriff – auch wenn dieser nun seinerseits vielfach die Kritik erfährt, die sich bislang gegen den Assimilationsbegriff gerichtet hatte.

15 Siehe für vergleichbare Befunde die Untersuchung von Schubert (2006) zu bildungserfolgreichen Studierenden türkischer Herkunft. Die Mehrheit der Befragten gab an, dass es für sie emotional nicht lohnend sei, sich mit Deutschland zu identifizieren (ebd.: 298). Entsprechend kommt die Studie zu dem Schluss, dass man sich auch und gerade ohne Identifikation integrieren könne.

16 Hier sei auf den Briefwechsel verwiesen, den der Soziologe Armin Nassehi mit Götz Kubitschek geführt und dokumentiert hat (vgl. Nassehi 2015: 296–330).

17 Mit dem im Jahr 2000 verabschiedeten neuen Staatsangehörigkeitsgesetz wurde der Erwerb der deutschen Staatsangehörigkeit neu geregelt (vgl. aktualisierte Fassung des StAG vom 13.11.2014 unter http://www.gesetze-im-internet.de/rustag/BJNR005830913.html); danach erhalten nach dem 1.1.2000 in Deutschland geborene Kinder von ausländischen Eltern, die sich seit mindestens acht Jahren rechtmäßig in Deutschland aufhalten, zusätzlich auch die deutsche Staatsangehörigkeit (sogenanntes *ius soli*). Ursprünglich war vorgesehen, dass diese Personengruppe sich dann bis zum vollendeten 23. Lebensjahr für die deutsche oder die Staatsangehörigkeit der Eltern entscheiden muss (sogenannte Optionspflicht), wenn diese nicht aus EU-Ländern stammen. Diese Regelung ist mit Stand von Januar 2015 de facto hinfällig. Für EU-Bürger ist die doppelte Staatsangehörigkeit regulär vorgesehen.

18 Gaucks aufschlussreiche Rede sorgte genau wegen diesen Inhalts, also des Plädoyers des Bundespräsidenten für ein »neues deutsches Wir«, für Aufsehen. Vgl. hierzu auch Oltmer (2014).

19 Für einen Überblick über die zentralen Autoren und Begriffe der Postcolonial Studies vgl. Reuter/Karentzos (2012). Für *Postkoloniale Perspektiven von People of Color auf Rassismus, Kulturpolitik und Widerstand in Deutschland* sei der von dem Kultur- und Politikwissenschaftler Kien Nghi Ha u.a. (2007) herausgegebene Band empfohlen.

20 In den Sozialwissenschaften ist teilweise das aus dem Altgriechischen

stammende Begriffspaar »Autochthone« für die Alteingesessenen und »Allochthone« für die Eingewanderten gebräuchlich; in der öffentlichen Debatte und Statistik Deutschlands sind diese Begriffe bislang weniger verbreitet. Demgegenüber haben sie sich in den Niederlanden in der offiziellen Statistik und im öffentlichen Gebrauch etabliert (vgl. etwa Lucassen/Lucassen 2014). Für die Begriffsverwendung mit Bezug auf Deutschland vgl. den Band von Brinkmann/Uslucan (2013).

21 Für wie schwierig gerade die Fachleute eine konsensuelle Darstellung der deutschen Geschichte halten, illustrieren die berühmt gewordenen Anfänge der einschlägigen Bände der Historiker. »Am Anfang war Napoleon«, so beginnt Thomas Nipperdey (2013: 11) seine dreibändige Deutsche Geschichte von 1800 bis 1918. »Am Anfang war keine Revolution«, so antwortet Hans-Ulrich Wehler (2008: 35) in seiner fünfbändigen Geschichte Deutschlands.

22 Zu »Nation als Konstruktion« vgl. die Studien von Anderson (2005), Hobsbawm (2005) und Gellner (1999). Für einen einführenden Überblick vgl. den Artikel von Bielefeld (2008).

23 Für diese und andere Migrationsprozesse ist der von Klaus J. Bade (1992) herausgegebene Band *Deutsche im Ausland – Fremde in Deutschland. Migration in Geschichte und Gegenwart* eine Fundgrube. Christoph Kleßmann (1992) weist in seinem Beitrag über die »Ruhrpolen« darauf hin, dass die Einwanderer aus dem Osten für die Längeransässigen in Bottrop oder Bochum erst einmal als »Polen« galten, gleichgültig, ob sie deutschsprachige Schlesier oder polnischsprachige Masuren waren (ebd.: 305).

24 Vgl. zu dieser historischen und soziodynamischen Konstellation auch den Beitrag von Nevim Çil (2009).

25 Diese 8,16 Prozent (43.707 Personen) setzen sich in absoluten Zahlen wie folgt zusammen: 25.224 Ausländer und 18.433 Deutsche mit Migrationshintergrund (Landeshauptstadt Dresden, Kommunale Statistikstelle – Bevölkerung und Haushalte 2013). Der Anteil der Muslime unter den Einwohner Dresdens beträgt 0,4 Prozent.

26 Die Tageszeitung *Neues Deutschland* war das Zentralorgan der SED von 1946 bis 1989. Gegenwärtig steht sie der Partei Die Linke nahe und erscheint unter dem Titel *neues deutschland. Sozialistische Tageszeitung*.

27 Zur Ausländerpolitik und den Vertragsarbeitern der DDR sowie der Situation nach der Wiedervereinigung vgl. Sextro (1996), Weiss (2013) und Zwengel (2011).

28 Interessanterweise gehören nach der Systematik von Heitmeyer u.a. (1997) auch islamistische Jugendliche zu den »Modernisierungsverlierern«.

29 Vgl. den Auftritt von Dave Davis bei den StandUpMigranten am 21.12.2013.

30 Vgl. http://www.neuemedienmacher.de/; Plakat s. https://www.vielfalt-finder.de/sites/default/files/pictures/Vielfalt_Flyer_2013_04%20Kopie.pdf; vgl. auch Ataman 2011.

31 Vgl. etwa http://www.politikforen.net/showthread.php?90807-Pass-deutsche-in-der-Fu%C3%9Fball-Nationalmannschaft; http://www.islam-deutschland.info/forum/viewtopic.php?t=8144&view=next&sid=f091c81fffad61a04e8c6996eba9be9be

32 Vgl. http://www.bamf.de/DE/Einbuergerung/WasEinbuergerungstest/waseinbuergerungstest-node.html

33 Vgl. http://www.deutsch-werden.de/einbuergerungstest

34 Vgl. http://www.einbuergerungstest-online.eu/einbuergerungstest/bw/

35 In einer neueren Studie, in der über 1000 Eingebürgerte in Baden-Württemberg befragt worden waren, heißt es abschließend: »Noch meint die Mehrheit der Eingebürgerten, dass sie von der Aufnahmege-sellschaft trotz eines deutschen Passes als Ausländer angesehen wird. Die Studie unterstreicht daher die Notwendigkeit, auch die Aufnahmege-sellschaft aktiv in den Integrationsprozess einzubeziehen und dafür Sorge zu tragen, dass sich die Einwanderungsgesellschaft zunehmend auch als solche begreift.« (Ministerium für Integration Baden-Württemberg 2013: 46)

36 Stellvertretend für viele Webseiten: http://www.zeit.de/2012/28/P-Meinungsleiter; http://www.welt.de/debatte/kommentare/article129454350/Sollten-alle-deutschen-Spieler-die-Hymne-singen.html; http://www.focus.de/sport/fussball/stumme-nationalspieler-beschaemend-mayer-vorfelder-will-pflicht-zum-singen-der-nationalhymne_aid_784620.html; http://www.bild.de/politik/inland/nationalmannschaft/riesen-wirbel-um-unsere-nationalhymne-24948084.bild.html; http://www.blauenarzisse.de/index.php/anstoss/item/3816-das-dilemma-der-russlanddeutschen.html

37 Vgl. http://www.faz.net/aktuell/sport/fussball/karim-bellarabi-wir-waren-fast-jeden-tag-im-kaefig-13199377.html

38 Zur Familienkonstellation der drei Boateng-Brüder vgl. Horeni (2014).

39 Vgl. http://www.deutschlandfunk.de/praesidentschaftswahl-1-4-millionen-tuerken-waehlen-in.724.de.html?dram:article_id=293507; http://www.spiegel.de/politik/deutschland/tuerken-in-deutschland-spitzenwerte-fuer-erdogan-in-essen-a-985474.html

40 Vgl. auch Degele/Janz (2012). Auf die rassistischen (verbalen und kör-perlichen) Angriffe auf dunkelhäutige Spieler durch Fußball-›Fans‹, die insbesondere in Italien, Polen oder Russland an der Tagesordnung sind,

kann ich hier nicht eingehen. Bezüglich der ›dunklen Seite des Fuß-balls‹ vgl. die neuere Studie von Cashmore/Cleland (2014). Die Situation im deutschen Amateurfußball mit Blick auf kulturelle Vielfalt in seinen widersprüchlichen Seiten beleuchtet der Artikel von Huhn/Metzger (2013). Zahlreiche Beiträge zum Thema Fußball und Migration enthält der Band *Mittendrin im Abseits* (Neckel/Soeffner 2008).

41 Vgl. http://www.gq-magazin.de/mode-stil/mode-news/gq-best-dressed-liste-2015-jerome-boateng-ist-der-bestangezogene-mann. Welches Top-Niveau Boateng fußballerisch erreicht hat, ist in der Fachwelt unstrittig. So gelangt er im Ranking von *11 Freunde. Magazin für Fußballkultur* unter den Spielern des Jahres 2015 nach Kevin de Bruyne und Arjen Robben auf den dritten Platz: »Inzwischen ist der Verteidiger auf dem Höhepunkt seiner Leistungskraft angekommen und spielt ständig beeindruckend sicher und konzentriert auf höchstem Niveau« (Juli 2015: 35).

42 Wenn ich auch auf die Entwicklungen der Machttheorie in Soziologie, Philosophie und Politikwissenschaft hier nicht näher eingehen kann, möchte ich doch einige Hinweise geben. Als wichtigste Begründer der gegenwärtig diskutierten Ansätze gelten Max Weber, Hannah Arendt, Norbert Elias, Heinrich Popitz, Niklas Luhmann und Michel Foucault. Für einen Überblick, der mit der Grundlegung der Machttheorien durch die Denker der Antike beginnt, sei die Einführung *Theorien der Macht* (Anter 2012) empfohlen. Einen informativen Überblick über die soziologische Macht-Diskussion gibt der Artikel von Inhetveen (2008); vgl. auch den von Imbusch (2012) herausgegebenen Sammelband *Macht und Herrschaft*.

43 Ähnlich argumentiert Popitz in seinem wichtigen Buch *Phänomene der Macht*: »Machtbeziehungen entstehen, weil Beziehungen zwischen Menschen bestimmt sind von ihrer Verletzungskraft und Verletzungs-offenheit, von beeinflussbaren Hoffnungen und Ängsten, vom Zwang und von der Kraft, die Objektwelt zu verändern. Oder in knappster Form: Menschen können anderen Menschen *unmittelbar etwas antun*; sie können darüber hinaus *Erwartungen, Maßstäbe* und *Artefakte* für andere bestimmend verändern.« (Popitz 1992: 33; Hervorh. im Original)

44 Hanna Fenichel Pitkin (1972), die angeregt hatte, »Macht *über* jemanden« von »Macht *zu* etwas« zu unterscheiden, reflektiert in ihrer Studie humorvoll über die grundsätzlichen Abgrenzungsschwierigkeiten im Begriffsfeld von »Macht« und »Einfluss«: »The trouble clearly is that terms like ›power‹ and ›influence‹ are not labels for mutually exclusive categories of phenomena, like ›gorillas‹ and ›elephants‹.« (Ebd.: 279)

45 Für aktuelle Debatten und Publikationen zum Ansatz der Migrations-regime vgl. http://migrationregimes.com/; für einen Einstieg siehe Koser (2011). Zum Migrationssystem der Gastarbeiterpolitik vgl. Oltmer u.a. (2012).

46 Das Modell von Etablierten und Außenseitern ist in der Soziologie mittlerweile selbst von einem Außenseiter- zu einem Etabliertenplatz aufgerückt, was man an der Thematisierung in einschlägigen Lehrbüchern erkennen kann (vgl. Neckel u.a. 2010). In der Migrationsforschung spielt das Modell, obwohl Elias und Scotson es gar nicht auf »Inländer« und »Ausländer« bezogen hatten, seit längerer Zeit eine wichtige Rolle (Treibel 2008 und Treibel 2011; für die Phase der Ausländerforschung vgl. bereits Eichener 1988 und Korte 1984).

47 Die Theorie von Norbert Elias (1897–1990) hat meine soziologische Arbeit und meine Einschätzung gesellschaftlicher Entwicklungen sehr beeinflusst. Speziell der Etablierten-Außenseiter-Figuration (vgl. Elias/Scotson 2002) mit ihrem Hinweis auf die Bedeutung von »alt« und »neu« verdankt auch mein Zugriff auf die Alten und Neuen Deutschen wesentliche Impulse (vgl. das Kapitel »Deutsch kann doch nicht werden!«).

48 Für die Vertiefung einer solchen Perspektive seien die Studien des Soziologen Wolfgang Sofsky und des Literatur- und Sozialwissenschaftlers Jan Philipp Reemtsma empfohlen. So analysiert Sofsky in seinem Essay *Traktat über die Gewalt* (Sofksy 1996) an zahlreichen Beispielen aus Geschichte und Gegenwart die Mechanismen »absoluter Gewalt«, die er von »instrumenteller Gewalt« unterscheidet: »Absolute Gewalt […] ist reine Praxis. Gewalt um ihrer selbst willen. Nichts will sie erreichen. Was zählt, ist die Aktion selbst. In dem Maße, wie sich Gewalt von allen Rücksichten befreit und ganz sie selbst wird, verwandelt sie sich in Grausamkeit.« (Ebd.: 53; ähnlich auch Reemtsma 2008: 405–419) Zur Soziologie der Gewalt vgl. insbesondere die Arbeiten von Trutz von Trotha (1997).

49 Die Bedeutung ökonomischer Interessen, etwa bei der Vermarktung von Öl, und die Frage, welche Firmen und welche Regierungen Geschäfte mit dem IS machen, kann ich hier nicht vertiefen. Desgleichen muss ich die Frage, inwiefern die Entstehung des Islamistischen Terrorismus insbesondere mit dem Agieren mehrerer US-Regierungen in Irak oder Afghanistan und weiterer westlicher Staaten in Zusammenhang steht, aussparen (vgl. hierzu pointiert Lüders 2015).

50 An dieser Stelle plädiere ich mit der Religionshistorikerin Dorothea Weltecke (2015) dafür, im Sinne der wissenschaftlichen Genauigkeit weiterhin »religiöse Minderheiten« von »religiösen Mehrheiten« unter-

scheiden zu können, auch wenn der Minderheitenbegriff in Verruf geraten ist: »Tatsächlich wird das Wort [Minderheit; A.T.] in der Forschung neuerdings vielfach umgangen. Stattdessen erscheinen Bezeichnungen wie ›Vielfalt‹ […] oder ›religiöse Zugehörigkeit‹ als Alternativen. Damit sollen alle sozialen und politischen Konnotationen, die mit dem Wort ›Minderheiten‹ […] verbunden sind, vermieden werden. Diese Ausdrücke mögen wertschätzendes politisches Handeln und Sprechen erleichtern. Als analytische Begriffe, die quantitative Realitäten und Machtverhältnisse erfassen sollen, erscheinen sie nicht restlos überzeugend. Zukünftige Forschungen werden hier noch mehr konzeptionelle Arbeit leisten müssen.« (Ebd. 2015: 18)

51 Vgl. neben dem Beitrag von Sabine Rückert (2015) anlässlich der Anschläge auf die Mitarbeiter der Satire-Zeitschrift *Charlie Hebdo* auch das gesamte Dossier der *Zeit* vom 15.1.2015: http://www.zeit.de/2015/03/islam-religion-glaube.

52 In meinem Blog-Beitrag für die Deutsche Gesellschaft für Soziologie vom 24.2.2012 (Treibel 2012) gehe ich der Frage nach: Was wäre gewesen, wenn die Opfer zur Mittel- oder Oberschicht gehört hätten oder gar prominent gewesen wären?

53 4,3 Millionen sind noch nicht schulpflichtig oder in schulischer Ausbildung; 900.000 Personen befinden sich noch in der Berufsqualifizierung, also in Ausbildung oder Studium (Statistisches Bundesamt 2014b, hier: »Bevölkerung 2013 nach Migrationsstatus und beruflichem Bildungsabschluss«: https://www.destatis.de/DE/ZahlenFakten/GesellschaftStaat/Bevoelkerung/MigrationIntegration/Migrationshintergrund/Tabellen/MigrationshintergrundBeruflicherAbschluss.html)

54 Für einen Überblick zum Konzept der Unterschichtung und der »neofeudalen Absetzung« (Hoffmann-Nowotny 1973) vgl. Treibel (2011: Kap. 7.1); für neuere Studien vgl. Baumert/Maaz (2012); Pielage u.a. (2012); Geißler (2014).

55 Wie die Analyse von Nowicka (2014) zeigt, entwickeln die Migranten unterschiedliche Strategien im Umgang mit dem »Nicht-im-erlernten-Beruf-Arbeiten«. In Deutschland bemüht man sich seit April 2012 darum, mit dem »Gesetz zur Verbesserung der Feststellung und Anerkennung im Ausland erworbener Berufsqualifikationen« (kurz: Anerkennungsgesetz des Bundes) der Dequalifizierung zu begegnen. Allerdings ist keineswegs gesagt, wie der Name des Gesetzes suggeriert, dass am Ende des Verfahrens tatsächlich die Anerkennung steht.

56 In der Forschung zu Bildung, Migration und sozialer Ungleichheit werden die Ursachen für Bildungserfolg bzw. Bildungsmisserfolg seit mehr als zwanzig Jahren, in Folge der international vergleichenden PISA-

Studien, intensiv untersucht. Welche Faktoren in Einzelfall entscheidend sind, ist angesichts der Heterogenität der Bildungsverläufe schwer festzumachen.

57 Vgl. http://www.spiegel.de/politik/deutschland/integrationsgipfel-tgd-chef-cinar-kritisiert-bildungspolitik-a-1005392.html. Zum Widerspruch zwischen hohen Bildungsaspirationen und geringem Schulerfolg türkeistämmiger Schüler vgl. auch das Interview mit Birgit Leyendecker (2008).

58 Eine mögliche Konsequenz ist die soziale und politische Radikalisierung, wie etwa der Einstieg in islamistische Szenen, worauf ich an anderer Stelle in diesem Buch eingehe (vgl. Kapitel »Mit Gewalt gegen Integration«).

59 Inwiefern der Bezug zur Gewalt nicht zwingend mangelnder Selbstbeherrschung, sondern einem Kalkül geschuldet sein kann, zeigt der Artikel von Stefan Kreitwolf (2014) zu den »Skandal-Rappern«, die ihr Image pflegen müssen.

60 Der Ansatz der »Institutionellen Diskriminierung« gehört zu den klassischen Perspektiven im Themenbereich Migration und Bildung. Für eine Fortschreibung und Konkretisierung vgl. Gomolla (2011). Für Gegenpositionen oder Relativierungen der Bedeutung institutioneller Diskriminierung vgl. Maaz u.a. (2010).

61 Zustimmung und Kritik zu Goreliks Buch finden sich hier: http://www.fluter.de/de/113/buecher/10763/

62 Der vollständige Eintrag zu »einheimisch« lautet: »an einem Ort, in einem Land seine Heimat habend und mit den Verhältnissen dort vertraut sein.« (Dudenredakion 2010: 306)

63 Der Einfluss von Migration auf Sprache wird in zwei Richtungen untersucht: Zum einen bezüglich der *Mehrsprachigen Lebenswelten* (Keim 2012) der Einwanderer, die je nach Kontext zwischen ihren Sprachen hin- und herspringen, durchaus auch innerhalb eines Satzes, was man als »Code switching« bezeichnet. Zum anderen geht es um die Veränderungen, die die deutsche Sprache, insbesondere das gesprochene Deutsch, insgesamt durch Migration erfährt (Hinrichs 2013). An »Sprache« sind starke Emotionen gekoppelt, wie die Reaktionen auf den Vorstoß der CSU im Dezember 2014 zeigten. Im Rahmen der Vorbereitung ihres Parteitags beabsichtigten führende CSU-Politiker, Deutsch als Familiensprache und öffentliche Sprache von Einwanderern zu stärken bzw. als verpflichtend zu markieren. Dieses Vorhaben wurde nach öffentlichem Hohn und Spott, der sich vor allem an der Differenz von Deutsch und Bayrisch festmachte und auch zahlreiche Kritiker im eigenen Lager und in der Union fand, schnell zurückge-

nommen. CDU-Generalsekretär Peter Tauber wurde mit der Aussage zitiert: »Ich finde ja, es geht die Politik nichts an, ob ich zu Hause lateinisch, klingonisch oder hessisch rede«. Ein weiterer Blick richtete sich auf die Auslands- und Volksdeutschen. So fragte ein führendes Parteimitglied: »Haben wir die Donauschwaben nicht so gelobt, dass sie Deutsch über Jahrhunderte bewahrt haben?« (*Süddeutsche Zeitung* vom 8.12.2014, Nr. 282, S. 5)

64 Diese Entwicklung war dem Statistischen Bundesamt vor dem Kapitel über »Bildung« im Statistischen Jahrbuch 2014 eine eigene Headline wert (vgl. Statistisches Bundesamt 2014: 75).

65 An dieser Stelle kann ich die Folgen, die der Abzug der qualifizierten Arbeitskräfte aus Ländern wie Bulgarien, Rumänien oder Spanien für diese Länder hat (»brain drain«), nicht diskutieren (vgl. Hunger 2003). In jüngerer Zeit wird auch verstärkt von »brain circulation« gesprochen (vgl. Ette/Sauer 2010).

66 Für die Einwanderung und die durchaus nicht geradlinigen Integrationsverläufe von Spätaussiedlern am Beispiel der Stadt Karlsruhe vgl. die Analyse von Sabine Liebig (2010).

67 Die Aussage »Aussiedler sind keine Ausländer« ist juristisch korrekt (Art. 116 GG), sie sind Deutsche. Insofern ist das Statement eigentlich überflüssig. Die Botschaft soll wohl sein: »Grenzt Aussiedler nicht als Fremde aus, sie gehören als Deutsche zu uns.« Damit werden jedoch indirekt die »richtigen Ausländer« ausgegrenzt: Es wird ein Wir, zu dem die Aussiedler gehören, vom Die der »Ausländer« unterschieden. Ein konkreter Unterschied zwischen Aussiedlern und anderen Migranten besteht nach § 7 Abs. 2 Bundesvertriebenengesetz in der kostenlosen Teilnahme für Spätaussiedler und ihre Familienangehörigen am Integrationskurs.

68 Der Begriff »türkeistämmig«, also der Verweis auf das Land und nicht die ethnische Bezeichnung, wird bevorzugt, wenn man die Kurden aus der Türkei, die nicht türkisch, sondern kurdisch sind, nicht ausgrenzen will.

69 Anfang 2014 legte das baden-württembergische Innenministerium eine Stellungnahme zur Gülen-Bewegung vor und kündigte weitere Analysen an: http://www2.landtag-bw.de/WP15/Drucksachen/4000/15_4721_d.pdf. Vgl. auch http://www.faz.net/aktuell/politik/ausland/naher-osten/prediger-fethullah-guelen-im-f-a-z-gespraech-islam-und-moderne-stehen-nicht-im-widerspruch-11983556.html (6.12.2012). Zur Kritik von politisch linker Seite vgl. http://www.yenihayat.de/deutsch/die-gulen-gymnasien-deutschlands (20.4.2010).

70 Gegenwärtig wird der im Vergleich zu den Jahrzehnten davor noch ge-

sunkene Anteil von Arbeiterkindern an deutschen Hochschulen verstärkt diskutiert, wie die Resonanz auf das Buch von Marco Maurer (2015) zeigt: http://www.sueddeutsche.de/kultur/2.220/reich-und-arm-willkommen-in-der-staendegesellschaft—1.2419985

71 Auch an US-Universitäten, insbesondere an den sogenannten Eliteuniversitäten, gibt es bis heute Diskriminierungserfahrungen von schwarzen Studierenden; vgl. die Kampagne der Betroffenen im Jahr 2014/2015: http://www.spiegel.de/unispiegel/studium/i-too-am-harvard-anti-rassismus-kampagne-an-elite-unis-a-963754.html; http://itooamharvard.tumblr.com/ Innerhalb der Studie *Wissenschaftlerinnen mit Migrationshintergrund* (Lind/Löther 2008) dokumentiert der Beitrag von Parminder Bakshi-Hamm (2008) auf der Grundlage biografischer Interviews die Erfahrungen dieser Wissenschaftlerinnen an deutschen Universitäten.

72 Im Fall dieser Studie hätte es vermutlich ebenfalls weniger ausgerichtet, »weiblich« und »türkischstämmig« zu sein. Vgl. die Reportage zur Studie, die in Duisburg-Hochfeld durchgeführt wurde: https://www.youtube.com/watch?v=DUaSyq4q9K8

73 Vgl. auch das ausführliche Dossier von Vera Hanewinkel (2012). Allerdings ist angesichts der aktuellen politischen Situation in der Türkei im Jahr 2014/2015, die aus Sicht der Opposition in der Türkei und eines Großteils der deutschen Öffentlichkeit durch Repression gekennzeichnet ist (vgl. auch die Parlamentswahlen in der Türkei am 7. Juni 2015) ein Rückgang der Einwanderung von Hochqualifizierten zu vermuten. – Zur Migration, Transmigration und Mobilität zwischen Deutschland und der Türkei vgl. den von Barbara Pusch (2013) herausgegebenen Sammelband. Siehe dort auch den Beitrag von Barak Gümüs (2013), der bei den deutsch-türkischen Transmigrantinnen neben Erfolgen auch Ernüchterung konstatiert.

74 Zur »Ethnizität« hatte Max Weber schon im Jahr 1922 festgestellt, dass es dabei weniger um die faktische, als vielmehr um die gefühlsmäßige Volkszugehörigkeit geht (Weber 1972a [1922]; Treibel 2011: 186).

75 Hier gibt es zahlreiche Überschneidungen zum Konzept der Hybridität, das ich an anderer Stelle behandelt habe (vgl. das Kapitel »Deutsch kann man doch nicht werden!«).

76 Vgl. den Artikel und das Interview mit der Schauspielerin Aylin Tezel, in: *Süddeutsche* Zeitung, 11./12.10.2014, V2 (Wochenendbeilage); in diesem Zusammenhang zeigen die »Türken-Rollen« des österreichisch-tunesischen Schauspielers Elyas M'Barek, dass es offensichtlich einen großen Bedarf an »Türken-Darstellern« gibt.

77 Diese Zuständigkeiten sind an vielen Orten erhalten geblieben bzw. in

Richtung interkultureller Projekte weiterentwickelt worden, etwa in Augsburg: http://www.interkultureller-stadtplan.de/orte/index.php?kat =7&inh=270; Nürnberg: http://www.awo-nuernberg.de/startseite/wir-ueber-uns/migration-und-integration/migrationsberatung-fuer-erwachsene-zuwanderer/tuerkische-seniorengruppe.html; zur Phase der Gastarbeiterpolitik vgl. Treibel (2011) oder Höhne u.a. (2014).

78 Vgl. http://forum-ukraine.de/; http://www.cwc-hsk.de/de/main; http://www.vaybee.de/; http://www.deutsch-russisches-forum.de/index.php?id=40

79 Vgl. auch http://www.sueddeutsche.de/kultur/debatte-um-integration-sie-wollen-als-deutsche-wahrgenommen-werden-1.2343309; die öffentliche Aufmerksamkeit für diese Aktivitäten ist sicherlich durch »Pegida« geschärft.

80 In seiner informativen Analyse über »Wenn aus Ausländern Wähler werden: Die ambivalente Rolle der Parteien bei der Repräsentation von Migranten in Deutschland« geht der Politikwissenschaftler Orkan Kösemen (2013) einleitend auf den »holprigen Amtsantritt« der niedersächsischen Ministerin Aygül Özkan im April 2010 ein und reflektiert mit Blick auf die CDU, dass mit Nominierungen wie dieser »gleich zwei parteipolitisch unterrepräsentierte Gruppen auf einmal abgedeckt werden sollen.« (Ebd.: 7) Hinsichtlich der SPD thematisiert er auch nochmals deren Unterstützung für Thilo Sarrazin im Jahr 2010, die ein falsches Signal in alle Richtungen gesetzt habe (vgl. hierzu auch »Zum Schluss« dieses Buches). Zum Thema »Einwanderer in der Politik« siehe auch die Studie von Karen Schönwälder, Cihan Sinanoglu und Daniel Volkert (2011).

81 Vgl. http://www.stuttgarter-zeitung.de/inhalt.cdu-stadtverband-waghaeusel-cdu-erfreut-ueber-spitzenfrau.e863d218-d16c-46c7-bc7a-6fb3075b97ba.html; Stuttgarter Zeitung vom 22.7.2013; vgl. auch Rundfunkinterview im Pod-Cast: http://hügelhelden.de/wann-wirst-du-endlich-abtransportiert-erste-muslimische-cdu-vorsitzende-im-land-gibt-auf/

82 Italienische Einwanderer haben, ungeachtet ihrer Teilhabeschwierigkeiten und des auffälligen Bildungsmisserfolgs vieler italienischer Jugendlicher, einen Akzeptanzvorteil in der deutschen Gesellschaft, der wissenschaftlich nur schwer zu fassen ist (vgl. die Beiträge in Janz/Sala 2011). Während die deutsch-türkischen Comedians der zweiten Einwanderer-Generation angehören, sind die weniger zahlreichen und weniger präsenten Aussiedler-Comedians mehrheitlich Angehörige der ersten Generation, wie in dem DGF-Forschungsprojekt zu »Migration und Komik« festgestellt wurde (Leontiy 2014; vgl. auch http://www.

kulturwissenschaften.de/home/projekt-82.html sowie https://www.you tube.com/watch?v=EPbWjAvPJlA).

83 Informationen und weitere Hinweise zu den Biografien, zum Selbstverständnis und den Programmen der genannten Comedians finden sich hier: http://www.senay.tv/; http://www.django-asuel.de/; http://www.fatihland.de/; http://www.abdelkarim.tv/ Empfohlen sei das Interview mit Senay Duzcu zum Thema »Integration durch Comedy?«: http://vimeo.com/31022009.

84 Siehe auch die Sendung StandUpMigranten vom 6.12.2014: http://mp4-download.einsplus.de/standupmigranten/2014/718076.xl.mp4.

85 Vgl. den Auftritt von Çevikkollu: https://www.youtube.com/watch?v=2m55lCG_8v8; vgl. auch die Informationen zu Çevikkollu bei Leontiy (2014).

86 Mit dieser Kritik am Versuch von Frauen, mehr Einfluss zu gewinnen, versuchte eine Gruppe von Männern in Kenia einen »Sexstreik« zu lancieren (Pfaff 2014).

87 Unter »Turksprachen« versteht man die gemeinsame Sprachfamilie von insgesamt vierzig Sprachen, zu denen Türkisch, Kasachisch und weitere Sprachen gehören. Diese Sprachfamilie ist wiederum Teil der indoeuropäischen oder indogermanischen Sprachen, zu denen auch die deutsche Sprache gehört.

# Wie man sich weiter integrieren kann: Kommentierte Webliografie

*Unter Mitarbeit von Madeleine Kumbartzki*

Migration und Integration sind sehr komplexe Themengebiete. Die hier aufgeführten Internetadressen sollen Ihnen den Einstieg in Ihre Interessengebiete ermöglichen. Hierzu werden Internetseiten von Akteuren vorgestellt, die sich innerhalb und außerhalb der Wissenschaft mit Migration im engeren oder weiteren Sinne beschäftigen. Bei der Auswahl wurde darauf geachtet, dass ein breites Themenspektrum abgedeckt wird und die Seiten weiterführende und aktuelle Informationen anbieten. Es wird ein Einblick in die Vielfalt der Akteure geboten, ohne den Anspruch zu erheben, vollständig zu sein. Hierzu wurden vor allem übergeordnete Institutionen wie (Dach-)Verbände ausgewählt oder wichtige (international agierende) Organisationen und Institutionen unter anderem aus Politik, Medien, Wissenschaft, Kirchen oder Bildung. Vorgestellt werden zudem Initiativen, die in der öffentlichen und medialen Landschaft weniger bekannt sind, jedoch einen wichtigen Beitrag zur Migrations- und Integrationsdiskussion leisten. Wenn es sich bei den Akteurinnen um Regierungsorganisationen handelt, werden sie als solche gekennzeichnet. Bei den anderen Vereinen, Initiativen und Organisationen handelt es sich um Nichtregierungsorganisationen. Entscheidend für die Auswahl war, dass die Inhaber der vorgestellten Websites programmatisch arbeiten.

Aus dem politischen Spektrum wurden außerdem Webauftritte der Neuen Rechten sowie der linken Szene ausgewählt. Diese Seiten spiegeln nicht die politischen Einstellungen der Autorinnen wider. Für das Verständnis aktueller politischer und gesellschaftlicher Diskussionen kann es aufschlussreich sein, wenn man sich auch mit den Akteuren beschäftigt, die sich eher am politischen Rand bewegen, jedoch in andere politische und gesellschaftliche Bereiche einwirken.

Insgesamt wird versucht, die Zielsetzungen und das Selbstverständnis der betreffenden Akteure wiederzugeben. Für den Inhalt der jeweiligen Webauftritte übernehmen die Autorinnen keine Verantwortung.

## Staat und Migration

www.bundesregierung.de/Webs/Breg/DE/Bundesregierung/Beauftragtefuer Integration/beauftragte-fuer-integration

Auf den Seiten der/des *Bundesbeauftragten für Migration, Flüchtlinge und Integration* findet man alle Informationen rund um das Amt und die Person der/des amtierenden Beauftragten. Diese Homepage bietet die Möglichkeit, sich über die aktuelle Migrations- und Integrationspolitik der Bundesregierung zu informieren. Innerhalb der Themenschwerpunkte wie beispielweise Arbeit, Bildung oder Gesundheit wird über Initiativen und Projekte berichtet, die die Integration von Migranten fördern möchten. Darüber hinaus werden Anregungen zu weiteren Recherchen geboten. Die zahlreichen wissenschaftlichen Publikationen, die im Auftrag der/des Beauftragen erstellt werden, stehen als kostenloser Download zur Verfügung oder können teilweise auch in gedruckter Form bestellt werden.

Auch die einzelnen Bundesländer verfügen über ein politisches Organ für Integration. So bieten aktuell unter anderem die Integrationsbeauftragte von Baden-Württemberg, der Staatssekretär für Integration in Nordrhein-Westfalen oder die Staatssekretärin für Gleichstellung und Integration von Sachsen Auskünfte über bundesländerspezifische Initiativen und politische Maßnahmen zu Integration, Asyl und Migration.

www.bamf.de

Das *Bundesamt für Migration und Flüchtlinge* ist die zentrale staatliche Behörde zu Migration, Integration und Asyl der Bundesrepublik Deutschland. Eine wesentliche Aufgabe des Bundesamtes ist die Durchführung der Asylverfahren. Dies umfasst die Prüfung der Asylanträge und die Entscheidung darüber, ob diese bewilligt werden und somit Asyl gewährt wird oder Asylsuchende ausgewiesen werden. Wer sich für Einreisebedingungen, das deutsche

Asylverfahren oder für Einbürgerung interessiert oder sich zu Förderungsmöglichkeiten für eine Rückkehr ins Herkunftsland informieren möchten, findet auf der Homepage alle nötigen Angaben und Weiterleitungen. Die Inhalte richten sich dabei an Migranten selbst, aber auch an professionelle oder private Schlüsselpersonen. Das BAMF verfügt über eine eigene Forschungsabteilung, die regelmäßig Studien zu Migration, Arbeitsmigration, irregulärer Migration, dem demografischen Wandel und weiteren Themen veröffentlicht. Diese können auf der Homepage kostenlos heruntergeladen oder teilweise auch als Printausgabe bestellt werden.

## Forschung und Migration

Zahlreiche Lehrstühle an deutschen Universitäten sowie Forschungsinstitute behandeln migrationsspezifische Themen als Schwerpunkt. Hierbei beschäftigen sich unterschiedliche wissenschaftliche Disziplinen wie Soziologie, Erziehungswissenschaften, Politikwissenschaft, Sprach- und Kulturwissenschaften, Geografie, Geschichtswissenschaft oder die Wirtschaftswissenschaften mit dem Themenkomplex. Exemplarisch seien hier ein Forschungsinstitut und zwei weitere wissenschaftliche Institutionen vorgestellt.

www.imis.uni-osnabrueck.de

IMIS steht für das *Institut für Migrationsforschung und Interkulturelle Studien* der Universität Osnabrück. Zu den zentralen Zielen des Forschungsinstituts gehören die interdisziplinäre Vernetzung sowie die Förderung der Verbindung von Wissenschaft und Praxis. Man kann sich auf der Homepage über die Forschungsschwerpunkte, wie beispielsweise Migrationsregime oder Potenziale der Migration, informieren. Neben den aktuellen Veranstaltungen werden Beiträge und Schriften des Instituts angeboten. Für einen geschichtlichen Zugang zur Migrationsthematik finden sich hier ausgewählte Studien der historischen Migrationsforschung.

www.soziologie.de/de/sektionen/sektionen/migration-und-ethnische-minder
heiten

Die *Sektion für Migration und ethnische Minderheiten* gehört zur *Deutschen Gesellschaft für Soziologie*, dem größten Berufsverband der Soziologie in Deutschland. Das Ziel der Sektion ist der wissenschaftliche Austausch innerhalb der Sozialwissenschaften, und speziell der Soziologie, über migrations- und integrationsspezifische Themen und Debatten sowie über ethnische Minderheiten. Über ihren monatlich erscheinenden, kostenlosen Online-Newsletter bietet sie ihren Mitgliedern und Leserinnen Informationen über Stellenausschreibungen, Tagungen, aktuelle Publikationen der soziologischen Migrationsforschung und über die Aktivitäten der Sektion. Neben diesen finden sich auch weiterführende Links zu Fachzeitschriften, Institutionen und Organisationen sowie Datenbanken. Wenn Sie sich für wissenschaftliche Aktivitäten zur Thematik interessieren, finden Sie hier einen passenden Einstieg.


www.kritnet.org

*Kritnet* ist ein Online-Portal, auf dem sich Wissenschaftler kritisch mit Integrations- und Einwanderungsdiskursen oder öffentlichen und medialen Debatten rund um Migration auseinandersetzen. Angesiedelt ist Kritnet am Institut für Kulturanthropologie/Europäische Ethnologie der Universität Göttingen und am Labor für kritische Migrations- und Grenzregimeforschung Göttingen. Der Fokus der Veröffentlichungen, vorgestellten Publikationen, Ausstellungen, Informationen über Tagungen von Kritnet sowie weltweite Aktionen liegt auf einer kritischen und problemzentrierten Auseinandersetzung mit dem momentanen globalen Migrationsgeschehen an Grenzen sowie im In- und Ausland.

# Stiftungen

www.svr-migration.de

Der *Sachverständigenrat deutscher Stiftungen für Integration und Migration* berät unabhängig und begleitet kritisch die deutsche Politik in ihren Entscheidungen und spricht Empfehlungen zu den Themen Integration und Migration aus. Eine zentrale Publikation des Rates ist das jährlich erscheinende Gutachten, in dem sich der SVR zu aktuellen Entwicklungen äußert und wissenschaftlich erhobene Daten und Informationen für zivile und politische Akteure zur Verfügung stellt. Neben dem Jahresgutachten findet man weitere Publikationen zu Forschungen und Informationen über Veranstaltungen des Sachverständigenrates.

Politische Stiftungen

In Deutschland gibt es sechs sogenannte politische Stiftungen. Jede Stiftung steht einer Bundespartei nahe. So steht die Friedrich-Ebert-Stiftung der SPD nahe, die Konrad-Adenauer-Stiftung der CDU und die Hanns-Seidel-Stiftung der CSU. Der FDP steht die Friedrich-Naumann-Stiftung nahe, die Heinrich-Böll-Stiftung den Bündnisgrünen und DIE LINKE der Rosa-Luxemburg-Stiftung.

Die Themen Migration und Integration behandeln die Stiftungen mit unterschiedlichen, parteinahen Schwerpunkten und Interessen. Des Weiteren informieren die Stiftungen über ihre Tätigkeiten, Publikationen und Veranstaltungen zur Förderung der Demokratie auf bundesdeutscher Ebene, aber auch über europaweite und internationale Ereignisse und Initiativen.

www.rat-fuer-migration.de/

Der *Rat für Migration* ist ein interdisziplinärer bundesweiter Zusammenschluss von Wissenschaftlern. Er steht unter der Schirmherrschaft der deutschen UNESCO-Kommission. Seit 1998 begleitet der Rat öffentlich und kritisch die Bundespolitik in migrations- und integrationspolitischen Fragen. Mit Publikationen, wie beispielsweise dem bis 2010 erschienenen Migrationsreport, öffentlichen und medialen Stellungnahmen setzt sich der Rat für Migration für eine differenzierte und vorausschauende politische Debatte rund um Migration und Integration ein. Auf seine Initiative gingen der bereits vorgestellte Sachverständigenrat deutscher Stiftungen für Integration und Migration und der Mediendienst Integration zurück. Auf den Internetseiten wird über Publikationen, Pressemitteilungen und Stellungnahmen sowie über die Mitglieder informiert.

## Medien und Migration

An dieser Stelle soll ein exemplarischer Einblick in die sogenannten »ethnischen Medien« ermöglicht werden, also von Medien, die von unterschiedlichen Gruppen von Einwanderern initiiert und betrieben werden.

www.migazin.de

Das *MiGAZIN* ist ein Online-Magazin, das täglich über Themen zu Migration und Integration aus Politik, Gesellschaft, Recht und Wirtschaft informiert. Außerdem findet man hier Artikel zu aktuellen wissenschaftlichen Studien und Rezensionen über neue Literatur, Filme und Theaterstücke. Die Artikel werden zum Teil von Wissenschaftlerinnen, aber auch von freien Autoren mit und ohne Migrationshintergrund erstellt. Das Magazin richtet mit seinen Beiträgen einen kritischen Blick auf deutsche, aber auch europäische Entwicklungen. Dabei möchte es vor allem Angehörige der Mehrheitsgesellschaft, also Alte Deutsche, erreichen.

www.migration-business.de

Das Online-Magazin *migrationbusiness* informiert rund um die wirtschaftliche Lage und Bedeutung von Migranten in und für Deutschland. Anhand von Berichten über Unternehmen, aus der Wirtschaftspolitik oder mit Interviews aus Politik und Wirtschaft, verfolgt das Magazin das Anliegen, ein anderes Bild von Migrantinnen zu zeichnen. Es will zeigen, dass Migranten mit Kreativität, Engagement und Wissen einen wichtigen wirtschaftlichen Beitrag leisten. Sie werden aber auch über Integrationsprojekte, -preise, Initiativen u.a. informiert.

www.mediendienst-integration.de

Der *Mediendienst Integration* ist ein Projekt des Rats für Migration e.V., einem Zusammenschluss von Migrationsforscherinnen in Deutschland und richtet sich primär an Journalisten. Auf den Seiten des Mediendienstes befinden sich Recherchen und Hintergrundinformationen zur aktuellen medialen Berichterstattung. Es soll aber auch auf Themen aufmerksam gemacht werden, die in der sonstigen Berichterstattung weniger Beachtung finden. Weiterhin werden umfangreiche und kommentierte Fakten und Zahlen, wie etwa zu Bevölkerung, Arbeitsmarkt, Religion, Rassismus oder Politik zur Verfügung gestellt.

## Politische Bildung und Migration

www.bpb.de/gesellschaft/migration

Die *Bundeszentrale für politische Bildung,* die als staatliche Behörde dem Bundesinnenministerium zugeordnet ist, verfügt über umfassende Materialien zur Geschichte, Politik und gesellschaftlichen Entwicklung im Kontext Migration und Integration. Sie vermittelt einen nationalen wie internationalen Blick innerhalb der europäischen Migrationspolitik und über diese hinaus. Mit über 30 Länderprofilen kann man sich über einzelne Länder und ihre Migrationsgeschichte informieren. Zahlreiche Dossiers zu aktuellen Themen bieten Hintergrundinformationen, vor allem zu politischen Entwicklungen.

Auf der Ebene der Bundesländer finden Sie die *Landeszentralen für politische Bildung*, die anhand von Publikationen, Veranstaltungen und Projekten die politische Bildung auf Länderebene zum Ziel haben.

## Migrantenselbstorganisationen

www.bagiv.de

Die *Bundesarbeitsgemeinschaft der Immigrantenverbände in Deutschland e.V.* ist der Dachverband für Migrantenorganisationen und bündelt einige zentrale Migrantenverbände. Mit Publikationen, Tagungen und Projekten informiert die Arbeitsgemeinschaft über ihre Tätigkeiten zur politischen Partizipation von Migranten, der Förderung von Integration und Anerkennung, Jugendarbeit u.a. Ein ausführliches Glossar bietet Hintergrundinformationen und Definitionen zu unterschiedlichen Themen aus Sicht der Arbeitsgemeinschaft. Ein täglich aktualisierter Pressespiegel hält über Mitteilungen, Berichte und Artikel auf dem Laufenden.

www.damigra.de

Hinter DaMigra verbirgt sich der *Dachverband für die Selbstorganisationen von Migrantinnen*. Hier ist man richtig, wenn man sich für Lebenslagen und Situationen von Migrantinnen interessiert. Neben nationalen und internationalen Informationen zur Arbeitsmarktlage oder Gewalt gegen Frauen, bietet der Dachverband auf seinen Seiten gleichzeitig entsprechende Literaturhinweise, die zum Download bereitstehen. Wenn Sie mehr zu Migrantenorganisationen oder Verbänden in Ihrer Umgebung erfahren möchten, bietet die Homepage eine Datenbank mit Standortsuche.

## Flucht, Asyl und Menschenrechte

www.unhcr.de

Die internationale Regierungsorganisation *UNHCR*, das *Hohe Kommissariat für Flüchtlinge der Vereinten Nationen (UN)*, hat den Internationalen Flüchtlingsschutz zur Hauptaufgabe. Ihr Kernstück ist die Genfer Flüchtlingskonvention von 1951 mit dem Zusatzprotokoll von 1967. Der Internationale Flüchtlingsschutz beinhaltet, internationale Vereinbarungen bekannt zu machen und Regierungen zur Beachtung zu bewegen sowie Sofort- und Notfallhilfe für die Aufnahmeländer von Flüchtlingen. Der UNHCR kooperiert dabei mit Nichtregierungsorganisationen und weiteren UN-Partnern zum Beispiel bei der Verteilung von Lebensmitteln oder technischem Equipment. Die Seiten des UNHCR informieren über sein Mandat für weltweite Flüchtlinge, Staatenlose, Asylsuchende, Binnenvertriebene und Rückkehrer, aktuelle Ereignisse, Ergebnisse und Zahlen zum Thema Flucht sowie über internationales Flüchtlingsrecht.

www.proasyl.de

*Pro Asyl* ist eine Menschenrechtsorganisation, die sich für die Rechte von Flüchtlingen und Asylsuchenden in Deutschland und Europa einsetzt. Mit Öffentlichkeitsarbeit und der aktiven Unterstützung von Initiativen und Flüchtlingen im Asylverfahren setzt sich die Organisation für eine offene Gesellschaft und einen verstärkten Flüchtlingsschutz ein. In Kooperation mit internationalen Partnern macht Pro Asyl die Menschenrechtsverletzungen an den Außengrenzen der Europäischen Union und ihre restriktive Flüchtlingspolitik deutlich.

Zu den einflussreichen Menschenrechtsorganisationen, die alle Nichtregierungsorganisationen sind, gehören unter anderem Amnesty International, Terre des Hommes und Terre des Femmes. Diese setzen dort an, wo Menschenrechte verletzt werden und Menschen direkten Schutz benötigen. Sie decken zudem Menschenrechtsverletzungen auf und informieren auf internationaler Ebene darüber.

## Religion und Migration

Religion im Kontext Migration ist ein vieldiskutiertes Thema. Meistens wird dabei über »die« Muslime und »den« Islam gesprochen. Diese Rubrik möchte zeigen, dass sich christliche und muslimische Religionsgemeinschaften stärker für Integration einsetzen, als es in der Öffentlichkeit wahrgenommen wird. Die ausgewählten Initiativen stehen exemplarisch für die Vielfalt der lokalen, regionalen und bundesweiten religiösen Gemeinschaften und Vereine.

www.interkulturellewoche.de

Jährlich initiieren die Deutsche Bischofskonferenz, die Evangelische Kirche in Deutschland und die Griechisch-Orthodoxe Metropolie die bundesweit stattfindende *Interkulturelle Woche* (IKW). Zentraler Bestandteil der IKW ist der Tag des Flüchtlings. Auf den Seiten findet man neben Informationen zu den Aktivitäten während der Interkulturellen Woche beispielsweise Angebote für Gottesdienste oder Darstellungen von kirchlichen Projekten, die Flüchtlinge unterstützen, sich aber auch gegen Rassismus aufstellen. Zudem gibt es eine umfangreiche Datenbank zu Filmen, Ausstellungen, Büchern und Theaterstücken, die Themen um Migration, Integration und Flüchtlinge behandeln.

## Rechts und links von Migration und Integration

www.sezession.de

Auf den Seiten der *Sezession* kann man mehr über die sogenannte Neue Rechte, ihre aktuellen Debatten und verlegerischen Aktivitäten erfahren. Hierbei handelt es sich um das Online-Portal des Magazins des *Instituts für Staatspolitik* (IfS). Das Magazin erscheint sechs Mal jährlich als Printausgabe und veröffentlicht Beiträge zu aktuellen Debatten und Buchbesprechungen. Es wird außerdem über neue Studien des IfS rund um ihren eigenen Slogan »Right is right and left is wrong« informiert.

de.indymedia.org

Auf der politisch linken Seite besteht das unabhängige und alternative Netzwerk *Indymedia* Deutschland, das wiederum dem internationalen unabhängigen Mediennetzwerk indymedia angehört. Das Portal möchte Aktivisten, Organisationen, Gruppen und Medienmachern die Möglichkeit zur unabhängigen und unkommerziellen Berichterstattung neben dem Medienmainstream bieten. Das Besondere ist hierbei das Open Posting, d.h. jeder kann direkt und ohne zusätzlichen Aufwand auf die Seite zugreifen und seinen Beitrag veröffentlichen. Die Moderatoren achten auf einen gleichberechtigten Informationsfluss und darauf, dass sich in den Beiträgen keine sexistischen, rassistischen, faschistischen oder antisemitischen Inhalte befinden. Die Autoren informieren meist über globale Aktivitäten, Initiativen und politische oder rechtliche Bewegungen.

## Migration international

www.iom.int

Für einen Einblick in die Arbeit eines internationalen Akteurs in Kooperation mit 157 Mitgliedsstaaten, internationalen Organisationen und Nichtregierungsorganisationen, wird die Homepage der *Internationalen Organisation für Migration* empfohlen. Sie agiert weltweit und setzt konkrete nationale
und internationale Projekte um, die die Not von Flüchtlingen lindern und
Menschen bei Migration und Integration unterstützen sollen. IOM bietet im
Internet einen interessanten Überblick über ihre Ziele, Aktivitäten, Veranstaltungen, internationale Entwicklungen und eigene Publikationen.

# Bibliografie

Hinweis zu den Webseiten: letzter Zugriff, wenn nicht anders angegeben, jeweils am 3.6.2015

Adichie, Chimamanda Ngozi (2014), *Americanah*, Frankfurt/M.: S. Fischer.

Alba, Richard/Nee, Victor (2007), Assimilation, in: Waters, Mary C. Waters und Reed Ueda, (Hg.), *The new Americans: a guide to immigration since 1965*, Cambridge, Mass: Harvard University Press, S. 124–148.

Anderson, Benedict (2005), *Die Erfindung der Nation. Zur Karriere eines folgenreichen Konzepts*, 2., um ein Nachwort erw. Aufl., Frankfurt/M./New York: Campus.

Anderson, Bridget (2006), *Doing the Dirty Work? Migrantinnen und die Globalisierung der Hausarbeit*, Berlin: Assoziation A.

Anter, Andreas (2012), *Theorien der Macht zur Einführung*, Hamburg: Junius.

Arendt, Hannah (1970), *Macht und Gewalt*, München: Piper.

Ataman, Ferda (2011), Migranten, Medien und die Politik: Neu im Mittelfeld oder immer noch im Abseits? In: Marvin Oppong (Hg.), *Migranten in der deutschen Politik*, Wiesbaden: VS Verlag für Sozialwissenschaften, S. 127–133.

Ateş, Seyran (2007), Die Integrationsindustrie, in: Der Tagesspiegel, 1.10.2007, *http://www.tagesspiegel.de/meinung/kommentare/einwanderung-die-integrationsindustrie/1062054.html*

Aumüller, Jutta (2009), *Assimilation: Kontroversen um ein migrationspolitisches Konzept*, Bielefeld: transcript.

Aydın, Yaşar (2013), *»Transnational« statt »nicht integriert«*, Konstanz/München: UVK.

Aydın, Yaşar (2014), Abwanderung ist das Gegenteil einer gescheiterten Integration (Interview geführt von Sevda Ünal), in: Migazin, 11.02.2014, *http://www.migazin.de/2014/02/11/abwanderung-ist-das-gegenteil-einer-gescheiterten-integration*

Badawia, Tarek (2002), ›Der dritte Stuhl‹. Eine Grounded Theory-Studie zum kreativen Umgang bildungserfolgreicher Immigrantenjugendlicher mit kultureller Differenz, Frankfurt/M.: IKO.

Bade, Klaus J. (Hg.) (1992), Deutsche im Ausland – Fremde in Deutschland. Migration in Geschichte und Gegenwart, München: C.H.Beck.

Bade, Klaus J. (2007), Integration: versäumte Chancen und nachholende Politik, Aus Politik und Zeitgeschichte, Jg. 57, H. 22–23, S. 32–38, http://www. bpb.de/apuz/30457/versaeumte-integrationschancen-und-nachholende-integrationspolitik

Bade, Klaus J. (2011), Von der Arbeitswanderung zur Einwanderungsgesellschaft, in: Susanne Stemmler (Hg.): Multikultur 2.0. Willkommen im Einwanderungsland Deutschland, Göttingen: Wallstein, S. 154–185.

Bade, Klaus J. (2013), Kritik und Gewalt. Sarrazin-Debatte, ›Islamkritik‹ und Terror in der Einwanderungsgesellschaft, Schwalbach/Ts.: Wochenschau Verlag.

Bakshi-Hamm, Parminder (2008), Wissenschaftlerinnen mit Migrationshintergrund und ihre Erfahrungen an deutschen Universitäten, in: Inken Lind und Andrea Löther (Hg.), Wissenschaftlerinnen mit Migrationshintergrund, Bonn: Kompetenzzentrum Frauen in Wissenschaft und Forschung CEWS, S. 61–74.

Bakshi-Hamm, Parminder/Lind, Inken (2008), Migrationshintergrund und Chancen an Hochschulen, in: Inken Lind und Andrea Löther (Hg.), Wissenschaftlerinnen mit Migrationshintergrund, Bonn: Kompetenzzentrum Frauen in Wissenschaft und Forschung CEWS, S. 11–24.

Barlösius, Eva (2014), Dicksein: Wenn der Körper das Verhältnis zur Gesellschaft bestimmt, Frankfurt/M./New York: Campus.

Baumert, Jürgen/Maaz, Kai (2012), Migration und Bildung in Deutschland, in: Andreas Heinz und Ulrike Kluge (Hg.), Einwanderung – Bedrohung oder Zukunft? Mythen und Fakten zur Integration, Frankfurt/M./New York: Campus, S. 125–155.

Beck, Ulrich/Beck-Gernsheim, Elisabeth (2011), Fernliebe – Lebensformen im globalen Zeitalter, Berlin: Suhrkamp.

Beck-Gernsheim, Elisabeth (2014), Ausländer, in: Özkan Ezil und Gisela Staupe (Hg.), Das neue Deutschland. Von Migration und Vielfalt, Paderborn: Konstanz University Press, S. 115–117.

Becker, Susanne (2010), Migrationshintergrund als Ressource: Transnationale Lebenswirklichkeiten von türkeistämmigen Deutschen. Saarbrücken: VDM-Verlag.

Bepperling, Matthias (2014): Leserbrief zu »Deutsche lehnen Muslime ab«, in: die tageszeitung, 5.6.2014, http://www.taz.de/1/archiv/digitaz/artikel/?re

ssort=me&dig=2014%2F06%2F07%2Fa0197&chash=e43ec01d2257e09
04b5f8766b9977937

Berger, Peter/Weiß, Anja (Hg.) (2008), *Transnationalisierung sozialer Ungleichheit,* Wiesbaden: VS Verlag für Sozialwissenschaften.

Berking, Helmuth (2010), Der Migrant, in: Stephan Moebius und Markus Schroer (Hg.), *Diven, Hacker, Spekulanten. Sozialfiguren der Moderne,* Frankfurt/M.: Suhrkamp, S. 291–302.

Berry, John W. (1990), Psychology of Acculturation. Understanding Individuals Moving Between Cultures, in: Richard W. Brislin (Hg.), *Applied Cross-Cultural Psychology,* Newbury Park: Sage, S. 232–253.

Bielefeld, Ulrich (2008): Nation & Nationalstaat, in: Nina Baur/Hermann Korte/Martina Löw und Markus Schroer (Hg.), *Handbuch Soziologie,* Wiesbaden: VS Verlag für Sozialwissenschaften, S. 319–336.

Bochinger, Christoph (2015): Religiöse Minderheiten zwischen Selbst- und Fremdbildern – Zur Wahrnehmung von Religion in modernen Gesellschaften. In: Dorothea Weltecke/Ulrich Gotter und Ulrich Rüdiger (Hg.), *Religiöse Vielfalt und der Umgang mit Minderheiten. Vergangene und gegenwärtige Erfahrungen,* Konstanz/München: UVK, S. 25–56.

Bös, Nadine (2013): Work-Life-Balance? Typisch deutsch!, in: Frankfurter Allgemeine Zeitung, 22./23.6.2013, *http://www.faz.net/aktuell/beruf-chance/arbeitswelt/generation-y/generation-y-work-life-balance-typisch-deutsch-12238569-p2.html?printPagedArticle=true#pageIndex_2*

Bommes, Michael (2007), Integration – gesellschaftliches Risiko und politisches Symbol, *Aus Politik und Zeitgeschichte,* Jg. 57, H. 3–5, S. 22–23.

Bonacker, Thorsten (2014), Konflikttheorie, in: Günter Endruweit/Gisela Trommsdorf und Nicole Burzan (Hg.) *Wörterbuch der Soziologie,* 3., völlig überarb. Aufl., Konstanz: UVK.

Boschmann, Viktor (2012), Leben mit Rassismus: Der Russe kommt, in: ZEIT online, 26.5.2012, *http://www.zeit.de/gesellschaft/2012–05/leserartikel-rassismus-russlanddeutsche*

Bota, Alice/Pham, Khuê/Topçu, Özlem (2012), *Wir neuen Deutschen: was wir sind, was wir wollen,* Reinbek bei Hamburg: Rowohlt.

Bourdieu, Pierre (1983), Ökonomisches Kapital, kulturelles Kapital, soziales Kapital, in: Reinhard Kreckel (Hg.), *Soziale Ungleichheiten,* Göttingen: Schwartz, S. 183–198.

Brake, Anna/Büchner, Peter (2012), *Bildung und soziale Ungleichheit – Eine Einführung,* Stuttgart: Kohlhammer.

Brinkmann, Heinz U. (2013), Erfolge und Probleme der Integration. Soziodemografische Hintergründe und Lebenslagen der Migrationsbevölkerung, in: Heinz Brinkmann und Haci-Halil Uslucan (Hg.), *Dabeisein und Dazugehören. Integration in Deutschland*, Wiesbaden: Springer VS, S. 103–126.

Brinkmann, Heinz/Uslucan, Haci-Halil (Hg.) (2013), *Dabeisein und Dazugehören. Integration in Deutschland*, Wiesbaden: Springer VS.

Bude, Heinz (2008), *Die Ausgeschlossenen. Das Ende vom Traum einer gerechten Gesellschaft*, München: Hanser.

Bude, Heinz (2011), *Bildungspanik – Was unsere Gesellschaft spaltet*, München: Hanser.

Bude, Heinz/Willisch, Andreas (Hg.) (2006), *Das Problem der Exklusion – Ausgegrenzte, Entbehrliche, Überflüssige*, Hamburg: Hamburger Edition.

Bühre, Paul (2015), *Teenie Leaks. Was wir wirklich denken (wenn wir nichts sagen)*, Berlin: Ullstein.

Büttner, Tobias/Stichs, Anja (2013), Befragung zur Heiratsmigration, Bundesamt für Migration und Flüchtlinge, 27.02.2013, *http://www.bamf.de/SharedDocs/Meldungen/DE/2013/20130227-befragung-heiratsmigration.html*

Bund, Eva/Kohls, Martin/Worbs, Susanne (2014), Zuwanderung und Integration von (Spät-)Aussiedlern in Deutschland, *Zeitschrift für Ausländerrecht und Ausländerpolitik: ZAR*, Jg. 34, H. 10, S. 349–354.

Bund der Vertriebenen (2015), Flüchtlingsschutz ist gesamtgesellschaftliche Aufgabe. Dialog, Begegnung und politische Auseinandersetzung notwendig, 7.1.2015, Presseerklärung von BdV-Präsident Dr. Bernd Fabritius MdB zur aktuellen Debatte über die Flüchtlingspolitik und die Demonstrationen der sogenannten »Pegida«, *http://www.bund-der-vertriebenen.de/presse/news-detail/datum/2015/01/07/fluechtlingsschutz-ist-gesamtgesellschaftliche-aufgabe.html*

Bundesamt für Migration und Flüchtlinge (2014), *Migrationsbericht 2012*, Nürnberg: Bundesamt für Migration und Flüchtlinge.

Bundesamt für Migration und Flüchtlinge (2015), *Migrationsbericht 2013*, Nürnberg: Bundesamt für Migration und Flüchtlinge.

Bundesministerium des Innern (Hg.) (2015), Verfassungsschutzbericht 2014, Berlin.

Bundesministerium für Bildung und Forschung (Hg.) (2013), 20. Sozialerhebung des Deutschen Studentenwerks, durchgeführt durch das HIS-Institut für Hochschulforschung, Bonn/Berlin, *http://www.bmbf.de/pub/RD/20._Sozialerhebung.pdf*

Cashmore, Ellis/Cleland, Jamie (2014)**,** *Football's Dark Side: Corruption, Homophobia, Violence and Racism in the Beautiful Game***,** Basingstoke, Hampshire u.a.: Palgrave Macmillan**.**

Castro Varela, María do Mar (2013), *Ist Integration nötig? Eine Streitschrift*, Freiburg: Lambertus.

Çevikkollu, Fatih/Mysorekar, Sheila (2010), *Der Moslem-TÜV: Deutschland, einig Fatihland*, mit einem Vorwort von Cem Özdemir, Reinbek bei Hamburg: Rowohlt-Taschenbuch-Verlag.

Ceylan, Rauf (2006), *Ethnische Kolonien – Entstehung, Funktion und Wandel am Beispiel türkischer Moscheen und Cafés*, Wiesbaden: Springer VS.

Ceylan, Rauf/Jokisch, Benjamin (Hg.) (2014), *Salafismus in Deutschland. Entstehung, Radikalisierung und Prävention*, Frankfurt/M. u.a.: Lang-Edition.

Çil, Nevim (2009), Der vergessene Teil der Einheit. Türkische Migrantinnen und Migranten in Deutschland nach dem Mauerfall, in: Dirk Lange und Ayça Polat (Hg.) (2009), *Unsere Wirklichkeit ist anders. Migration und Alltag*, Schwalbach/Ts.: Wochenschau Verlag, S. 41–51.

Coleman, James S. (1990), *Foundations of Social Theory*, Cambridge, Mass. u. a.: Harvard University Press.

Coser, Lewis A. (2009), *Theorie sozialer Konflikte*, Wiesbaden: VS Verlag für Sozialwissenschaften [Erstausgabe 1956].

Dahrendorf, Ralf (1992), *Der moderne soziale Konflikt: Essay zur Politik der Freiheit*, Stuttgart: DVA.

Dantschke, Claudia (2014): Radikalisierung von Jugendlichen durch salafistische Strömungen in Deutschland, in: Rauf Ceylan und Benjamin Jokisch (Hg.), *Salafismus in Deutschland. Entstehung, Radikalisierung und Prävention*, Frankfurt/M.: Peter Lang, S. 193–214.

Davis, Dave (2013), *StandUpMigranten,* EinsPlus, 21.12.2013.

Datenreport 2013. Ein Sozialbericht für die Bundesrepublik Deutschland, Bonn: Bundeszentrale für politische Bildung.

Degele, Nina/Janz, Caroline (2012), *Hetero, weiß und männlich? Fußball ist viel mehr!*, 2. Aufl., Berlin: Friedrich-Ebert-Stiftung, Forum Politik und Gesellschaft.

Deligöz, Ekin (2015), Gemeinsam gegen die Gewalt, in: Frankfurter Allgemeine Zeitung, 29.01.2015, *http://www.ekin-deligoez.de/presse-3000039/ medienecho-ueberregional/gemeinsam-gegen-die-gewalt.html*

Dietz, Barbara (2012), Die Immigration aus Mittel- und Osteuropa nach Deutschland: Wanderungsdynamik, Integrationsmuster und politische Implikationen, in: Rahel Schomaker/Christian Müller und Andreas Knorr (Hg.), *Migration und Integration als wirtschaftliche und gesellschaftliche Ordnungsprobleme*, Stuttgart: Lucius & Lucius, S. 23–42.

Douglas, R. M. (2012) *»Ordnungsgemäße Überführung«: Die Vertreibung der Deutschen nach dem Zweiten Weltkrieg*, 3., durchges. und aktualisierte Aufl., München: C.H.Beck.

Dudenredaktion (Hg.) (2010), *Duden Band 10. Das Bedeutungswörterbuch*, 4. neu bearb. und erw. Aufl., Mannheim u.a.: Dudenverlag.

Eichener, Volker (1988), *Ausländer im Wohnbereich: theoretische Modelle, empirische Analysen und politisch-praktische Maßnahmenvorschläge zur Eingliederung einer gesellschaftlichen Außenseitergruppe*, Regensburg: Transfer-Verlag.

Elias, Norbert (1997), *Über den Prozeß der Zivilisation. Sozio- und psychogenetische Untersuchungen*, 2 Bde, Frankfurt/M.: Suhrkamp [Erstausgabe 1939].

Elias, Norbert (2005), *Studien über die Deutschen. Machtkämpfe und Habitusentwicklung im 19. und 20. Jahrhundert*, hg. von Michael Schröter, Frankfurt/M.: Suhrkamp [Erstausgabe 1989].

Elias, Norbert (2006), *Was ist Soziologie?* Frankfurt/M.: Suhrkamp [Erstausgabe 1970].

Elias, Norbert/Scotson, John L. (2002), *Etablierte und Außenseiter*, Frankfurt/M.: Suhrkamp [Erstausgabe 1965].

Elliott, Richard/Harris, John (Hg.) (2015), *Football and Migration. Perspectives, Places, Players*, London/New York: Routledge.

El-Mafaalani, Aladin (2012), *BildungsaufsteigerInnen aus benachteiligten Milieus. Habitustransformation und soziale Mobilität bei Einheimischen und Türkeistämmigen*, Wiesbaden: Springer VS.

Esser, Hartmut (1980), *Aspekte der Wanderungssoziologie. Assimilation und Integration von Wanderern, ethnischen Gruppen und Minderheiten. Eine handlungstheoretische Analyse*, Darmstadt/Neuwied: Luchterhand.

Esser, Hartmut (2001), Integration und ethnische Schichtung, Mannheim: Mannheimer Zentrum für Europäische Sozialforschung (MZES), *http://www.mzes.uni-mannheim.de/publications/wp/wp-40.pdf*

Ette, Andreas/Sauer, Leonore (2010), *Auswanderung aus Deutschland. Daten und Analysen zur internationalen Migration deutscher Staatsbürger,* Wiesbaden: VS Verlag für Sozialwissenschaften.

Faist, Thomas/Özveren, Eyüp (Hg.) (2004), *Transnational Social Spaces: Agents, Networks and Institutions*, Aldershot u.a.: Ashgate.

Flüchtlingsrat Baden-Württemberg (Hg.) (2013), Kontaktadressen für die Flüchtlingsarbeit in Baden-Württemberg, Karlsruhe: Druckcoop, *http://fluechtlingsrat-bw.de/lokale-adressen-in-baden-wuerttemberg.html*

Foroutan, Naika (2010), Neue Deutsche, Postmigranten und Bindungs-Identitäten. Wer gehört zum neuen Deutschland? Aus Politik und Zeitgeschichte, Jg. 60, H. 46–47, S. 9–15, *http://www.bpb.de/apuz/32367/neue-deutsche-postmigranten-und-bindungs-identitaeten-wer-gehoert-zum-neuen-deutschland*

Foroutan, Naika (2013), Hybride Identitäten. Normalisierung, Konfliktfaktor und Ressource in postmigrantischen Gesellschaften, in: Heinz Brinkmann und Haci-Halil Uslucan (Hg.), *Dabeisein und Dazugehören. Integration in Deutschland*, Wiesbaden: Springer VS, S. 85–99.

Foroutan, Naika/Schäfer, Korinne/Canan, Coşkun/Schwarze, Benjamin (2010), Sarrazins Thesen auf dem Prüfstand. Ein empirischer Gegenentwurf zu Thilo Sarrazins Thesen zu Muslimen in Deutschland, Berlin, *http://www.heymat.hu-berlin.de/sarrazin2010*

Foroutan, Naika/Canan, Coşkun/Arnold, Sina/Schwarze, Benjamin/Beigang, Steffen/Kalkum, Dorina (2014), Deutschland postmigrantisch I. Gesellschaft, Religion, Identität – Erste Ergebnisse, Berlin: Berliner Institut für empirische Integrations- und Migrationsforschung (BIM), *https://junited.hu-berlin.de/deutschland-postmigrantisch-1/*

Gauck, Joachim (2014), Einbürgerungsfeier anlässlich 65 Jahre Grundgesetz, *http://www.bundespraesident.de/SharedDocs/Downloads/DE/Reden/2014/05/140522-Einbuergerung-Integration.pdf?__blob=publicationFile*

Gaudino, Maurizio (2014), »Früher war Rocky Balboa, heute ist Hightech«, Christian Eichler im Gespräch mit Maurizio Gaudino, in: Frankfurter Allgemeine Sonntagszeitung, 13.09.2014, *http://www.faz.net/aktuell/sport/fussball/bundesliga/frueher-war-rocky-balboa-heute-ist-hightech-13152047.html?printPagedArticle=true#pageIndex_2*

Geier, Thomas/Frank, Magnus (2015), Bildung im »hizmet«. Zu Bildungspraxen und Biographien junger Studierender im Kontext der ›Gülen-Bewegung‹, in: Thomas Geier und Katrin U. Zaborowski (Hg.), *Migration: Auflösung und Grenzziehungen – Perspektiven einer erziehungswissenschaftlichen Migrationsforschung*, Wiesbaden: Springer VS (im Erscheinen)

Geißler, Rainer (2014), Migration und Integration, in: *Informationen zur politischen Bildung*, Sozialer Wandel in Deutschland, H. 324, 4/2014, S. 40–53.

Geißler, Rainer/Weber-Menges, Sonja (2013), Medien und Integration. Mediennutzung und Vorstellung zur medialen Integration bei Migranten, in: Heinz Ulrich Brinkmann und Haci-Halil Uslucan (Hg.), *Dabeisein und Dazugehören: Integration in Deutschland*, Wiesbaden: Springer VS, S. 273–289.

Gellner, Ernest (1999), *Nationalismus: Kultur und Macht*, Berlin: Siedler Verlag.

Ghaderi, Cinur (2014), *Politische Identität – Ethnizität – Geschlecht. Selbstverortungen politisch aktiver MigrantInnen*, Wiesbaden: Springer VS.

Glick-Schiller, Nina/Basch, Linda/Blanc-Szanton, Cristina (1997), Transnationalismus: ein neuer analytischer Rahmen zum Verständnis von Migration, in: Heinz Kleger (Hg.), *Transnationale Staatsbürgerschaft*, Frankfurt/M./New York: Campus, S. 81–107.

Gomolla, Mechtild (2011), Institutionelle Diskriminierung: Rechtliche und politische Hintergründe, Forschungsergebnisse und Interventionsmöglichkeiten im Praxisfeld Schule, in: Ursula Neumann (Hg.), *Schule mit Migrationshintergrund*, Münster/New York/München/Berlin: Waxmann, 181–195.

Gomolla, Mechtild/Radtke, Frank-Olaf (2002), *Institutionelle Diskriminierung – Die Herstellung ethnischer Differenz in der Schule*, Opladen: Leske und Budrich.

Gorelik, Lena (2012), *»Sie können aber gut deutsch!« Warum ich nicht mehr dankbar sein will, dass ich hier leben darf und Toleranz nicht weiterhilft*, München: Pantheon.

Goto, Junichi (2010), Aging and migration in Japan, in: Noel Gaston und Ahmed M. Khalid (Hg.), *Globalization and economic integration: winners and losers in the Asia-Pacific*, Cheltenham, UK/Northampton, MA, USA: Edward Elgar Publishing Ltd., S. 205–222.

Grimm, Dieter (2013), Wachsende Heterogenität – schwierige Integration, *MERKUR. Zeitschrift für europäisches Denken*, Jg. 67, H. 10/11, S. 863–871.

Gümüs, Burak (2013), Transmigration zwischen Deutschland und Istanbul: Erwartungen, Erfolge und Ernüchterungen von Hochqualifizierten, in: Barbara Pusch (Hg.), *Transnationale Migration am Beispiel Deutschland und Türkei*, Wiesbaden: Springer VS, S. 323–337.

Ha, Kien Nghi/Lauré al-Samarai, Nicola/Mysorekar, Sheila (Hg.) (2007), re/visionen. *Postkoloniale Perspektiven von People of Color auf Rassismus, Kulturpolitik und Widerstand in Deutschland,* Münster: Unrast-Verlag.

Hamann, Sybille (2011), Am Ende geht es um Sex, in: Die Presse, 5.8.2011, *http://diepresse.com/home/spectrum/zeichenderzeit/683791/Am-Ende-geht-es-um-Sex*

Han-Broich, Misun (2015), Engagement in der Flüchtlingshilfe – eine Erfolg versprechende Integrationshilfe, Aus Politik und Zeitgeschichte, Jg. 65, H. 14–15, S. 43–49, *http://www.bpb.de/apuz/203551/engagement-in-der-fluechtlingshilfe*

Hanewinkel, Vera (2012), Die Abwanderung hochqualifizierter türkeistämmiger deutscher Staatsangehöriger in die Türkei, Dossier, 8.5.2012, *http://www.migazin.de/2012/05/08/die-abwanderung-hochqualifizierter-turkei stammiger-deutscher-staatsangehoriger-in-die-turkei/3/*

Hanganu, Elisa/Heß, Barbara (2015), *Beschäftigung ausländischer Absolventen deutscher Hochschulen. Ergebnisse der BAMF-Absolventenstudie 2013*, Forschungsbericht 23, Nürnberg: Bundesamt für Migration und Flüchtlinge.

Hardy, Jane/Calvely, Moira/Shelley, Steve (2015), Arbeitsmigration im Gesundheitswesen, Aus Politik und Zeitgeschichte, Jg. 65, H. 4–5, S. 28–36, *http://www.bpb.de/apuz/198891/arbeitsmigration-im-gesundheitswesen*

Haug, Sonja (2013a), Ethnische Gemeinschaften, Religionsgemeinschaften und Aspekte der Integration, in: Heinz Brinkmann und Haci-Halil Uslucan (Hg.), *Dabeisein und Dazugehören. Integration in Deutschland*, Wiesbaden: Springer VS, S. 249–272.

Haug, Sonja (2013b), Migration, in: Steffen Mau und Nadine M. Schöneck (Hg.), *Handwörterbuch zur Gesellschaft Deutschlands*, Bd. 2, 3. Aufl., Wiesbaden: Springer VS, S. 592–607.

Haug, Sonja/Müssig, Stephanie/Stichs, Anja (2009), *Muslimisches Leben in Deutschland,* im Auftrag der Deutschen Islamkonferenz, Nürnberg: Bundesamt für Migration und Flüchtlinge.

Heckmann, Friedrich (2013), Die Integrationsdebatte in Deutschland, in: Karl-Heinz Meier-Braun und Reinhold Weber (Hg.), *Deutschland Einwanderungsland. Begriffe – Fakten – Kontroversen*, Stuttgart: Kohlhammer, S. 227–229.

Heine, Matthias (2006), Ich wachte auf und hatte einen Migrationshintergrund. Vor dem heutigen Integrationsgipfel im Kanzleramt: Wie nennt man eigentlich diejenigen, über die geredet werden soll?, in: Die Welt 14.7.2006, *http://www.welt.de/print-welt/article229269/Ich-wachte-auf-und-hatte-einen-Migrationshintergrund.html*

Heinz, Andreas/Kluge, Ulrike (Hg.) (2012), *Einwanderung – Bedrohung oder Zukunft? Mythen und Fakten zur Integration*, Frankfurt/M./New York: Campus.

Heitmeyer, Wilhelm (1995), *Rechtsextremistische Orientierungen bei Jugendlichen – empirische Ergebnisse und Erklärungsmuster einer Untersuchung zur politischen Sozialisation*, Weinheim/München: Juventa.

Heitmeyer, Wilhelm/Müller, Joachim/Schröder, Helmut (1997), *Verlockender Fundamentalismus: türkische Jugendliche in Deutschland*, Frankfurt/M.: Suhrkamp.

Helbig, Marcel (2015), Nicht nur Migranten haben es schwer, auch Ostdeutsche massiv unterrepräsentiert, in: Migazin, 21.01.2015, *http://www.migazin.de/2015/01/21/ossi-diskriminierung-nicht-migranten-ostdeutsche*

Herwig, Andreas/Konietzka, Dirk (2012), Zwischen Integration und Ausschluss: Die Klassenposition von Migranten im Zeit- und Generationsvergleich, *Zeitschrift für Soziologie*, Jg. 41, H. 4, S. 295–315.

Hess, Henner (2006): Die neue Herausforderung. Von der RAF zur Al-Qaida. In: Wolfgang Kraushaar (Hg.): *Die RAF. Entmythologisierung einer terroristischen Organisation*, Hamburg: Hamburger Edition, S. 109–139.

Hess, Sabine/Binder, Jana/Moser, Johannes (Hg.) (2009), *No integration?! Kulturwissenschaftliche Beiträge zur Integrationsdebatte in Europa*, Bielefeld: transcript.

Hillmann, Felicitas (Hg.) (2011), *Marginale Urbanität – Migrantisches Unternehmertum und Stadtentwicklung*, Bielefeld: transcript.

Hillmann, Felicitas/Sommer, Elena (2011), Döner und Bulette revisited oder: was man über migrantische Ökonomien genau wissen kann, in: Felicitas Hillmann (Hg.), *Marginale Urbanität – Migrantisches Unternehmertum und Stadtentwicklung*, Bielefeld: transcript, S. 23–86.

Hinrichs, Uwe (2013), *Multi-Kulti-Deutsch – wie Migration die deutsche Sprache verändert*, München: C.H.Beck.

Hobsbawm, Eric J. (2005), *Nationen und Nationalismus. Mythos und Realität*, 3. Aufl., Frankfurt/M./New York: Campus.

Höhne, Jutta/Linden, Benedikt/Seils, Eric/Wiebel, Anne (2014), Die Gastarbeiter. Geschichte und aktuelle Lage, WSI-Report, 16, September 2014, *http://www.boeckler.de/pdf/p_wsi_report_16_2014.pdf*

Hoffmann-Nowotny, Hans-Jürgen (1973), *Soziologie des Fremdarbeiterproblems. Eine theoretische und empirische Analyse am Beispiel der Schweiz*, Stuttgart: Enke.

Horeni, Michael (2014), *Die Brüder Boateng: drei deutsche Leben zwischen Wedding und Weltfußball*, Köln: Bastei Lübbe.

Houellebeq, Michel (2015), *Unterwerfung*, Köln: DuMont.

Huhn, Daniel/Metzger, Stefan (2013), Kulturelle Vielfalt im Fußball. Vereine als Lernort für gesellschaftliche Veränderungsprozesse, Bonn: Friedrich-Ebert-Stiftung, Abteilung Wirtschafts- und Sozialpolitik, *http://library.fes.de/pdf-files/wiso/10334.pdf*

Hummrich, Merle (2002), *Bildungserfolg und Migration. Biographien junger Frauen in der Einwanderungsgesellschaft*, Opladen: Leske + Budrich.

Hunfeld, Frauke (2014), Der Volksengel, *stern*, 23.12.2014.

Hunger, Uwe (2003), Brain drain oder brain gain: Migration und Entwicklung, in: Dietrich Thränhardt und Uwe Hunger (Hg.), *Migration im Spannungsfeld von Globalisierung und Nationalstaat*, Leviathan Sonderheft 22/2003, Wiesbaden: Westdeutscher Verlag, S. 58–75.

Imbusch, Peter (2012), *Macht und Herrschaft*, 2., aktualisierte und erw. Aufl., Wiesbaden: Springer VS.

Inhetveen, Katharina (2008), Macht, in: Nina Baur/Hermann Korte/Martina Löw und Markus Schroer (Hg.), *Handbuch Soziologie*, Wiesbaden: VS Verlag für Sozialwissenschaften, S. 253–272.

Institut für Arbeitsmarkt- und Berufsforschung (Hg.) (2012), Aus dem Ausland kommen immer mehr Akademiker, IAB-Kurzbericht. Aktuelle Analysen aus dem Institut für Arbeitsmarkt- und Berufsforschung, 21/2012, *http://doku.iab.de/kurzber/2012/kb2112.pdf*

International Labour Organization (ILO) (2014), Labour migration and remittances: Helping migrants make the most of their money. Feature 11.12.2014, Genf: ILO *http://www.ilo.org/global/about-the-ilo/newsroom/ features/WCMS_327092/lang—en/index.htm?ssSourceSiteId=addisababa*

Jacobsen, Lenz/Wensierski, Peter (2008), Bildung: Flucht vor dem Frust. Die türkische Mittelschicht gründet eigene Privatschulen, weil sie sich im öffentlichen System benachteiligt fühlt – und stößt damit auf Widerstand, in: Spiegel, 29.09.2008, *http://www.spiegel.de/spiegel/a-581126.html*

Jaeger, Mona (2015), Im Bus mit Wanderarbeitern, in: Frankfurter Allgemeine Zeitung 06.02.2015, *http://www.faz.net/aktuell/wirtschaft/wirtschaft-in-zahlen/rueckfahrt-nach-sofia-im-bus-mit-wanderarbeitern-13412003. html*

Johann, Albrecht (2015), *Rock'n'Roll und Ramadan. Lehrer aus Überzeugung*, Stuttgart: Klett-Cotta.

Jonas, Fabian (2010), Endlich eine Heimat. Seit 32 Jahren versucht Türkiyemsport ein ganz normaler deutscher Verein zu werden, in: *böll. Das Magazin der Heinrich-Böll-Stiftung*, Berlin, H.3 /2010, S. 16–17.

Kaddor, Lamya (2015), *Zum Töten bereit. Warum deutsche Jugendliche in den Dschihad ziehen*, München/Berlin/Zürich: Piper.

Kämpfer, Sylvia (2014), *Migration und Lebenszufriedenheit. Eine theoriegeleitete empirische Analyse*, Opladen/Berlin/Toronto: Budrich UniPress.

Karakaşoğlu, Yasemin (2013), Integration durch Bildung – welche Wege sind zu beschreiten? in: Heinz Brinkmann und Haci-Halil Uslucan (Hg.), *Dabeisein und Dazugehören. Integration in Deutschland*, Wiesbaden: Springer VS, S.127–148.

Keim, Inken (2012), *Mehrsprachige Lebenswelten: Sprechen und Schreiben der türkischstämmigen Kinder und Jugendlichen*, Tübingen: Narr.

Kelek, Necla (2011), *Die fremde Braut. Ein Bericht aus dem Inneren des türkischen Lebens in Deutschland*, Köln: Kiepenheuer & Witsch.

Keller, Carsten/Tucci, Ingrid (2014), Konstruktion und Relevanz von Ethnizität im deutsch-französischen Vergleich in: *Vielfalt und Zusammenhalt. Verhandlungen des 36. Kongresses der Deutschen Gesellschaft für Soziologie in Bochum und Dortmund 2012*, hg. in deren Auftrag von Martina Löw, Teilband 1, Frankfurt/M./New York: Campus, S. 213–226.

Kermani, Navid (2009), *Wer ist Wir? Deutschland und seine Muslime*, München: C.H.Beck.

Kiyak, Mely (2008), Ist das Deutsche eine Erfindung? Eine junge Deutsch-Türkin besucht das Germanische Nationalmuseum in Nürnberg, in: Die

Welt, 26.7.2008, *http://www.welt.de/welt_print/article2254983/Ist-das-Deutsche-eine-Erfindung.html*

Kleßmann, Christoph (1992), Einwanderungsprobleme im Auswanderungsland: das Beispiel der »Ruhrpolen«, in: Klaus J. Bade (Hg.), *Deutsche im Ausland – Fremde in Deutschland. Migration in Geschichte und Gegenwart*, München: C.H.Beck, S. 303–310.

Klimmt, Christoph/Sowka, Alexandra (2013), Viel Wissen – keine Stimme? Die Resonanz der Migrationsforschung in der Integrationsdebatte, in: Heinz Brinkmann und Haci-Halil Uslucan (Hg.), *Dabeisein und Dazugehören. Integration in Deutschland*, Wiesbaden: Springer VS, S. 307–325.

Kösemen, Orkan (2013), Wenn aus Ausländern Wähler werden: Die ambivalente Rolle der Parteien bei der Repräsentation von Migranten in Deutschland, *https://mediendienst-integration.de/fileadmin/Dateien/Parteien_und_Migranten_-_Koesemen_30_Mai_2013_final.pdf*

Kofman, Eleonore/Raghuram, Parvati (2009), Arbeitsmigration qualifizierter Frauen, 1.5.2009, *http://www.bpb.de/gesellschaft/migration/kurzdossiers/57296/qualifizierte-frauen*

Korte, Hermann (1984), Die etablierten Deutschen und ihre ausländischen Außenseiter, in: Peter Gleichmann/Johan Goudsblom und Hermann Korte (Hg.), *Materialien zu Norbert Elias' Zivilisationstheorie 2*, Frankfurt/M.: Suhrkamp, S. 261–279.

Koser, Khalid (2011), *Internationale Migration*, Stuttgart: Reclam.

Kotthoff, Helga/Jashari, Shpresa/Klingenberg, Darja (2013), *Komik (in) der Migrationsgesellschaft*, Konstanz/München: UVK.

Kreitwolf, Stefan (2014), Das Erfolgsrezept der Skandal-Rapper, in: Handelsblatt, 16.12.2014, *http://www.handelsblatt.com/meinung/kommentare/meinung-das-erfolgsrezept-der-skandal-rapper/11120530.html*

Kröhnert, Steffen/Woellert, Franziska (2013), Ungenutzte Potenziale. Eine Studie zur Messung von Integration, in: Heinz Brinkmann und Haci-Halil Uslucan (Hg.), *Dabeisein und Dazugehören. Integration in Deutschland*, Wiesbaden: Springer VS, S.149–168

Krüger-Potratz, Marianne/Schiffauer (Hg.) (2011): *Migrationsreport 2010. Fakten – Analysen – Perspektiven*, Frankfurt/M./New York: Campus (hg. für den Rat für Migration).

Kubitschek, Götz (2015), Einwanderung und Identität, *ttp://www.sezession.de/48198/warum-ich-in-leipzig-bei-der-legida-spreche.html*

Lämmermann, Falk (2013), Einbürgerung, in: Karl-Heinz Meier-Braun und Reinhold Weber (Hg.), *Deutschland Einwanderungsland. Begriffe – Fakten – Kontroversen*, Stuttgart: Kohlhammer, S. 117–119.

Landeshauptstadt Dresden (2013), *Bevölkerung und Haushalte 2013*, Dresden: Kommunale Statistikstelle. *http://www.dresden.de/media/pdf/onlineshop/statistikstelle/Bevoelkerung_und_Haushalte_2013.pdf*

Lange, Dirk/Polat, Ayça (Hg.) (2009), *Unsere Wirklichkeit ist anders. Migration und Alltag*, Schwalbach/Ts.: Wochenschau Verlag.

Leggewie, Claus (2012), MultiKulti 2011. Aktualität und Veraltung eines Begriffs, in: ders. (Hg.), *multikulti. Spielregeln für die Vielvölkerrepublik*, Salzhemmendorf: blumenkamp, S. 7–27.

Leggewie, Claus (2015), *Politische Zeiten. Beobachtungen von der Seitenlinie*, München: C. Bertelsmann.

Lehnen-Beyel, Ilka (2011), Spaghettifresser und Kümmeltürken, Bild der Wissenschaft, Jg. 51, H. 3, S. 82–88, *http://www.wissenschaft.de/archiv/-/journal_content/56/12054/1562234/SPAGHETTI FrESSER-UND-K%C3%9CMMELT%C3%9CRKEN/*

Leicht, René/Langhauser, Marc (2014), *Ökonomische Bedeutung und Leistungspotenziale von Migrantenunternehmen in Deutschland*, Studie im Auftrag der Abteilung Wirtschafts- und Sozialpolitik, Arbeitskreis Mittelstand und Gesprächskreis Migration und Integration, Bonn: Friedrich-Ebert-Stiftung.

Leontiy, Halyna (2014), Deutsch-Türken und Spätaussiedler im Spiegel der Satire und Komik auf der Bühne. Aktueller Forschungsstand des DFG-Forschungsprojektes »Migration und Komik«, in: Hans-Georg Soeffner und Thea D. Boldt (Hg.), *Fragiler Pluralismus*, Wiesbaden: Springer VS, S. 159–175.

Lessenich, Stephan (2013), Brauner Osten? Rechtsextremismus als deutschdeutscher Einsatz und Effekt, in: Imke Schminke und Jasmin Siri (Hg.), *NSU-Terror. Ermittlungen am rechten Abgrund. Ereignis, Kontexte, Diskurse*, Bielefeld: transcript, S. 135–143.

Leyendecker, Birgit (2008), Einwandererkinder: Unser Bildungssystem überfordert viele Familien (Interview geführt von Ferda Ataman und Andrea Brandt), in: Spiegel online 19.08.2008, *http://www.spiegel.de/schulspiegel/wissen/einwandererkinder-unser-bildungssystem-ueberfordert-viele-familien-a-572352.html*

Le Yondre, Dina (2014), *Binationale (Ehe)Paare in Trikulturalität*, Karlsruhe: Pädagogische Hochschule, Fakultät für Sprach-, Literatur- und Sozialwissenschaften (Dissertationsschrift).

Liakova, Marina (2013), Migrationstheorien, in: Karl-Heinz Meier-Braun und Reinhold Weber (Hg.), *Deutschland Einwanderungsland. Begriffe – Fakten – Kontroversen*, Stuttgart: Kohlhammer, S. 35–38.

Liebig, Sabine (2010); »Wir haben die Tür in die Welt aufgemacht«. Die Spätaussiedler und Spätaussiedlerinnen, in: *Migration und Integration in Karlsruhe.* Hg. vom Stadtarchiv, dem Büro für Integration der Stadt Karlsruhe und der Pädagogischen Hochschule Karlsruhe durch Manfred Koch und Sabine Liebig, Karlsruhe: Info Verlag, S. 131–158.

Lind, Inken/Löther, Andrea (Hg.) (2008), *Wissenschaftlerinnen mit Migrationshintergrund*, Bonn: Kompetenzzentrum Frauen in Wissenschaft und Forschung CEWS.

Lockwood, David (1979), Soziale Integration und Systemintegration, in: Wolfgang Zapf (Hg.), *Theorien des sozialen Wandels*, Königstein/Ts.: Verlagsgruppe Athenäum Hain Scriptor Hanstein, S. 124–137 [Erstausgabe 1964].

López Olivares, Nuriyet (2012), *Beziehungen zwischen Einheimischen und Zugewanderten. Eine Studie über latino-amerikanische Akademiker in Deutschland*, Karlsruhe: Pädagogische Hochschule (Masterarbeit im Studiengang Interkulturelle Bildung, Migration und Mehrsprachigkeit).

Lucassen, Leo/Lucassen, Jan (2014), *Gewinner und Verlierer. Fünf Jahrhunderte Immigration – eine nüchterne Bilanz*, Münster/New York: Waxmann.

Lüders, Michael (2015), *Wer den Wind sät. Was westliche Politik im Orient anrichtet*, München: C.H.Beck.

Lutz, Helma/Palenga-Möllenbeck, Ewa (2011), Das Care-Chain-Konzept auf dem Prüfstand. Eine Fallstudie der transnationalen Care-Arrangements polnischer und ukrainischer Migrantinnen, *GENDER – Zeitschrift für Geschlecht, Kultur und Gesellschaft*, Jg. 3, H.1, S. 9–27.

Maaz, Kai/Baumert, Jürgen/Gresch, Cornelia/McElvany, Nele (Hg.) (2010), Der Übergang von der Grundschule in die weiterführende Schule – Leistungsgerechtigkeit und regionale, soziale und ethnisch-kulturelle Disparitäten, *https://www.bmbf.de/pub/bildungsforschung_band_vierunddreissig.pdf*

Maehler, Débora B. (2012), *Akkulturation und Identifikation bei eingebürgerten Migranten in Deutschland*, Münster/New York/München/Berlin: Waxmann.

Maurer, Marco (2015), *Du bleibst was du bist – Warum bei uns immer noch die soziale Herkunft entscheidet*, München: Droemer.

Meier-Braun, Karl-Heinz/Weber, Reinhold (Hg.) (2013), *Deutschland Einwanderungsland. Begriffe – Fakten – Kontroversen*, Stuttgart: Kohlhammer.

Meulemann, Heiner (2013), *Soziologie von Anfang an. Eine Einführung in Themen, Ergebnisse und Literatur*, 3., überarb. Aufl., Wiesbaden: Springer VS.

Ministerium für Integration Baden-Württemberg (2013), *Der Weg zum Pass: Baden-Württembergische Erfahrungen mit Einbürgerungsprozessen*, Stuttgart.

Möhring, Maren (2012), *Fremdes Essen. Die Geschichte der ausländischen Gastronomie in der Bundesrepublik Deutschland,* München: Oldenbourg.

Nassehi, Armin (2010), Mein Abend mit Sarrazin. Warum eine Münchner Diskussion im Desaster endete. Ein Erklärungsversuch*,* in: Die Zeit, 10.10.2010, *http://www.zeit.de/2010/41/Nassehi*

Nassehi, Armin (2013), »Wir reden links und leben rechts«. Jasmin Siri im Gespräch mit Armin Nassehi über die Unterscheidungen der deutschen Diskurslandschaft, in: Imke Schminke und Jasmin Siri (Hg.), *NSU-Terror. Ermittlungen am rechten Abgrund. Ereignis, Kontexte, Diskurse*, Bielefeld: transcript, S. 203–214.

Nassehi, Armin (2015), *Die letzte Stunde der Wahrheit: warum rechts und links keine Alternativen mehr sind und Gesellschaft ganz anders beschrieben werden muss*, Hamburg: Murmann.

Neckel, Sighard/Mijić, Ana/von Scheve, Christian/Titton, Monica (Hg.) (2010), *Sternstunden der Soziologie*, Frankfurt/M./New York: Campus.

Neckel, Sighart/Soeffner, Hans-Georg (Hg.) (2008), *Mittendrin im Abseits: ethnische Gruppenbeziehungen im lokalen Kontext*, Wiesbaden: VS Verlag für Sozialwissenschaften.

Neue deutsche Medienmacher (Hg.) (2014), Glossar der Neuen deutschen Medienmacher. Formulierungshilfen für die Berichterstattung im Einwanderungsland, Stand 15.11.2014, *http://www.neuemedienmacher.de/wp-content/uploads/2014/11/NdM_Glossar_15_Nov_2014.pdf*

Nieswand, Boris (2011), *Theorising Transnational Migration – The Status Paradox of Migration*, New York/London: Routledge.

Nipperdey, Thomas (2013), *Deutsche Geschichte 1800 – 1918*, Band 1: 1800–1866. Bürgerwelt und starker Staat, Sonderausgabe in drei Bänden, München: C.H.Beck.

Nouripour, Omid (2014), *Kleines Lexikon für MiMiMis und Bio-Deutsche*, München: Deutscher Taschenbuch Verlag.

Nowicka, Magdalena (2014), Erfolgsnarrationen polnischer Migrantinnen und Migranten in Großbritannien oder: wie Scheitern unsichtbar wird, in: René John und Antonia Langhof (Hg.), *Scheitern – ein Desiderat der Moderne?*, Wiesbaden: Springer VS, S. 143–165.

Oberndörfer, Dieter (2002); Leitkultur und Berliner Republik. Die Hausordnung der multikulturellen Gesellschaft Deutschlands ist das Grundgesetz, Bundeszentrale für politische Bildung, 25.5.2002, *http://www.bpb.de/apuz/26537/leitkultur-und-berliner-republik*

Özdemir, Cem (1997), *Ich bin Inländer. Ein anatolischer Schwabe im Bundestag*, München: Deutscher Taschenbuch Verlag.

Ogette, Tupoka (2014), Woher kommst Du? Ich meine wirklich?, in: Miga-zin, 13.11.2014, *http://www.migazin.de/2014/11/13/woher-kommst-du-ich-meine-wirklich/2/*

Olfert, Frieda (2014), *Einwanderungsgesellschaft Deutschland: Utopie oder Re-alität?*, Karlsruhe: Pädagogische Hochschule (Masterarbeit im Studien-gang Interkulturelle Bildung, Migration und Mehrsprachigkeit).

Oltmer, Jochen (2014), Einwanderung als Normalität: eine Botschaft der Rede des Bundespräsidenten Joachim Gauck vom 22.5.2014, *Zeitschrift für Ausländerrecht und Ausländerpolitik*: ZAR, Jg. 34, H. 8, S. 259–260.

Oltmer, Jochen/Kreienbrink, Axel/Sanz Díaz, Carlos (Hg.) (2012), *Das »Gastarbeiter«-System: Arbeitsmigration und ihre Folgen in der Bundesre-publik Deutschland und Westeuropa*, München: Oldenbourg.

Oppong, Marvin (Hg.), *Migranten in der deutschen Politik*, Wiesbaden: VS Verlag für Sozialwissenschaften.

Oswald, Ingrid (2007), *Migrationssoziologie*, Konstanz: UVK.

Pates, Rebecca/Schochow, Maximilian (Hg.) (2013), *Der »Ossi«. Mikropoliti-sche Studien über einen symbolischen Ausländer*, Wiesbaden: Springer VS.

Pfaff, Isabel (2014), Männer im Sex-Streik, in: Süddeutsche Zeitung, 17.11.2014, *http://www.sueddeutsche.de/panorama/kenia-maenner-im-sexstreik-1.2222811*

Pfahl-Traughber, Armin (2013), Von der Agitation bis zur Gewalttat. Frem-den- und Integrationsfeindlichkeit als Handlungsfeld von Rechtsextre-mistInnen, in: Heinz Brinkmann und Haci-Halil Uslucan (Hg.), *Dabei-sein und Dazugehören. Integration in Deutschland*, Wiesbaden: Springer VS, S. 327–339

Pielage, Patricia/Pries, Ludger/Schultze, Günther (Hg.) (2012), *Soziale Un-gleichheit in der Einwanderungsgesellschaft – Kategorien, Konzepte, Ein-flussfaktoren*, Bonn: Friedrich-Ebert-Stiftung.

Pitkin, Hanna Fenichel (1972), *Wittgenstein and justice: On the significance of Ludwig Wittgenstein for social and political thought*, Berkeley u.a.: Univer-sity of California Press.

Popitz, Heinrich (1992), *Phänomene der Macht*, 2., stark erw. Aufl., Tübin-gen: Mohr.

Prantl, Heribert (2011), Das neue Deutschland, in: Deniz Göktürk, David Gramling, Anton Kaes und Andreas Langenohl (Hg.), *Transit Deutsch-land. Debatten zu Nation und Migration. Eine Dokumentation*, München: Konstanz University Press, S. 759–764 [ursprünglich *Süddeutsche Zei-tung*, 1.5.2010].

Preuss, Roland (2014), »Ich liebe Deutschland.« Eine Studie der Humboldt-Universität zeigt ein überholtes Bild der Deutschen von ihrem Land und seinen Einwanderern, in: *Stuttgarter Zeitung*, 4.12.2014.

Pries, Ludger (2008), *Die Transnationalisierung der sozialen Welt – Sozialräume jenseits von Nationalgesellschaften*, Frankfurt/M.: Suhrkamp.

Pries, Ludger (2013), Umfang und Struktur von Migrantenorganisationen in Deutschland, 25.4.2013, *http://www.bpb.de/gesellschaft/migration/kurzdossiers/158871/umfang-und-struktur*

Pries, Ludger (2014): Weder Assimilation noch Abschaffung des Integrationsbegriffs – für ein transnationales Mobilitäts- und Teilhabeverständnis, in: Marianne Krüger-Potratz und Christoph Schroeder (Hg.), *Vielfalt als Leitmotiv*, Göttingen: V&R unipress, S. 17–36.

Pusch, Barbara (Hg.) (2013), *Transnationale Migration am Beispiel Deutschland und Türkei*, Wiesbaden: Springer VS.

Randow, Gero von/Topçu, Özlem (2014), Falscher Akzent. Eine neue Studie zeigt, wie die Deutschen fühlen. Sie mögen ihr Land, die Migranten – nur nicht die Muslime. Sie werden sich an noch mehr gewöhnen müssen, Die Zeit, 4.12.2014, *http://www.zeit.de/2014/50/migration-studie-muslime/komplettansicht?print=true*

Reemtsma, Jan Philipp (2008), *Vertrauen und Gewalt. Versuch über eine besondere Konstellation der Moderne*, Hamburg: Hamburger Edition.

Reimann, Anna (2015), Kongress von Einwanderer-Nachkommen: Wann ist man deutsch? Spiegel, 9.2.2015, *http://www.spiegel.de/politik/deutschland/einwanderer-nachkommen-neue-deutsche-kritisieren-umgang-mit-pegida-a-1017484.html*

Reuter, Julia/Karentzos, Alexandra (Hg.) (2012), *Schlüsselwerke der Postcolonial Studies*, Wiesbaden: Springer VS.

Reuter, Julia/Mecheril, Paul (Hg.) (2015); *Schlüsselwerke der Migrationsforschung – Pionierstudien und Referenztheorien*, Wiesbaden: Springer VS.

Richter, Marina (2012), Secondos/ Secondas. Ein medial konstruiertes Stereotyp für eine heterogene Gruppe, Vortrag auf dem *36. Kongress der Deutschen Gesellschaft für Soziologie*, 01.-05.10.2012, Bochum.

Robertson, Roland (1998), Glokalisierung: Homogenität und Heterogenität in Raum und Zeit, in: Ulrich Beck (Hg.), *Perspektiven der Weltgesellschaft*, Frankfurt/M.: Suhrkamp, S. 192–220.

Robertson-von Trotha, Caroline Y. (2009), *Die Dialektik der Globalisierung. Kulturelle Nivellierung bei gleichzeitiger Verstärkung kultureller Differenz*, Karlsruhe: Universitätsverlag Karlsruhe.

Rodriguez, Gabriele (2010), Turksprachige Namen in Deutschland. Statistik und Tendenzen in der turksprachigen Vornamengebung, in: *Namenskundliche Informationen*, H. 97, Leipzig: Universitäts-Verlag, S. 95–107.

Roll, Evelyn (2015), Das große Fremdeln, in: *Süddeutsche Zeitung*, 29.5.2015.

Rückert, Sabine (2015), Für Liebe und Lachen, *Die Zeit*, 15.1.2015.

Sachverständigenrat deutscher Stiftungen für Integration und Migration (SVR) (2010), Einwanderungsgesellschaft. Jahresgutachten 2010 mit Integrationsbarometer, *http://www.svr-migration.de/wp-content/uploads/2010/05/svr_jg_2010.pdf*

Sachverständigenrat deutscher Stiftungen für Integration und Migration (SVR) (2012), Einwanderungsgesellschaft. Jahresgutachten 2012 mit Integrationsbarometer, *http://www.svr-migration.de/wp-content/uploads/2012/05/SVR_JG_2012_WEB.pdf*

Sachverständigenrat deutscher Stiftungen für Integration und Migration (SVR) (2014), Deutschlands Wandel zum modernen Einwanderungsland. Jahresgutachten 2014 mit Integrationsbarometer, *http://www.svr-migration.de/wp-content/uploads/2014/11/SVR_JG_2014_WEB.pdf*

Sarrazin, Thilo (2010), *Deutschland schafft sich ab. Wie wir unser Land aufs Spiel setzen*, München: Deutsche Verlags-Anstalt.

Schall, Tobias (2011), Das neue Deutschland auf dem Fußballplatz, *Politik & Unterricht. Zeitschrift für die Praxis der politischen Bildung*, Jg. 37, H. 2, S. 30 [ursprünglich *Stuttgarter Zeitung*, 11.06.2010].

Schiffauer, Werner (2008), *Parallelgesellschaften. Wie viel Wertekonsens braucht unsere Gesellschaft? Für eine kluge Politik der Differenz*, Bielefeld: transcript.

Schlaffer, Hannelore (2015), Philister, Spießer, Schwaben, *MERKUR. Zeitschrift für europäisches Denken*, Jg. 69, H. 791, S. 87–95.

Schmid, Marc (2014), *Italienische Migration nach Deutschland: Soziohistorischer Hintergrund und Situation im Bildungssystem*, Wiesbaden: Springer VS.

Schmidt, Wolf (2012), *Jung, deutsch, Taliban*, Berlin: Christoph Links Verlag.

Schminke, Imke /Siri, Jasmin (Hg.) (2013): *NSU-Terror. Ermittlungen am rechten Abgrund. Ereignis, Kontexte, Diskurse*, Bielefeld: transcript.

Schmitt, Lars (2010), *Bestellt und nicht abgeholt. Soziale Ungleichheit und Habitus-Struktur-Konflikt im Studium*, Wiesbaden: VS Verlag für Sozialwissenschaften.

Schmitz, Anett (2013), *Transnational leben. Bildungserfolgreiche (Spät-)Aussiedler zwischen Deutschland und Russland*, Bielefeld: transcript.

Schmitz, Johannes/Preuß, Roland (2009): »Habt ihr keinen Deutschen?« Offiziell heißen die Parteien Zuwanderer willkommen, sie sollen neue Stimmen gewinnen – an der Basis stoßen Migranten aber oft auf Ablehnung, in: Süddeutsche Zeitung, 9.3.2009, *http://www.sueddeutsche.de/politik/migranten-in-der-politik-habt-ihr-keinen-deutschen-1.392763*

Schönwälder, Karen/Sinanoglu, Cihan/Volkert, Daniel (2011), *Vielfalt sucht Rat: Ratsmitglieder mit Migrationshintergrund in deutschen Großstädten;*

eine Studie des Max-Planck-Instituts zur Erforschung multireligiöser und multiethnischer Konflikte, Berlin: Heinrich-Böll-Stiftung, *http://www.mmg.mpg.de/fileadmin/user_upload/Publikationen/Pdf/Vielfalt-suchtrat.pdf*

Schubert, Hans-Joachim (2006), Integration, Ethnizität und Bildung. Die Definition ethnischer Identität Studierender türkischer Herkunft, *Berliner Journal für Soziologie*, Jg. 16, H. 3, S. 219–312.

Sen, Amartya Kumar (2007), *Die Identitätsfalle. Warum es keinen Krieg der Kulturen gibt*, München: C.H.Beck.

Seufert, Günter (2014), Die Gülen-Bewegung in der Türkei und Deutschland, 1.9.2014, *http://www.bpb.de/internationales/europa/tuerkei/184979/ guelen-bewegung;*

Sextro, Uli (1996), *Gestern gebraucht – heute abgeschoben. Die innenpolitische Kontroverse um die Vertragsarbeitnehmer der ehemaligen DDR*, Dresden: Sächsische Landeszentrale für Politische Bildung.

Siller, Gertrud (2014), *Bildungsberatung und Migration. Die Bedeutung der Bildungsbiografie*, Opladen/Berlin/Toronto: Budrich UniPress.

Sitzler, Susann (2009), *Grüezi und Willkommen. Die Schweiz für Deutsche*, 5., aktualisierte Aufl., Berlin: Christoph Links Verlag.

Soeffner, Hans-Georg/Zifonun, Dariuš (2005), Integration – eine wissenssoziologische Studie, in: Wilhelm Heitmeyer und Peter Imbusch (Hg.), *Integrationspotenziale einer modernen Gesellschaft*, Wiesbaden: VS Verlag für Sozialwissenschaften, S. 391–407.

Sofsky, Wolfgang (1996), *Traktat über die Gewalt*, Frankfurt/M.: S. Fischer.

Soldt, Rüdiger (2014), Zweifel an der Willkommenskultur, in: *Frankfurter Allgemeine Zeitung*, 21.10.2014.

Soyinka, Wole (2015), Die Brandspur der Jihadisten, Neue Zürcher Zeitung, 11.7.2015, *http://www.nzz.ch/feuilleton/die-brandspur-der-jihadisten-1.18577768* (Zugriff am 11.7.2015)

Spier, Tim (2010), *Modernisierungsverlierer? Die Wählerschaft rechtspopulistischer Parteien in Westeuropa*, Wiesbaden: VS Verlag für Sozialwissenschaften.

Splitt, Julia (2014), Transnationale Ökonomien und Arbeitsmigration, in: *Vielfalt und Zusammenhalt. Verhandlungen des 36. Kongresses der Deutschen Gesellschaft für Soziologie in Bochum und Dortmund 2012*, hg. in deren Auftrag von Martina Löw, Teilband 1, Frankfurt/M./New York: Campus, S. 313–330.

Statistisches Bundesamt (2013), *Statistisches Jahrbuch 2013. Deutschland und Internationales*, Wiesbaden: Statistisches Bundesamt.

Statistisches Bundesamt (2014a), *Statistisches Jahrbuch 2014. Deutschland und Internationales*, Wiesbaden: Statistisches Bundesamt.

Statistisches Bundesamt (2014b), Fachserie 1 Bevölkerung. Reihe 2.1 Bevölkerung mit Migrationshintergrund 2013 – Ergebnisse des Mikrozensus, Wiesbaden: Statistisches Bundesamt. *https://www.destatis.de/DE/Publikationen/Thematisch/Bevoelkerung/MigrationIntegration/Migrationshintergrund2010220137004.pdf?__blob=publicationFile*

Statistisches Bundesamt (2014c), *Pressemitteilung Nr. 402*, 14.11.2014, Wiesbaden: Statistisches Bundesamt.

Statisches Bundesamt (2014d), *Fachserie 1 Bevölkerung. Reihe 2.1 Bevölkerung und Erwerbstätigkeit. Einbürgerungen 2013*, Wiesbaden: Statistisches Bundesamt.

Strohmaier, Brenda (2014), *Wie man lernt Berliner zu sein: die deutsche Hauptstadt als konjunktiver Erfahrungsraum*, Frankfurt/M./New York: Campus.

Sutterlüty, Ferdinand (2006), Wer ist was in der deutsch-türkischen Nachbarschaft? Aus Politik und Zeitgeschichte, Jg. 56, H. 40–41, S. 26–34, *http://www.bpb.de/apuz/29497/wer-ist-was-in-der-deutsch-tuerkischen-nachbarschaft?p=all*

Sutterlüty, Ferdinand (2009), *In Sippenhaft. Negative Klassifikationen in ethnischen Konflikten*, Frankfurt/M./New York: Campus.

Szymanski, Miguel (2015), Du überdeutsch? Über echte und falsche Germanen, in: *die tageszeitung*, 27.5.2015.

Taşköprü, Ayşen (2014), ›Lass uns einfach in Ruhe‹. Ayşen Taşköprü, Schwester Süleyman Taşköprüs, erzählt, in: Barbara John (Hg.), *Unsere Wunden kann die Zeit nicht heilen. Was der NSU-Terror für die Opfer und Angehörigen bedeutet*, Freiburg/Basel/Wien: Herder, S. 56–63.

Terkessidis, Mark (2010), *Interkultur*, Frankfurt/M.: Suhrkamp.

Tezcan, Levent (2015), Immer auf der richtigen Seite? Fallstricke der Kritik an der Islamfeindlichkeit, *Soziologische Revue*, Jg. 38, H. 1, S. 92–106.

Theweleit, Klaus (2015), *Das Lachen der Täter: Breivik u.a. Psychogramm der Tötungslust*, St. Pölten/Salzburg/Wien: Residenz-Verlag.

Treibel, Annette (1993), Transformationen des Wir-Gefühls. Nationale und ethnische Zugehörigkeiten in Deutschland, in: Reinhard Blomert/Helmut Kuzmics und Annette Treibel, (Hg.), *Transformationen des Wir-Gefühls. Studien zum nationalen Habitus*, Frankfurt/M.: Suhrkamp, S. 313–345.

Treibel, Annette (2006), *Einführung in soziologische Theorien der Gegenwart*, 7. aktualisierte Aufl., Wiesbaden: VS Verlag für Sozialwissenschaften.

Treibel, Annette (2008), *Die Soziologie von Norbert Elias. Eine Einführung in ihre Geschichte, Systematik und Perspektiven*, Wiesbaden: VS Verlag für Sozialwissenschaften.

Treibel, Annette (2011), *Migration in modernen Gesellschaften. Soziale Folgen von Einwanderung, Gastarbeit und Flucht*, 5. Aufl., Weinheim/München: Juventa.

Treibel, Annette (2012), Rassismus – und was noch? Soziologische Anmerkungen zu den Neonazi-Morden, 24. Februar 2012, für SozBlog, den Blog der Deutschen Gesellschaft für Soziologie, *http://soziologie.de/blog/category/annette-treibel/*

Treibel, Annette (2014a), Ein Begriff am Ende? Was man gewinnt, und was man verliert, wenn man aufhört, von »Integration« zu sprechen, in: *Vielfalt und Zusammenhalt. Verhandlungen des 36. Kongresses der Deutschen Gesellschaft für Soziologie in Bochum und Dortmund 2012*, hg. in deren Auftrag von Martina Löw, Teilband 2, Frankfurt/M./New York: Campus, S. 1013–1027.

Treibel, Annette (2014b), Gender, Ethnie, Schicht, Nationalität, Sexualität – was zählt? Zur Relevanz der Geschlechterforschung in Zeiten der Intersektionalität, in: Annette Treibel und Marianne Soff (Hg.) (unter Mitarbeit von Martina Meding), *Gender interdisziplinär. Forschungsbeiträge der Pädagogischen Hochschule Karlsruhe*, Karlsruhe: Helmesverlag, S. 15–44.

Treibel, Annette (2015), »Frauen sind nicht von der Venus und Männer nicht vom Mars, sondern beide von der Erde, auch wenn sie sich manchmal auf den Mond schießen könnten« – Elias und Gender, in: Heike Kahlert und Christine Weinbach (Hg.), *Zeitgenössische Gesellschaftstheorien und Genderforschung: Einladung zum Dialog*, 2., aktualisierte Aufl., Wiesbaden: Springer VS, S. 83–103.

Tröster, Irene (2013), (Spät-)Aussiedler – »neue, alte Deutsche«, in: Karl-Heinz Meier-Braun und Reinhold Weber (Hg.), *Deutschland Einwanderungsland. Begriffe – Fakten – Kontroversen*, Stuttgart: Kohlhammer, S. 78–80.

Trotha, Trutz von (Hg.) (1997), Soziologie der Gewalt, *Kölner Zeitschrift für Soziologie und Sozialpsychologie*, Sonderheft 37, Opladen/Wiesbaden: Westdeutscher Verlag.

Tucci, Ingrid (2013), Lebenssituation von Migranten und deren Nachkommen, in: Bundeszentrale für politische Bildung (Hg.), Datenreport 2013. Ein Sozialbericht für die Bundesrepublik Deutschland, Kapitel 7.3, Bonn: Bundeszentrale für politische Bildung, *http://www.wzb.eu/sites/default/files/u6/datenreport2013_07_sozialstruktur_und_soziale_lagen.pdf*

Türkmen, Ceren (2014): Gespräch über Migration, Arbeit und das Recht auf Stadt, in: Peter Nowak (Hg.), Zwangsräumungen verhindern. Ob Nuriye ob Kalle, wir bleiben alle. Widerstand gegen Zwangsräumungen – Vorbilder, Geschichte und Perspektiven, Münster: Edition Assemblage, *http://www.labournet.de/wp-content/uploads/2014/05/nowak_buch.pdf*

Tully, Claus J./Baier, Dirk (2006), *Mobiler Alltag. Mobilität zwischen Option und Zwang – vom Zusammenspiel biographischer Motive und sozialer Vorgaben*, Wiesbaden: VS Verlag für Sozialwissenschaften.

Uslucan, Haci-Halil/Brinkmann, Heinz-Ulrich (2013), Die Integrationsdebatte: Ein Lehrstück für die politische Kultur, in: Heinz Ulrich Brinkmann und Haci-Halil Uslucan (Hg.), *Dabeisein und Dazugehören: Integration in Deutschland*, Wiesbaden: Springer VS, S. 11–21.

Waldmann, Peter (2011), *Terrorismus. Provokation der Macht*, Hamburg: Murmann.

Waters, Mary C./Ueda, Reed (Hg.) (2007), *The new Americans: a guide to immigration since 1965*, Cambridge, Mass.: Harvard University Press.

Waterstradt, Désirée (2015), *Prozess-Soziologie der Elternschaft. Nationsbildung, Figurationsideale und generative Machtarchitektur in Deutschland*, Münster: Monsenstein und Vannerdat.

Weber, Max (1972a), Ethnische Gemeinschaftsbeziehungen, in: ders., *Wirtschaft und Gesellschaft. Grundriss der verstehenden Soziologie*, Tübingen: Mohr Siebeck, S. 234–240. [Erstausgabe 1922].

Weber, Max (1972b), Begriff des sozialen Handelns, § 16, in: Ders., *Wirtschaft und Gesellschaft. Grundriss der verstehenden Soziologie*, Tübingen: Mohr Siebeck, S. 28f. [Erstausgabe1921].

Wehler, Hans-Ulrich (2008), *Deutsche Gesellschaftsgeschichte 1700 – 1990*, Band 1: Vom Feudalismus des alten Reiches bis zur defensiven Modernisierung der Reformära: 1700 – 1815, München: C.H.Beck.

Weinmann, Martin/Becher, Inna/Babka von Gostomski, Christian (2012), *Einbürgerungsverhalten von Ausländerinnen und Ausländern in Deutschland sowie Erkenntnisse zu Optionspflichtigen. Ergebnisse der BAMF-Einbürgerungsstudie 2011*, Nürnberg: Bundesamt für Migration und Flüchtlinge.

Weiss, Karin (2013), Migranten in der DDR und in Ostdeutschland, in: Karl-Heinz Meier-Braun und Reinhold Weber (Hg.), *Deutschland Einwanderungsland. Begriffe – Fakten – Kontroversen*, Stuttgart: Kohlhammer, S. 42–44.

Weltecke, Dorothea (2015): Einführende Bemerkungen. In: Dorothea Weltecke/Ulrich Gotter und Ulrich Rüdiger (Hg.), *Religiöse Vielfalt und der Umgang mit Minderheiten. Vergangene und gegenwärtige Erfahrungen*, Konstanz/München: UVK, S. 9–24.

Worbs, Susanne/Bund, Eva/Kohls, Martin/Babka von Gostomski, Christian (2013), *(Spät-) Aussiedler in Deutschland: eine Analyse aktueller Daten und Forschungsergebnisse,* Nürnberg: Bundesamt für Migration und Flüchtlinge.

Wunderlich, Tanja (2005), *Die neuen Deutschen: subjektive Dimensionen des Einbürgerungsprozesses*, Stuttgart: Lucius und Lucius.

Yoo, Jung-Sook (1995), Die koreanische Minderheit, in: Cornelia Schmalz-Jacobsen und Georg Hansen (Hg.), *Ethnische Minderheiten in der Bundesrepublik Deutschland. Ein Lexikon,* München: C.H.Beck, S. 285–301.

Zaimoğlu, Feridun (2014), Erfolg, in: Özkan Ezli und Gisela Staupe (Hg.), *Das neue Deutschland. Von Migration und Vielfalt*, Paderborn: Konstanz University Press, S. 77–79.

Zastrow, Volker (2014): Vorbild Deutschland. Was wir nie vergessen dürfen, in: Frankfurter Allgemeine Sonntagszeitung, 20.7.2014, *http://www.faz. net/aktuell/politik/inland/vorbild-deutschland-was-wir-nie-vergessen-duerfen-13054884.html*

Zick, Andreas/Klein, Anna (2014), *Fragile Mitte – Feindselige Zustände rechtsextreme Einstellungen in Deutschland 2014*, Bonn: Dietz-Verlag.

Zwengel, Almut (Hg.) (2011), *Die »Gastarbeiter« der DDR*, Berlin/Münster: LIT-Verlag.

Zwengel, Almut (2014), Integration, in: Günter Endruweit/Gisela Trommsdorff und Nicole Burzan (Hg.), *Wörterbuch der Soziologie*, 3., völlig überarb. Aufl., Konstanz/München: UVK mit Lucius, S. 201–203.

# Dank

Es ist üblich, am Schluss denjenigen Menschen zu danken, die an der Entstehung eines Buches beteiligt waren. Das möchte auch ich gerne tun – allerdings ist das in diesem Fall gar nicht so einfach, weil die Thesen und Argumente, die ich hier präsentiert habe, während eines jahrzehntelangen Prozess entstanden sind. Es wären sehr viele Personen, Gruppen und Institutionen zu nennen, ohne die diese Monografie nicht hätte entstehen können. Ich habe mich entschieden, für alle diese Personen und Kontexte stellvertretend einige wenige namentlich zu nennen und bitte diejenigen, die nicht persönlich erwähnt sind, um Verständnis.

An meinem Arbeitsplatz, der Pädagogischen Hochschule Karlsruhe und insbesondere dem dortigen Institut für Transdisziplinäre Sozialwissenschaft, habe ich mit vielen Kolleginnen, Mitarbeiterinnen und Studierenden über den Inhalt des Buches gesprochen und teilweise kontrovers diskutiert. Mein besonderer Dank gilt Marina Liakova für die kritische Lektüre jedes einzelnen Kapitels, Madeleine Kumbartzki für die umfassenden Literatur- und Datenrecherchen sowie die Erstellung der Webliografie und Corinna Jahraus für die Unterstützung bei den Grafiken und die Bearbeitung der Bibliografie. Sabine Liebig sei für die Fachgespräche zum Thema Migration gedankt. Eva Marsal verdanke ich die Ermunterung, als Soziologin gerade auch für Nicht-Soziologinnen zu schreiben. Eine besondere Inspiration stellt der Master-Studiengang Interkulturelle Bildung, Migration und Mehrsprachigkeit dar, in dem meine Lehrtätigkeit für mich stets auch eine Lerntätigkeit bedeutet.

Das Thema Migration und Integration begleitet mich theoretisch wie praktisch seit meiner Studien- und Assistentinnenzeit an der Ruhr-Universität Bochum. Hermann Korte danke ich für die ersten theoretischen Zugänge zur Migrationssoziologie, die Anfang der 1980er Jahre noch Gastarbeiter- oder Ausländerforschung hieß. Ohne sein Engagement und seine Vernetzung in diesem damals neu entstehenden Forschungsfeld wäre ich wohl nicht Migrationsforscherin geworden. In praktischer Hinsicht brachte meine Mitarbeit in zwei Bochumer Initiativen wichtige politische und persönliche Erfahrungen mit sich: In der Initiative zur Förderung ausländischer Kinder (IFAK), die sich heute Verein für multikulturelle Kinder- und Jugendhilfe – Migrationsarbeit nennt, und in der Initiative Ausländer Willkommen der Evangelischen Studentengemeinde, die sich 1981 als Protest gegen das sogenannte Heidelberger Manifest zur »Unterwanderung des deutschen Volkes« gründete. Mein besonderer Dank gilt Stefanie Hortmann, Freundin seit Studientagen, für den fortwährenden Austausch über die Themen dieses Buches.

Den Kolleginnen und Kollegen in der Migrationsforschung, insbesondere in der Sektion Migration und ethnische Minderheiten der Deutschen Gesellschaft für Soziologie und im Rat für Migration, sei für ihre Anregungen bei der wissenschaftlichen Durchdringung eines komplexen Themas gedankt. Wer hätte Mitte der 1980er Jahre gedacht, dass »Migration« von einem Rand- zu einem Topthema der Sozialwissenschaften werden würde? Ein Spiegel des in den letzten Jahren und Jahrzehnten gewachsenen öffentlichen Interesses an der Expertise aus der Migrationssoziologie sind Einladungen zu Vorträgen. Die Zuhörer und Diskutantinnen bei diesen Anlässen haben mir verdeutlicht, dass mein Spezialgebiet kaum jemanden »kalt lässt« und es ganz unterschiedliche Wissensbestände, Erfahrungen und Meinungen dazu gibt.

Mit meinem Mann Christian Illian habe ich immer wieder über meine Thesen gesprochen und mich von ihm in vielerlei Hinsicht beraten lassen. Ohne unsere Gespräche und ohne seine Hinweise zur Geschichte und Gegenwart »der Deutschen« wäre dieses Buch nicht geschrieben worden – herzlichen Dank!

Ich danke dem Campus Verlag für das Interesse an meinem Projekt. Als langjährige Autorin von soziologischen Fachtexten war es für mich eine besondere und neue Erfahrung, so intensiv mit einer engagierten Lektorin über die Ausrichtung eines Buches für eine breitere Öffentlichkeit zu diskutieren. Die Zusammenarbeit mit Judith Wilke-Primavesi, die sich im Verlag für den Text und gegenüber der Autorin für eine fokussierte Argumentation eingesetzt hat, war für mich außerordentlich produktiv. Danke dafür!